철학자 오이디푸스

철학자 오이디푸스

장-조제프 구 | 정지은 옮김

도서출판 b

| 차 례 |

인류학, 비교 신화학, 서사학을 수단으로 해서 이루어지는 오이디푸스 신화의 논리에 대한 더욱 예리하고 세분화된 분석은 프로이트가 정신분석적 경험에서 출발해서 배치했던 저 "오이디푸스 콤플렉스"에 대한 접근을 변경하고 더 나아가 뒤집을 수 있을까? 원리상, 그러한 결과는 보장되지 않을 뿐만 아니라 그것에 대한 기대 자체가 적법하지 않은 것처럼 보인다. 프로이트는 자기 분석을 통해 자기 안에서, 그런 다음 자신의 남자 환자들의 꿈속에서 집요한 두 환상, 즉 부친살해 환상과 어머니와의 근친상간 환상을 발견할 때, 소포클레스가 그리스 연극의 가장 완벽한 비극을 이끌어냈던 오이디푸스 왕의 운명을 곧바로 떠올린다. 하지만 프로이트에게서 신화와 비극은 환상적인 핵의 문학적 표현이 되며, 신화를 해석하는 과제는 오로지 정신분석에게로만 돌아갈 수 있다. 신화의 존재를 설명해야 하는 것, 그리고 비극의 연극적 전개가 우리에게 미치는 힘을 설명해야 하는 것은 바로 그 보편적이며 집요한 것으로서의 심리적 "콤플렉스"다. 따라서 프로이트로서는 콤플렉스 형성에 대한 여하한 해명을 신화적 논리에 대한 최상의 이해로부터 기대한다는 것은 문제 밖의 일일 것이다. 콤플렉스가 신화를 설명하는 것이지, 지식의 담지자인 신화가 정신분석학적 경험에 대해 신문할 수 있는 어떤 자격을 가질 수 있는 게 아니다.

이러한 가정은 오이디푸스 전설에 대한 신화수집학적(mythographique) 이거나 인류학적인 접근을 정신분석학적인 접근과 일반적으로 갈라놓는 사실상의 결별에 의해 더 보강되는 것처럼 보인다. 마리 델쿠르나 장-피에르 베르낭은 프로이트의 독해를 풍요롭게 만들거나 전복시키기보다는 오히려 그것으로부터 단호하게 등을 돌렸다.[1] 반 데르 스테렌이나 앙지외나 그린은 정신분석학적 지식과 경쟁할 수 있고 더 나아가 위협할 수 있을 신화나 비극으로부터 대단한 내용을 배우지 못했다.[2]

우리의 접근은 프로이트 이론의 인식론적 가정과는 반대 방향에 있다. 도발적인 반명제로 수렴해 보면, 우리의 테제는 이렇게 진술될 수 있다: 콤플렉스를 설명하는 게 바로 오이디푸스 신화다. 더 나아가, "오이디푸스 콤플렉스"와 같은 어떤 것이 끈질기게 지속되고 기술될 수

1 | Marie Delcourt, *Œdipe ou la légende du conquérant*, Liège et Paris, Librairie Droz, 1944. Jean-Pierre Vernant et Pierre Vidal-Naquet, *Mythe et tragédie en Grèce ancienne*, Paris, Librairie Maspero, 1972 et *Mythe et tragédie t. II*, Paris, Editions La découverte, 1986.

2 | Van der Sterren, *Œdipe, une étude psychanalytique d'après les pièces de Sophocle*, Paris, P.U.F., 1976. D. Anzieu, *Psychanalyse et culture grecque*, Paris, Belles lettres, 1980. A. Green, *Un œil en trop*, Paris, Éditions de Minuit, 19. 또한 다음을 볼 것. C. Stein, *La mort d'Œdipe*, Paris, Éd. Denoël-Gonthier, 1980.

있었던 것은 바로 주체성의 어떤 역사적 제도의 내부, 어떤 독특한 상징적 장치의 틀 내부에서다(오이디푸스 신화는 이러한 상징적 장치의 가장 강력한 드러내기다). 프로이트가 "오이디푸스 콤플렉스"를 발견했던 것은 서양이 오이디푸스적이기 때문이다. 그런 의미에서 신화로서의 오이디푸스 신화의 논리는 프로이트가 "콤플렉스"를 가지고 할 수 있다고 믿었던 기술(記述)을 해명할 수 있을 뿐 아니라 전복시킬 수도 있다. 프로이트의 발견의 역사적 마모가 그 발견을 떠받치는 개념들을 작동하지 않게 만들 위험이 있을 때, 어쩌면 바로 그러한 재해석(réversion) 작용에 의해 그의 발견은 아직도——비록 다른 식일지라도——우리에게 말할 수 있는 어떤 기회를 간직하는 것일 수도 있다.

이 책은 많은 점에서 위태로운 기획이다. 그것으로 들어가는 여러 진입로가 가능하다. 인류학적이고 신화수집학적인 근거들이 오늘날 정신분석학을 혼란스럽게 하는 가장 예리한 내기들과 얽혀 있으며, 무거운 철학적 함축들의 전개와도 얽혀 있다. 그렇지만 본질적 움직임으로 수렴해 보면, 우리의 논증은 아주 간략한 몇 개의 테제들로 정식화될 수 있는데, 이 테제들은 분명하게 서로 맞물려 있다. 지금 이 서론에서부터 그 테제들을 가차 없이 적나라하게 내놓겠다. 여러 논변 과정들을 통해 독자들을 더 잘 설득할 수 있기를 희망하면서 말이다.

1. 오이디푸스 신화는 변칙(anomalie)이다. 가장 전형적이며 보편적인 형태로서의 영웅 신화의 중심에 있는 것은 부친살해가 아니라 "모친살해"다. 왕이 될 영웅은 피 흘리는 전투에서 용(*la dragonne*), 뱀(*la serpente*)[3], 즉 여성적 괴물성을 죽이는 자이다. 어두운 여성적인 것을 위험천만하게 살해함으로써 영웅은 약혼녀를 해방시킨다. 여기저기서

확인되며 우리가 단일신화(monomythe)라고 부르게 될 전형-신화와 비교해볼 때, 오이디푸스 이야기는 그러한 최초의 서사적 형태의 변칙에서 얻어지는 일탈 신화이다.

2. 그러한 변칙은 오이디푸스 신화의 서사 생성의 기제만을 설명하지 않는다. 그것은 또한 오이디푸스 신화를 차별적으로 가장 잘 정의하는 특징——오이디푸스 신화는 실패한 왕위 계승 신화 혹은 회피된 남성 입문 신화다——을 설명한다. 바로 그러한 실패(혹은 그러한 회피)가, 부친살해와 근친상간이라는 신화적 변칙과 더불어서, 엄격하게 체계를 형성한다.

3. 하지만 더 나아가 입문적 왕위 계승의 시련에 대한 그러한 변칙 기제는 뒤메질이 밝혀낸 인도유럽어권의 시원적인 기능적 3분할(신성한 것, 전쟁, 다산성)의 틀 안에서만 완전하게 해명될 수 있다. 오이디푸스 신화는——영웅의 세 가지 죄(péché)를 상관항으로 갖는 삼중의 시련이라는 규준적인 도식에 대한 엄격한 변칙에 의한——단일신화 플롯의 변형이다.

4. 기능적 3분할에 대한 바로 이러한 전복 신화는 그리스 이성을 "창설한다(fonder)." 오이디푸스 신화는 근본적인 남성적 욕망에서 그 신화가 유도해낸 오인에도 불구하고(혹은 오인 때문에), 서양의 진리(혹은 고유한 방황)와 서양의 형이상학적이고도 인류학적인 독특성을 표현한다. 소포클레스에게서는 암시적으로 그리고 헤겔에게서는 명시적으로, 오이디푸스는 철학자의 형상, 즉 인간과 나(moi)의 원근법을 창

———— 3 | [역] 신화에서 영웅은 괴물들 가운데 특히 용이나 뱀을 죽인다. 모든 명사에 성구분이 있는 프랑스어에서 용이나 뱀은 모두 여성명사다.

시하기 위해 신성한 수수께끼들을 거부한 자의 원형적 형상이다. 이러한 오이디푸스적 배치형상(configuration)은 철학의 기원들에서부터 관념론의 다양한 전복들에 이르기까지 멈추지 않고 뚜렷한 길을 내는 아이지배적(filiarcal) 요구와 함께 모든 철학에 작용한다. 바로 이 점에서 프로이트의 "오류"가 설명될 수 있다. 오이디푸스적 상상물은 민주주의적 주체와 이 주체의 고유한 합리성에 작용한다. 의식과 무의식 간의 분리는 그 자체가 오이디푸스적이다.

1
규칙 신화와 변칙 신화

상이한 문화들에서 발견되는 모든 남성 영웅 신화들의 확연한 유사성은 지난 세기 이래 "단일신화"를, 즉 그 모든 신화들 아래 잠재해 있는 어떤 전형-플롯을 추출하고자 하는 여러 시도들을 낳았다. 전형-전설(légende-type)의 확립에 있어서의 변이들이 어떻든지 간에(그 변이들은 참조 신화들의 선택뿐만 아니라 선택되어 재단된 부분들, 또는 소재에 가해진 응축에서 기인한다), 각각의 특정한 영웅 신화들 모두에게 기반이 되는 동일한 모티프들의 연쇄가 존재한다는 것은 확실해 보인다. 출생 조건들에서부터 권력의 정복, 혼인, 죽음에 이르기까지 이야기의 전반적인 분절에서나 주된 모티프들에서의 유사성은 남성 영웅의 단일신화——즉 왕위 계승의 전형-신화——의 존재를 정립할 수 있게 한다.[1]

————— 1 | 수많은 신화들의 비교에서 출발해서 전형적인 남성 영웅의 신화를 도출하려

그런데 질문이 곧바로 제기된다. 단일신화와 오이디푸스 신화 사이에는 어떤 관계가 있는가? 단일신화는 오이디푸스적인가 아닌가? 단일신화는 그것을 정초하는 어떤 심층적인 오이디푸스적 구조로부터 도출될 수 있는가? 아니면 반대로(그리고 이러한 점이 결정적인 방식으로 프로이트의 확신에 흠집을 낼 것인데) 오이디푸스 왕의 신화는 더 규칙적이며 더 근본적인 서술 구조와 관계해서 어떤 이탈이나 독특함은 아닌가?

보편성에의 주장을 품고 있을 남성 영웅의 단일 신화가 추출됨에 따라 제기되는 서사학적이면서 동시에 인류학적인 문제들을 피하기 위해 우리는 그리스 신화에 우리 자신을 한정시킬 것이다. 우리의 방법은 대단히 많은 수의 신화들을 꼼꼼하게 비교함으로써 형식적으로 가장 확실한 단일신화를 최종 결정하는 것은 아닐 것이다. 오히려 우리의 절차는 오이디푸스 신화와 명백한 형식적이고 문화적인 친연성을 가지

───── 는 시도들은 명시적인 구조주의적 방법론이 출현하기 전에 있었다. 그 중요한 시도들은 다음과 같다.

− J.G. von Hahn, *Sagwissenshafliche Studien*, Jena, 1876. 한(Hahn)의 도표는 J.C. Dunlop, *History of Prose fiction*(1re éd. 1988), réimpression New York, 1970에서 다시 사용된다.

− A. Nutt, 《The Aryan Expulsion-and-Return Formula in the Flok and Hero Tales of the Celts》, in *The Folklore Record*, 1881, 4; pp. 1-44.

− V. Propp, *Morphologie du conte*, 1re éd. 1928, trad. 1968 et 1970, éd. du Seuil, Paris.

− J. Campbell, *The hero with a thousand faces*, Princeton university, 1949. 캠벨은 조이스에게서 빌려온 "단일신화"라는 용어를 사용한다.

− J. Fontenrose, *Python, a study of Delphic Myth and its Origins*, Berkeley, Los Angeles, London, 1959, 1980. 이 책은 전투 신화의 주제들을 표로 만드는 시도를 한다.

면서 또한 (추후의 연구에서 이미 확증된 구조들을 고려할 때) 가장 중요한 규칙성을 제시하는 신화들을 오로지 헬라스의 영역 안에서 선택함으로써 참조 신화의 수를 줄이는 데 있을 것이다.

그리스의 세 가지 왕위 계승 신화들——페르세우스 신화, 벨레로폰 신화, 이아손 신화——에 대한 엄밀한 평행 비교를 통해, 이 신화들에 공통적인 모티프들의 체계적인 추출을 통해 획득된 최소 서사의 핵으로 환원해 본다면, 우리가 그리스의 단일신화라고 부르게 될 것의 구조는 단순한 방식으로 진술될 수 있다.

우리는 다음과 같은 장면들의 연속을 얻어낸다: 1) 왕은 신탁이 예언했던 것처럼 더 젊은 남자나 앞으로 태어날 남자가 자신의 자리를 빼앗을까봐 두려워한다. 따라서 그는 온갖 수단을 동원해서 아이의 탄생을 막거나 가정된 왕위 찬탈자를 멀리 떼어놓으려고 시도한다. 2) 그럼에도 불구하고 미래의 영웅은 왕의 살해 계획을 피해 간다. 그렇지만 한참 후에 그는 또 다른 왕이 그를 제거하려고 애쓰는 어떤 상황 속에 다시금 놓이게 된다. 하지만 이 두 번째 왕은 자신이 직접 살인을 행하는 결단을 내리지 못하고, 미래의 왕에게 위험한 임무를, 정상적으로라면 영웅이 생명을 잃을 수밖에 없는 그러한 임무를 부과한다. 3) 시련은 괴물에 맞서는 전투다. 영웅은 괴물을 무찌르는 데 성공하는데, 혼자 힘이 아니고 신들이나 예언자, 또는 미래의 약혼녀의 도움 덕분이다. 4) 결국 괴물에 대한 승리로 영웅은 왕의 딸과 혼인에 이르게 된다.

그러므로 공통적인 모티프들의 평행비교 및 추출은 풍요로운 의미를 지닌 극도로 응축된 전형-플롯의 정식화로 이어진다. 전형적인 그리스 영웅은 서로 다른 세 왕들과 연속적인 관계에 놓인다는 점이 중요하다. 우선 박해자 왕. 그러고 나서 강제적인 멀리 떼어놓기, 즉 분리

이후에 파송자 왕은 어렵고 위험한 시련을 부과한다. 성공적으로 수행되려면 어떤 도움이 늘 요구되는 그런 시련. 마지막으로 시련에서 승리함으로써 약혼녀를 얻는데, 이 약혼녀는 증여자 왕에게서 나온다.

오이디푸스의 플롯에 대한 분석은 이러한 왕위 계승의 단일 신화를 고려하는 것을 피할 수는 없다. 오이디푸스의 모험을 듣거나 이야기하는 그리스의 모든 청자나 이야기꾼들이 저 세 신화들을 알고 있고 그 모티프들과 플롯의 전반적인 구조에서 출발해서 차별적으로 오이디푸스의 모험을 이해하거나 진술한다는 단순한 이유에서라도 말이다.

오이디푸스 신화는 그러한 전형 플롯과 어떤 점에서 유사하고 어떤 결정적인 지점들에서 다른가? 차이들은 어떻게 설명될 수 있을까? 우리는 그러한 차이들을 발생시키는 기제를 복원할 수 있을까? 그리고 우리는 그러한 차이들로부터 어떤 결과들을 끌어낼 수 있을까?

왕의 생명을 위협하는 남자아이 모티프는 도처에서 발견된다. 페르세우스 이야기와 이아손 이야기에서 위협을 받는 왕에게 미래의 영웅이 탄생하기 전에 경고하는 자는 예언자이며, 이것은 오이디푸스의 탄생이 라이오스에게 가할 위협을 알리는 예언자와 매우 유사하다.

그러한 두려움은 영웅을 멀리 보내게 만들고, 영웅은 위협받는 첫 번째 왕이자 박해자로부터 멀리 떨어진 곳에서 성장한다. 오이디푸스가 코린토스의 왕에 의해 거두어졌듯이 페르세우스는 폴리덱테스에 의해, 이아손은 반인반마 케이론에 의해 양육된다. 오이디푸스와 페르세우스 사이에는 주목할 만한 특별한 어떤 유사성이 있는데, 그 둘이 모두——오이디푸스 신화의 판본 가운데 하나에 따르면——상자 안에 넣어졌으며 거두어지기 전에 강물을 따라 표류했다는 점이다.

네 영웅들——이아손, 벨레로폰, 페르세우스, 오이디푸스——은 각자 나중에 괴물과 위태롭게 맞서는 것으로 나타나며 각자 괴물을 물리치는 데 성공한다. 이것이 영웅 이야기들의 가장 눈에 띄는 측면들 가운데 하나다. 영웅은 괴물 존재를 상대로 쟁취한 승리——시련에서 성공하지 못하고 죽은 불행한 자들의 무리와 영웅을 구별해주는 승리——의 끝에서만 그러한 자격을 얻는다. 페르세우스는 고르곤에 대해, 벨레로폰은 키마이라에 대해, 이아손은 황금 양털가죽을 지키는 불멸의 괴물에 대해, 오이디푸스는 스핑크스에 대해 승리를 거둔다.

성(性)이 확실하게 정해지지 않은 콜키스의 용과 맞선 이아손의 경우를 제외하면 영웅들이 대결한 괴물들은 모두 여성이다: 고르곤(la Gorgone), 키마이라(la Chimère), 스핑크스(la Sphinge). 이 무서운 존재들이 유사한 것은 단지 그들의 역할 때문만은 아니다. 그들은 또한 신화적인 계보학 안에서 서로 어떤 친족관계를 가지는데, 이 관계가 그들을 서로 가깝게 동화시킨다. 키마이라, 스핑크스, 그리고 콜키스의 용은 모두 뱀-여자인 에키드나의 세 아이들이다. 어떤 판본들에 따르면 스핑크스는 에키드나와 개 오르토스의 결합이 아니라 키마이라와 개 오르토스의 결합에서 나온 딸이다. 이러한 변이들은 그 모든 존재들의 아주 가까운 친족관계를 증명한다. 그들은 모두——고르곤들까지 포함해서——포르키스와 케토의 후손들이다. 포르키스와 케토는 바다의 신들이면서, 영웅들이 영원히 맞닥뜨리고 싸워야 하는 일체의 괴물들(케르베로스, 히드라, 네메아의 사자 등)의 조상이다. 그들은 땅과 바다가 교차하는 종종 근친상간적인 결합의 결과로 탄생한다. 이러한 계보학이 고려되어야 할 것이다.

마침내——하지만 여기서 우리는 어떤 중대한 차이를 우리에게 미리 알리는 유사성에 접근하고 있는 것인데——괴물에게서 거둔 그러한 승리들 각각은 영웅을 혼인에 이르게 한다. 페르세우스는 안드로메다와, 벨레로폰은 필로노에와, 이아손은 메데이아와 혼인한다——그리고 오이디푸스는 이오카스테와 혼인한다. 우리가 알고 있듯이 영웅적 시련을 따르는 혼인이라는 결과의 예는 거의 무한대로 증식될 수 있다. 괴물에 대한 승리가 왕의 딸과의 혼인을 허락하고 궁극적으로 왕국의 획득을 허락하는 것은 바로 왕위 계승 신화의 법칙이다.

그런데 이 점과 관련해서 오이디푸스 신화와 다른 모든 영웅 신화 간의 유사성——즉 폰 한(von Hahn), 랑크(Rank), 라글란(Raglan)이 큰 문제 없이 오이디푸스 신화를 다른 신화들과 형식적으로 나란히 놓는 것을, 그리고 오이디푸스 신화에서 동일한 전체 구조를 인지하는 것을 가능하게 했던 유사성——은 만일 우리가 "영웅은 왕의 딸과 혼인한다"라는 일반적인 형식과 관계하는 대신 이 [혼인] 모티프를 더 면밀하게 검토한다면 중대한 문제를 일으키지 않는 게 아니다. 우리는 그 사실을 쉽게 알아볼 것이다. 랑크를 포함해서 우리가 언급한 정신분석학자들 가운데 어느 누구도 그러한 차이에 유념하지 않고 오이디푸스 신화의 **변칙성**에 대해 질문하지 않은 것은 (게다가 랑크와 관련해서는 본질적인, 그리고 정신분석 전체를 연루시키는 이유들 때문에) 이상하다.

그런데 너무나 잘 알려져 있듯이 오이디푸스의 경우에 영웅이 혼인하는 사람은 왕의 딸이 아니라 왕의 배우자이며, 또한 영웅의 친어머니이기도 하다. 혼인 모티프에서의 이 중대한 차이는 당연히 오이디푸스를 다른 신화적인 왕들과 완전히 동류시키지 못하게 한다. 우리는 영웅 신화의 전형-구조와 관계해서 오이디푸스 이야기를 하나의 변칙으로 고려할 것을 강요받는다. 더구나 그것이 유일한 차이는 아니니까 말이다. 이로 인해 우리는 그러한 변칙들 안에 일정한 신화적 논리가 존재한다고 추측하지 않을 수 없는데, 왜냐하면 그 혼인적 결과는 서사적 분절 전체에 영향을 미치는 일관적인 왜곡의 한 가지 요소에 불과하기 때문이다.

그리하여 우리는 더 이상 오이디푸스 신화와 추출된 공식의 일치를 탐구하는 게 아니라, 반대로 오이디푸스 신화의 기형을 탐구하고 변칙의 지점들 하나하나를 체계적이며 주의 깊게 검토하기에 이른다. 아마도 변칙의 지점들은 성급한 독서나 프로이트적 코드에 의해 선입관을 갖게 된 독서가 추측하게 만들 수 있는 것보다 더 많고 덜 자명할 것이다. 한 모티프에서의 차이가——그것이 그만큼 중요하고 궁극적일 경우——모티프들 전체의 경제에 반영된다는 것, 그리고 중대한 지점에서의 어떤 변이는 반드시 조정된(réglé) 왜곡을 수반한다는 것을 확신할 정도로 우리는 신화적 논리의 내적 엄밀함을 충분히 신뢰한다. 그리하여 우리는 오이디푸스 신화를 새로운 조명 아래 위치시키는 접근법에 이른다. 문제가 되는 것은 프로이트의 방식으로 오이디푸스 신화를 절대적으로 별개의 신화처럼 고려하는 것도 아니고(프로이트는 마치 오이디푸스 신화가 다른 모든 신화들의 진리인 양 다른 모든 신화들을 설명할 수 있을 것이다), 폰 한이나 라글란의 방식으로 오이디푸스 신화를 왕위 계승 영웅 신화의 규칙적인(régulier) 공식과 단순하게 동류시하는 것도 아니다. 마치 오이디푸스 신화가 그리스 영웅 신화의 표준적인 공식의 체계적으로 왜곡된(그리고 그 점에서 특히 흥미로운) 변이형인 듯, 그것의 구조적인 기형의 신화적 논리와 그것의 변칙들과 규칙적인 공식 간의 조정된 관계를 발견하는 것이 필수적이다.

그런데 세 가지 참조 신화들에서 정확하게 반복되지만 오이디푸스의 이야기에는 부재하는 주요한 모티프가 하나 있는데, 그것은 왕에 의해 부과된 시련이다. 폴리덱테스는 페르세우스에게 고르곤의 머리를 가져오라고 명한다. 리키아의 왕 이오바테스는 벨레로폰에게 키마이라를 죽이라고 명령한다. 왕위를 찬탈한 삼촌 펠리아스는 (이아손이 권력을 주장하기 위해 되돌아왔을 때) 이아손에게 콜키스의 용이 지키고 있는 황금 양털가죽을 찾아 떠나라고 요구한다. 그처럼 위험한 시련을 명령하도록 왕을 인도하는 정황들은 세부적으로 다양할 수 있지만 부과된 시련이라는 모티프는 항상적이다. 게다가 젊은 영웅은 시련을 받아들인다.

이 주요한 모티프는 단일신화를 추출해 내려고 시도했던 저자들 가운데 어느 누구에 의해서도 포착되지 않았다. 단지 프로프(Propp)에게서만 파송자라는 전형-기능(fonction-type)은 민담들 안에서 그러한 신화적 모티프의 유물로서 고려될 수 있을 것이다. 실제로 그 모티프는 우리가 참조 신화들의 선택의 폭을 좁혀 그리스 신화들로 한정하기만 하면 아주 잘 보인다. 이 경우에 그 모티프는 더 이상 우연적으로가 아니라 왕위 계승의 영웅 신화 구조에 필수불가결한 부분으로서 고려될 수 있다. 그것은 입문의 통과를 포함하는 시련의 의미에 대한 결정적인 해명을 제공한다.

모든 것은 마치 왕이 자신에게 위험하다고 판단되는 젊은 영웅을 자기 손으로 죽이는 대신 그를 치명적이라고 판단되는 시련으로 보내는 것처럼 (따라서 왕이 직접 수행하기를 내켜하지 않는 살해를 그 시련이 대체하는 것처럼) 진행된다. 시련은 위장된 살해, 즉 젊은 경쟁자를 제거하기 위해 왕이 고안해낸 수단이다. 그러나 젊은이는 자신에게 제안된 도전에 응수한다. 그는 그렇게 목숨을 위태롭게 하면서 자신의 힘과 지성에 의해, 즉 이제부터 동원되는 자신의 모든 능력들에 의해 왕의 계산을 반증한다. 만일 그가——영웅 신화들에서 당연히 그리하듯——승리를 거둔다면, 이는 왕의 소원에도 불구하고, 왕의 예상과는 반대로, 즉 왕에 반대해서 그런 것이다.

그리하여 위험한 경쟁자일 수 있거나 그렇게 될 수 있는 자에 대한 왕의 살해 위험은 두 시기에서 나타난다. 첫 번째 시기에서 왕의 두려움과 살해 계획은 탄생 이전에 생겨나거나(아크리시오스는 페르세우스의 탄생을, 펠리아스는 이아손의 탄생을 막으려고 애쓴다), 미래의 영웅이 왕의 집 안에 있을 때 생겨난다(프로이토스는 벨레로폰이 살해당하도록 그를 쫓아낸다). 살해 계획의 두 번째 시기가 일어나는 방식은 이렇다: a) 조금 뒤에, 하지만 다른 왕에 의해(벨레로폰에 대해서 이오바테스). b) 동일한 왕에 의해, 하지만 한참 뒤에(이아손에 대해서 펠리아스). c) 한참 뒤에, 그리고 다른 왕에 의해(페르세우스에 대해서 폴리덱테스). 이 모든 경우들에서 두 시기 간에 어떤 구별이 있으며, 두 번째 시기에 살해 계획은 치명적이라고 판단될 정도로 아주 어렵고 위험한 시련의 부과로 귀착된다. 세 가지 참조 신화들에서 시련은 왕에 의한 영웅 살해의 상정된 수단이다.

오이디푸스의 이야기와의 차이는 뚜렷하다. 오이디푸스 신화의 다른 변칙성들을 조명할 수 있는 어떤 주된 변칙을 거기서 볼 수밖에 없을 정도로 말이다. 우리는 아주 단순히 오이디푸스의 신화 속에서 왕에 의해 부과된 시련이라는 모티프를 발견하지 못한다. 스핑크스와의 조우는 적대적인 왕에게서 유래한 절대적이고 단호한 명령의 결과로서 설명되지 않는다. 오이디푸스는 온전히 자신의 의사에 의해 맞대결의 위험을 무릅쓰거나, 길모퉁이에서 스핑크스 그녀 자신에 의해 제지당한다.

그런데 좀 더 면밀히 들여다보면(그리고 오로지 여기서 오이디푸스 신화의 또 다른 변칙이 해명될 수 있는데), 적대적인 왕에 의한 시련의 부과라는 전형적인 장면과 동일한 구조적 위치를 차지하는 한 사건이 오이디푸스의 경우에 실제로 존재한다. 그것은 다름 아닌 라이오스와의 조우다. 만일 우리가 기본 신화들의 굵직한 분절을 고려한다면, 만일 우리가 연속적인 모티프들의 구조적인 경제를 염두에 둔다면 오이디푸스 신화에서는 발견되지 않은 채 남아있는 "왕에 의한 영웅의 살해 계획"이라는 두 번째 시기, 스핑크스와의 대결에 선행하는 그 두 번째 시기가 라이오스와의 조우로 대체된다는 것이 꽤 명료하다.

문제가 되는 것은 탄생 이전에 있었던 위협으로부터 목숨을 건진 젊은 남자가 실제로 권력을 쟁취할 수 있고 현실적으로 지배자를 위협할 수 있는 나이에 도달한 시기다. 그리고 우리는 다음과 같은 것을 본다: 전형-구조 속에서 그러한 투쟁적인 시기가 "왕에 의해 부과된" 시련으로 귀착된다면, 오이디푸스의 경우에는 그것이 왕의 살해로 이어진다. 젊은 영웅의 죽음을 원했거나 원하는 왕과의 극적인 조우가 다른 참조 신화들에서와 마찬가지로 당연히 일어난다. 그 모티프를 특징짓는 공격, 도전, 과시의 순간과 함께. 하지만 왕은 자신이 치명적일 것이라고 예상하는 시련의 위험을 청년에게 부과하기는커녕——마치 왕으로서의 그의 권위가 인정되지 않은 것처럼——청년의 손에 의해 그 자리에서 살해된다. 규칙 신화를 따른다면 라이오스는 젊고 건방진 자의 경로를 자신의 마차가 가로막게 된 그 좁은 길에서 그 귀찮은 고집쟁이를 쫓아버렸어야 했다. 그에게 이러이러한 위험한 시련에 맞설 수 있느냐고 자극하면서 말이다. "그래 좋다. 너의 젊은 힘이 그토록 대단하고 확실하다면 너와 걸맞은 적과 겨뤄 보거라. 결코 패한 적이 없는 저 괴물, 산을 점령하고 있는 스핑크스와 말이다."라는 식으로. 격정적이고 자신만만한 청년의 남성성의 진정한 증거가 되어야 했던 것이 바로 그러한 도전이며, 그에게서 명예로운 지점은 그러한 "불가능한" 시련을 받아들이는 것이어야 했다. 영광도 없이 (한 번의 지팡이 질로) 노인을 죽이는 게 아니라. 하지만 신화는 다시 쓰이지 않는다…. 오이디푸스의 결말은 참조 신화들과 비교했을 때 명백한 구조적 변칙이다.

오이디푸스는 조우한 왕에 의해 자신이 "압도되도록" 놓아두지 않는다. 그가 위험한 괴물과 대결하는 것은 왕을 위해서가 아니며, 왕의 눈에 맞춰진 자신의 젊음의 가치에 대한 증명을 대신하는 것도 아니다. 오이디푸스는 명령받은 임무를 위해 떠나지 않는다. 그리고 오이디푸스가 라이오스를 살해하는 곳은 정확히 심신의 힘 전부를 기필코 펼쳐야만 하는, 왕에 의해 부과된 남성적이고 폭력적인 시련의 장소에서다. 마치 가장 위험한 도전을 할 준비가 되어 있는 젊음의 폭력, 여자 괴물에 맞선 영웅의 승리에 반드시 필요한 폭력이 라이오스를 상대로 방출되는 것처럼 보인다. 라이오스가 그 힘을 만장일치의 경쟁 대상——다른 모든 자들을 공포에 떨게 하고 사방에 공포를 퍼뜨리는 무시무시한 기형적 괴물, 그리고 지상권을 약속받은 강한 영웅만이 정복할 수 있으리라 기대되는 그러한 괴물——으로 향하게 하지 못했기 때문에 말이다.

이아손 이야기와 페르세우스 이야기에는 어떤 보충적인 서사적 세부사항이 개입하는바, 부과된 시련이란 왕의 질문에 대한 영웅의 경솔한 대답이 되돌아온 것이라는 점이다. 펠리아스는 샌들 한 짝만을 신은 이아손이 다가오는 것을 보게 되자, 그에게 왕에 반대해서 음모를 꾸미는 자에게 어떤 벌을 내릴 것이냐고 묻는다. 이아손은 (헤라의 계시를 받아) 황금 양털가죽을 쟁취하도록 보낼 것이라고 대답한다. 그리고 바로 그것을 펠리아스는 이아손에게 명령한다. 페르세우스의 경우에도 상황은 유사하다. 폴리덱테스는 만찬 중 친구들에게 어떤 선물을 자기에게 줄 건지를 묻는다. 모든 사람이 왕에게 바치기에 가장 적합한 선물은 말이라고 대답한다. 오로지 페르세우스만이 오만한 도전을 분출하면서 그래야 한다면 자기는 메두사의 머리를 가져오겠노라고 과시한다. 그리고 그때 폴리덱테스는 불가능한 것으로 알려진 바로 그 임무를 이행할 것을 그에게 명령한다. 자기에게 부과될 임무를 간접적이면서도 부지불식간에 결정하는 자가 바로 젊은 영웅 그 자신이라는 사실이 중요하다. 마치 그 임무가 그의 가장 심오한 욕망과——부지불식간일지언정(그리고 우선은 다른 사람에게로 전치되어 있었더라도)——일치하는 것인 양.

영웅의 떠남은 왕과 젊은이 간의 투쟁적 위기를 해소한다. 경솔한데다 오만하기까지 한 젊은이의 태도는 왕의 권위와 부딪치는데, 이는 결국 임무의 부과를 초래한다. 그러한 모티프들의 동일성 앞에서 우리는 세대적 통과에 본질적이며 공격성과 도전으로 이루어진 일정한 극적 계기가 거기서 자신의 신화적 판본을 넘어서서 의례적 판본을 제시했음에 틀림없는 서사적 표현을 찾아냈다고 생각하지 않을 수 없다.

오이디푸스 플롯 안에서의 그러한 결함[2]은 중차대한 결과들을 낳으

---

2 | [역] 정상적으로라면 라이오스 왕이 오이디푸스에게 시련을 부과해야 하는데 그러지 못했다는 점을 가리킨다.

며, 그러한 결함에 대한 점점 더 심화된 고찰은 "오이디푸스 콤플렉스"의 분석들이 더 이상의 우회와 교착을 피하게 해 줄 수 있을 것이다. 지금부터 우리는 오이디푸스 신화의 변칙적이지만 일관적인 경제 안에서 두 가지 주된 일탈들이 진부한 플롯 해석으로는 도달할 수 없는 어떤 관계들을 보존하고 있다고 추측할 수 있다. 그 두 가지 일탈이란 두 번째 왕의 위험한 시련 부과를 대신하는 왕의 살해, 왕의 딸과의 혼인을 대신하는 어머니와의 혼인이다. 그렇지만 그러한 ("오이디푸스 콤플렉스"의 상관관계보다 더 강력한 어떤 구조로 회부되는) 상관관계의 신화적인 기제에 주목하기 전에, 우리는 분간할 수 있는 모든 일탈들을 활용함으로써 차별적인(différentiel) 분석의 원천들을 남김없이 드러내야 한다.

영웅은 하나 혹은 여러 신들의 도움 없이는 자신에게 부과된 시련에 성공적으로 맞설 수 없다. 페르세우스는 아테나의 도움을 받는데, 그녀는 고르곤의 세 자매 가운데 메두사를 구별하는 법을 가르쳐 준다. 그에게 메두사를 절대로 정면에서 바라보지 말고 자신이 준 매끄러운 방패의 반사를 통해서만 바라보라고 가르쳐 준 것도 청록색 눈의 여신[아테네]이다. 헤르메스는 그를 날카로운 강철도끼로 무장시킨다. 마찬가지로 벨레로폰이 키마이라를 공격하기 위해 페가수스를 포획하려고 준비할 때 그 날개 달린 말을 유일하게 제압할 수 있는 금 굴레를 그에게 가져다 준 것은 아테나이다. 이아손 역시 자신의 긴 항해가 시작될 때부터 아테나의 도움을 받는데, 그녀는 아르고호의 뱃머리에 예언의 말을 하는 몸통[3]을 끼워넣는다. 그리고 이아손은 자신의 원정을 위해서

---

3 | [역] 아테나는 여인의 몸의 형상을 한 말하는 떡갈나무를 뱃머리에 놓게

헤라의 가호를 받아들인다. 이 모든 경우에 영웅은, 의미심장하게도 항상적으로, 신들의 능력에 의해 조력 받는다. 그리고 그러한 모티프의 집요함에 대해 숙고해봐야 할 것이다.

신들의 도움 없이 승리한다는 것은——그로부터 오이디푸스의 모험이 독특하게 해명되므로, 우리는 그것을 망각할 수가 없는바——그리스인들에게 오만이고 광기이다. 소포클레스가 「아이아스」에서 모호하지 않게 증언한 것이 바로 그것이다. 아이아스의 아버지는 젊은 영웅에게 말했다. "내 아들아, 너는 창으로 승리하되 항상 신의 도움으로 승리하도록 하라."[4] 하지만 오만함에 완전히 빠져있는 젊은 영웅은 이렇게 대답했다. "아버지, 신들의 도움을 받는다면 아무것도 아닌 자도 승리를 거둘 수 있지요. 그러나 저는 신들의 도움 없이도 그런 영광을 차지할 자신이 있어요."[5] 여신 아테나를 분노하게 만들었던 것이 바로 그러한 오만(hubris)이며, 바로 그 여신의 원한이 아이아스의 비극적 광기를 초래했던 것이다. 그런데 오이디푸스 역시 신들의 도움 없이, 즉 페르세우스와 벨레로폰과 이아손을 도운 영웅들의 친구인 처녀 여신 아테나 없이 스핑크스에게 승리를 거둔다. 그랬을 때 『오이디푸스 왕』의 코로스의 그 유명한 대사, 즉 폭군을 만드는 오만(hubris) 그리고 성소들을 숭배하지 않는 자의 불손을 규탄하는 코로스의 대사에——몇몇 사람들이 그러하듯——놀라야만 할까? 우리는 종종 어떤 점에서 코러

<hr />

하는데, 이 여인의 형상은 위험이 있을 때마다 뱃사람들에게 경고하는 능력을 가지고 있었다.

4 | [역] 「아이아스」, 『소포클레스 비극 전집』, 천병희 옮김, 도서출판 숲, 2008, 266쪽.

5 | [역] 위의 책, 같은 곳(v. 773-v. 774).

스의 대사가 정말로 오이디푸스와 관련될 수 있었는지를 묻곤 했다. 오이디푸스가 바로 앞에서 테이레시아스에게 신들에 대한 숭배도 사람에 대한 숭배도 전혀 없이, "단순히 반성의 노력에 의해서"[6] 괴물을 물리쳤음을 자랑하고 있음에도 불구하고 말이다. 우리가 보기에 비난받지 않아도 될 것이(우리는 "자기 자신에 의해 사고하는 법"을 배우지 않았던가?) 그렇지만 신화적으로 말해서 어떤 심각한 변칙, 어떤 본질적인 잘못, 신성모독이다. 그리고 소포클레스는 그 점을 알고 있었다. "온전히 혼자서" "자신만의 힘으로" 성공하는 것은 오만을 전제하는바, 이것은 다른 인간들만을 배제하는 게 아니라 또한, 그리고 특히, 신들을 배제한다. 그것은 일종의 신성의 부정, 처벌 받아야 하는 자만심에 의한 신들의 해임이다. 차별적인 분석은 이를 증명한다. 즉 어느 영웅도 신의 도움 없이 성공했다고 주장할 수 없다. 그리고 (율리시스나 헤라클레스는 말할 필요도 없이) 우리의 참조 신화들의 모든 영웅들은 "훌륭한 조언자"이자 제우스와 메티스의 딸이고 무장한 처녀인 아테나의 존재에 의지했다.

하지만 신들만이 영웅을 조력한 것은 아니다. 키마이라를 공격하기 전에 벨레로폰은 예언자 폴리이도스에게 자문을 구하는데, 그는 벨레로폰에게 페가수스가 피레네 샘의 물을 마시는 동안 붙잡으라고 조언한다. 이아손은 맹인 예언자 피네우스의 도움을 받는데, 그는 지나가야 할 항로를 가르치고 쉼플레가데스(Symplegades)[7]를 통과하기 위해 해

---

6 | [역] 천병희의 번역본에는 "내 자신의 재치로 맞혀"로 되어 있다. 위의 책, 45쪽.

7 | [역] 쉼플레가데스는 고대 그리스어로 '서로 충돌하는'이라는 뜻이다. 이것은 흑해와 마르마라 해 사이의 해협에 위치하며, 신화에 따르면 두 개의 커다란

야 할 것을 가르친다. 그런 다음 이아손이 황금 양털 가죽을 탈취하는데 성공하는 것은 바로 왕의 딸인 메데이아와의 공모 때문이다(그녀역시 아프로디테의 계시를 받았다).

오이디푸스 이야기 속에는 신들과 필멸자들에 의한 영웅의 조력이라는 모티프(프로프(Propp)가 분석한 민담들에서 보조요소(auxiliaire)의기능이 그 약화된 흔적을 간직하고 있는 모티프)가 전혀 없다. 그는어느 누구의 도움도 없이, 즉 신이나 늙은 예언자나 약혼녀의 도움 없이 성공한다. 평행 신화들 속에서 그러한 모티프의 항상성이 주어져있기에, 그것의 부재는 매우 중요할 것일 수밖에 없다.

또 다른 점이 고려되어야 한다. 조력 받지 않은 오이디푸스의 승리는 또한 단계화되어 있지 않다. 이것 역시 변칙이다. 이아손도 페르세우스도 벨레로폰도 단번에 성공하지 못한다. 절대로 그들은 유일하고 결정적인 임무 앞에 단번에 놓이지 않는다. 그들 각자의 모험에는 다소긴 예비 단계들이 존재하며, 이 단계들이 없다면 승리는 획득될 수 없을 것이다. 그래서 신들이나 필멸자들의 도움이 그들에게 필수적인 것이다. 당장 이아손에 관해 말할 것도 없이, 그리고 그가 황금 양털가죽을 쟁취하기 위해 수행해야 했던 대항해에 관해 말할 것도 없이, 페르세우스나 벨레로폰은 중대한 시련의 궁극적인 순간에 곧바로 도달할수 없었다. 페르세우스가 고르곤 지방을 찾으려 할 때 그는 우선 포르

바위 절벽으로 이루어져 있다. 이 두 절벽은 끊임없이 서로 충돌하면서 그사이로 배가 지나가지 못하게 한다. 이아손은 피네우스의 충고대로 비둘기한 마리를 먼저 날려 보내고 충돌했던 바위가 반동 때문에 다시 열리는순간 그곳을 통과한다.

키데스들[8]의 집에 당도하여 술수에 의해 그녀들이 그에게 길을 가르쳐 줄 수밖에 없게 만든다. 그녀들은 그를 님프들에게로 보내고, 님프들은 그에게 날개 달린 샌들, 자루, (모습을 감출 수 있는) 투구를 건넨다. 심지어 메두사의 살해조차도 시련들 가운데 마지막 시련이 아닐 것이다. 안드로메다를 해방시키기 위한 바다 용과의 싸움이 아직 남아있을 것이다.

오이디푸스 신화와의 차이는 뚜렷하다. 승리는 단번에, 조력 없이, 그리고 예비적인 여정들 없이 획득되며, 더 나아가——이것이 아마도 가장 중요한 점인데——단 한 단어로 획득된다. 우리의 모든 참조 영웅들이 (이런저런 순간에) 피 흘리는 전투를 통해서만 그리고 검이나 창의 힘에 의해서만 승리를 획득하는 반면에, 오이디푸스는 지성의 순수한 실행에 의해서만, 즉 언어의 시련인 그 유명한 수수께끼의 풀이에 의해서만 승리하는 유일한 자다. 승리는 전투를 통과하지 않는다. 그 점에 관해서 오이디푸스 신화는 분명하다. 적어도 소포클레스가 채택했던 판본 안에서, 그리고——만일 우리가 그것의 도상을 믿는다면——그의 시대를 지배했던 판본 안에서는 그렇다. 오이디푸스는 전사의 용감한 행위를 통해 스핑크스를 죽이지 않는다. 스핑크스는 자기 스스로 죽는다. 그녀는 수수께끼가 일단 풀리자 자기를 심연 속으로 내던지면서 자살한다.

---

8 | [역] 바다의 신인 포르키스와 그의 누이 케토 사이에서 나온 딸들을 통칭하며, 페르세우스가 무찌르는 고르곤 자매들 외에도 늙은 여인으로 태어난 그라이아이 세 자매와 헤스페리데스 세 자매가 있다. 여기서는 그라이아이 자매들을 가리킨다. 페르세우스는 고르곤들의 거처를 자매들에게 물어도 가르쳐주지 않자 그녀들이 가진 유일한 눈을 낚아챈 뒤 대답을 듣고 나서야 돌려준다.

술잔의 바닥에 그려진 원형 모양의 저 유명한 묘사를 보자. 오이디
푸스는 앉은 자세를 하고 있고 무기를 가지고 있지 않다. 나그네의 평
범한 지팡이가 그의 무릎 위에 놓여 있다. 그의 꺾인 왼손은 턱을 받치
고 있으며 그는 생각하는 자의 자세를 하고 있다. 위쪽을 향해 양 날개
를 펼치고 있는 스핑크스는 사자의 몸을 한 거대한 새와 같고 기둥 꼭
대기에 앉아 있으며, 일종의 왕관으로 장식한 그녀의 머리는 오이디푸
스의 머리보다 위에 있다.

이러한 상황은 신화의 논리 속에서 그에 상응하는 벨레로폰과 키마
이라의 대결이나 페르세우스와 메두사의 대결과 더할 나위 없이 분명
하게 대조를 이룬다. 그리하여 우리는 어떤 옛 형상 속에서 키마이라
위를 날고 있는 페가수스에 올라 탄 벨레로폰을 본다. 그는 사자의 가
슴팍을 향해 아래를 겨냥하는 긴 창을 쥐고 있다. 키마이라의 살해는
아무리 계략이 유효했다고 할지라도——벨레로폰은 괴물의 입안에서
녹아내린 납으로 괴물을 끝장낸다[9]——용기와 신체의 에너지를 동원하
는 폭력의 행위로서만 가능하다.

페르세우스 이야기에서도 마찬가지로 수훈은 피 흘리는 폭력——화
병들의 그림이 종종 형상화했던 낫도끼에 의한 메두사의 참수——을
포함한다. 그러한 경우들 각각에서 괴물의 살해는 어떤 공격, 즉 끝이
뾰족하거나 날선 무기에 의한 공격의 결과이다. 그것은 전사의 격분을
동원한다. 페르세우스의 경우에, 용감한 살해 행위는 피 흘리는 절단을,

---

9 | [역] 벨레로폰은 납 한 덩어리를 창에 매단 뒤 키마이라의 머리 위를 날면서
어느 한 순간 창을 키마이라의 입속에 밀어 넣는다. 창끝에 달린 납은 괴물의
불을 뿜은 입속에서 순식간에 녹아 목을 타고 흘러내려 뱃속을 태운다.
그렇게 키마이라는 죽는다.

뱀의 머리카락을 가진 여자 괴물 머리의 절단과 전시를 분명하게 포함한다: 능력(적들을 돌처럼 굳어버리게 하는 능력)을 실은 전리품으로서의 그녀의 머리는 궁극적으로 아테나에게 바쳐지고, 그녀는 그것을 자신의 방패에 매단다. 오이디푸스의 경우에는 그러한 것이 전혀 없다. 만일 스핑크스가 사라진다면 이는 그녀 자신이 자기를 제거하기 때문이다. 패배는 물리적이지 않으며 스핑크스의 자기파괴는 그 비밀이 폭로된, 명예를 훼손당한 존재의 원통함의 몸짓이다. 스핑크스는 죽임을 당한 것이 아니라 오이디푸스의 대답에 의해 기분이 상한 것이다. 여기서 세이렌들과의 평행비교가 어쩔 수 없이 나오게 된다. 세이렌들은 앞서 승리한 뮤즈들과의 노래 대결의 결과로 날개를 잃었다. 나중에 그녀들은 아르고호가 귀환할 때 매혹하는 능력에서 하프를 연주하는 오르페우스의 음악을 뛰어넘는 데 실패했기 때문에 자살한다. 노래하는 목소리를 수단으로 하는 비(非)전사적인 경쟁에서 극복하기 힘든 혹독한 실패는 그러한 원통함의 행위를 불러온다. 바로 그 뮤즈들이 스핑크스가 제시하는 수수께끼를 그녀에게 가르쳐주었던 것으로 알려져 있고, 스핑크스가 "자신의 수수께끼들을 단조롭게 읊조리는 가희" 혹은 "하프 없이 부르는 노래"에 의해 죽음을 퍼뜨리는 처녀나 암캐[10]로 종

---

10 | [역] 스핑크스가 암캐로 묘사되는 것은 그녀가 두 개의 머리를 가진 개, 오르토스의 딸이기 때문이다. 그리스인들은 스핑크스를 암캐라고 부르기도 했다. 마찬가지로 프랑스의 극작가이자 시인인 장 콕토는 자신의 시에서 암캐로 묘사된 스핑크스를 노래한다. "나는 시의 신비에 최종점을 찍고, 스핑크스를 죽이는 데 결정적인 대답을 발견하기를 원했다. 그러나 그것은 허풍이었다. 나는 그리스인들이 그렇게 명명했듯이 노래하는 암캐가 수수께끼에 넋을 빼앗긴, 수수께끼들을 위해 죽기를 즐겨하는 모든 젊음을 계속해서 집어삼키는 것이 두렵다.", Jean Cocteau, *La machine infernale*.

종 기술되는 만큼 세이렌과 스핑크스의 비교는 더구나 피할 수 없다. 수수께끼를 의미하는 단어들 가운데 하나, 즉 grîphoi가 일종의 고기잡이 그물을 가리킨다는 점[11]──이 점은 우리를 세이렌들의 바다 세계에 접근시킨다──을 차치하더라도 말이다.

스핑크스에 대한 오이디푸스의 승리, 오이디푸스의 명성을 확립한 승리는 무엇보다도 그의 지혜를 증명한다. 소포클레스는 놓치지 않고 그러한 특징을 강조하며, 어쩌면, 거기에 걸려있는 것을 은밀하게 암시한다. 코로스는 노래한다. "만인이 보는 앞에서 저 날개 달린 소녀가 그분을 멈춰 세웠을 때, 그분은 시련을 통해 이 도시에 귀중한 지혜로운 자(sophos)임이 밝혀졌거늘."[12] 오이디푸스는 무기를 들고 적에 대항해서 싸웠던 용감한 전사가 아니다. 그는 수수께끼를 풀었던 지혜로운 자, 소포스(sophos)다. 그는 언어의 시련에 진리의 언어로 대답할 수 있었다. 그는 이해할 수 없는 말(logogryphe)에 빛을 비추었다. 그는 온전히 육체의 힘에 의해 승리자가 되고 그런 다음 왕이 되지 않았다. 그는 정신의 문제를 해결했다. 국가 안에서 오이디푸스의 권력은 지성의 권력이다. 오이디푸스는 지혜 왕(sophos roi)이다. 그 스스로가 자신의 수훈에 대해 이렇게 말한다. "나는 (⋯) 지성에 의해(gnômêi kyrêsas) (⋯) 성공했소."

그런데 그 지성은 독학자의 지성이다. 오이디푸스는 교육을 받지 않았다. 그는 사전에 아무런 신성한 지식에 입문된 적이 없었다. 오이디

---

11 | M. Détienne et J.-P. Vernant, *Les ruses de l'intelligence, la Métis des Grecs*, Paris, éd. Flammarion, 1974, p. 50.

12 | [역] 날개 달린 소녀는 여기서 스핑크스를 가리킨다. 「오이디푸스 왕」, 『소포클레스 비극 전집』, 천병희 옮김, 49쪽(v. 507-v. 510)(번역 일부 수정).

푸스가 도시 앞에 막 도착했을 때 사제는 그가 아무런 가르침을 제공받지 않았고 아무런 교육을 받지 않았음(oud' ekdidachtheis)에도 불구하고 성공했다는 것을 알아본다. 하지만 사제는 그의 성공을 곧바로 신의 도움으로 돌린다. "당신이 우리의 삶을 일으켜 세운 것은 바로 신의 도움에(prosthéké theû) 의해서입니다. 모두들 그리 말하고 그렇게 믿고 있나이다."[13] Prosthéké는 추가, 보충, 덧붙여진 것, 도움, 조력을 의미한다. 그럼에도 불구하고 오이디푸스는 조금 뒤에 테이레시아스에게 분노로 응수하면서 자신의 성공을 전혀 다르게, 즉 그가 대놓고 조롱하는 아폴론의 사제들의 방법과는 정반대로 묘사한다. "저 어두운 노래를 부르는 암캐가 이곳에 나타났을 때, 왜 그대는 이 나라의 백성을 구하기 위해 아무 말도 하지 않았지요? 그 수수께끼로 말하자면 아무나 풀 수 있는 것이 아니었고, 거기에는 예언술(manteias)이 필요했소. 하지만 새들도 신들도 당신에게 아무것도 계시하지 않았소. 우리는 그걸 잘 보았소. 그때 내가 나타났소. 이 무식한 오이디푸스가. 나는 새들의 가르침이 아니라 지성에 의해(gnômei kyrêsas) 스핑크스를 침묵하게 만드는 데 성공했소."[14] 젊은 오이디푸스의 독학자적 지성은 늙은 테이레시아스의 신성한 지식이 실패했던 자리에서 승리를 거둔다. 오이디푸스는 새들을, 그 천상의 징조들을, 신들이 자신의 의도를 알리기 위해 보낸 언어를 듣지 않는다. 그는 자기 자신의 반성에만 의존한다. 그의 젊은 지성의 능력은 징조들의 해독이라는 선조의 지식에 대해 승리를 거둔다. 인간의 입문도, 신의 보좌도 필수적이지 않다. 오이디푸스는 전

---

13 | 「오이디푸스 왕」, 『소포클레스 비극 전집』, 30쪽(v. 38-v. 39).
14 | 「오이디푸스 왕」, 『소포클레스 비극 전집』, 44-45쪽(v. 390-v. 399).

적으로 혼자서 승리했다.

차별적인 분석의 주요 결과들을 요약해 보자.

오이디푸스 신화의 구조와 이 신화가 패러디하는 것처럼 보이는 규칙적인 영웅 신화의 구조가 아주 세세하게 비교되었을 때, 다음과 같은 변칙들이 지적되어야 한다.(어떤 것들은 알아차리지도 못할 정도로 은밀하고, 어떤 것들은 뚜렷하다):

A. "왕에 의해 부과된 시련"이라는 모티프가 없다; 그것 대신에 영웅의 아버지인 "왕의 살해"가 발견된다.

B. 여자 괴물과의 목숨을 건 대결은 다음과 같은 변칙들을 나타낸다.

1. 신들의 조력이 없다(아테나도 헤르메스도 영웅을 돕기 위해 나타나지 않는다).
2. 필멸자들의 조력이 없다(신성한 예언자의 충고도 약혼녀의 도움도 없다).
3. 결정적인 승리에 이르는 시련들의 단계가 없다.
4. 육체적인 힘의 동원은 없고, 한 단어가 있을 뿐이다(그로부터 괴물의 자살이라는 필연적 결과가 나오며, 이것이 고유한 의미에서의 괴물의 살해를 대체한다).

C. 왕의 딸이 아니라 자신의 친어머니와 혼인한다.

따라서 우리가 그 형상을 추출했던 전형적 영웅과는 대조적으로, 스핑크스에 대한 오이디푸스의 승리는 신화적인 변칙이다. 대결이 권위(파송자 왕)에 의해 부과되지 않을 뿐만 아니라 성공이 독학자적, 무신론적, 지성적이다. 이러한 특징들로 되돌아와야 할 것이다. 우리는 이미 타자들(신적인 타자들이나 인간 타자들)에 대한 관계나 자기 자신과의 관계와 관련해서, 그리고 시련이 동원한 자질들과 관련해서 그러한 특징들이 가져온 파급력들을 이미 보고 있다. [한편으로] 그러한 왜곡과 [다른 한편으로] 오이디푸스 모험의 명백한 변칙(부친 살해와 근친상간)을 달리 구성하는 것 사이에 신화적 인과성의 관계가 존재한다는 것, 이것이 우리가 추측할 수 있는 바이며, 오이디푸스 신화의 내적 의미작용을 우리가 지금까지 해왔던 것보다 더 잘 이해하기 위해서 심층적으로 분절해야 하는 것이 바로 그것이다.

그러한 모든 변칙들에, 이 변칙들과 관련되고 이것들 모두를 가로지르는 어떤 조정된 혼동을 덧붙여야 한다. 규칙 신화가 구별하는 세 왕——박해자 왕(R_1), 파송자 왕(R_2), 증여자 왕(R_3)——은 그들의 차별적인 기능들의 완전한 뭉뚱그리기에 의해 이제는 유일한 하나의 왕, 영웅의 친아버지(P) 라이오스가 될 수밖에 없다. 우리가 모든 참조 신화들에서 $R_1 \neq R_2 \neq R_3 \neq P$를 얻었다면 오이디푸스 신화는 (정상적으로라면 파송자가 되는 왕을 이를테면 "빗금치면서") 저 세 행위자들을 동일하게 만들고 또한 그들을 친부와 동등하게 만드는 기이한 독특성을 보여준다. $R_1 = R_2 = R_3 = P$라는 공식을 따르면서.

타자를 고유한 것[15]으로 그리고 차이들을 동일자로 뭉뚱그리기, 이것은 오이디푸스 신화의 논리에 대해 생각할 거리를 줄 뿐만 아니라 또한 다른 경로를 통해 그것의 구조적인 관건에 대해서도 생각할 거리

---

15 | [역] 전형 신화에서 여러 기능의 왕이 타자성을 유지하는 반면에 오이디푸스 신화에서는 왕이 친부라는 변화된 점을 가리킨다.

를 주는 특징이다. 그러한 환원, 즉 왕과 아버지와 관련된 타자성과 차이를 허물어버리는 것이 어떻게 가능한가? 오이디푸스 신화가 타자성들과의 대결을 통과해서 자신의 운명을 전개하는 대신에 고유한 것과 동일한 것 안에 남아 있기 위해서는 규칙적인 신화의 어떤 근본적인 심급이 파괴되거나 부재하거나 왜곡되어야 하는 것일까? 이러한 질문들을 벗어날 수는 없을 것이다.

바로 이러한 것이 변칙들의 그림이다. 변칙들이 서로 독립적이지 않다는 것, 오히려 그 변칙들은 어떤 조정된 고장(故障)(dérèglement rélgé), 즉 신화 전체에 분배되고 전형-신화로부터의 일탈들의 체계를 지배하는 그러한 고장 안에 등록된다는 것. 우리는 신화적 논리의 극도의 엄밀함을 확신하면서 강하게 혐의를 두어야 하는 것은 바로 그러한 것들이다. 그럼에도 불구하고 그러한 엄밀함과 그러한 논리가 신화의 진리를 약속한다는 점에 실로 주목해야 한다. 오이디푸스 신화의 가르침의 원천들을 남김없이 드러내기 위해서는, 형식적으로 규칙 신화의 일반적인 도식 안에 오이디푸스 신화의 구조적인 변칙을 가져온 게 어떤 전도들, 대칭들, 역전들, 전치들인지를 찾아내는 것으로 충분하지 않다. 이는 그러한 작용, 혹은 심지어 변칙을 정식화할 수 있는 알고리듬을 상상하는 게 불가능해서가 아니다. 오히려 그러한 변형들의 유일한 형식적인 규칙 안에서 오이디푸스 신화의 일탈에 대한 설명을, 그러니까 오이디푸스 신화의 심층적 의미작용을 찾고자 하는 게 헛된 일일 것이기 때문이다. 그러한 전치들, 일탈들, 왜곡들은 조합적 유형의 합리성을 전혀 가지고 있지 않다. 그것들은 서사의 수준에서 인식활동의 결과, 어떤 변형 대수학도 예상할 수 없을 인간 운명의 구속들과 관련된 세분화되고 일관된 지식의 결과이다.

레비-스트로스에게 가끔 가해지는 비난은, 정당한 이유들을 가지는
바, 다의적인 이미지들과 상징들 안에 투자되고 하나로 모아진 정동들,
그리고 의례가 자신의 동원 기능 속에서 망각을 허락하지 않는 정동들
을 고려하지 않은 채 신화를 논리적인 조합들의 체계로서만 생각한다
는 데 있다.[16] 그 구조주의 인류학자가 단언한 것과는 반대로 신화적
사고의 구속들은 "변형들의 놀이"의 구속들이 아니다. 즉 그 안에서
"개념들이 여러 가지로 배열되어 그들 각자의 가치들과 기능들을 교환
하거나 대조시키거나 역전시켜서 그러한 조합의 원천들이 손상되거나,
아니면 단순히 고갈되기에 이르는"[17] 그러한 변형들의 놀이의 구속들
이 전혀 아닌 것이다. 신화적 서술들의 구속은 훨씬 더 무겁고 훨씬
더 중요한 의미를 갖는다. 그것은 형식적인 철저함으로 향하는 치환의
작용이라는, 논리적 의미에서의 놀이에 대해 이야기하는 것을 금지한
다. 그것은 순수한 조합의 가능성들 속에 있지 않다. 그것은 정서적 구
속들, 욕망의 성극화, 정열들의 극작법, 그리고 전형적인 실존적 상황
들——탄생, 죽음, 혼인, 전투 등등——안에서의 인간 영혼의 내적이며
동시에 "객관적인" 태도들로 회송된다. 신화적 서술들의 구속은 가장

---

16 | 레비-스트로스의 구조 개념의 일정 측면들에 대한 비판과 관련해서는 V.
Turner, *Dramas, Fields and Metaphors, symbolic action in Human Society*,
Cornelle University Press, Ithaca and London, p. 236과 이하를 볼 것. 다른
한편, 사람들은 "신화소들"의 무-시간적인(a-temporel) 치환이 영웅의 일방
적인 운명을 설명할 수 없고, 프로프에게서 규정되어 있는 사건들의 필연적
인 질서를 설명할 수 없다는 점을 강조했다(cf. Al. Cook: «Lévi-Strauss
and Myth: A review of Mythologies», MLN 91, 1976).

17 | Lévi-Strauss, «De la possibilité mythique», in *Le regard éloigné*, Paris, éd.
Plon, 1983, p. 230.

놀라운 응축적 역량의 언어로 상징적인 삶——다시 말해 고유하게 인간적인 바로서의 삶 그 자체——의 가장 완강하고 뿌리 깊은 진리들을 드러내는 의미작용의 골조들을 그려낸다. 신화는 "정신의 자율적인 활동"[18]을 나타내는 것으로서 고려될 수 있는 것은 오로지 신화가 "멀리 떨어진" "무관심한" 시선에 의해 사전에 분리되고 추상화되고 비(非)정념화되어 있기 때문이다. 그것은 마치 길고 긴 피 흘리는 참호전이 지속되는 동안 주고받았던 한 뭉치의 전투보고서들을 분석하는 문법학자가, 형식적 속성들을 추출해낼 수 있는 정확하게 배열된 문장들을 통해서, 문제가 되는 것이 정신의 자율적인 활동이었다고 선언하는 것과 같다.

게다가 레비-스트로스는 근본적인 지점에서 그 자신이 모순적이라는 점을 알아차리지 못한 채 신화들에서 광기에 대한 어떤 지식을 인정하지 않을 수 없었다(그러한 왜곡은 사소한 것이 아니다). 신화 속에는 영혼의 병들에 대한 정확한 어떤 인식이 존재한다. 단순한 직접적 표현이 아닌, 어떤 인식. 신화는 증상이나 망상의 질서와는 거리가 멀며, 심리적 장애를 번역하는 것과도 거리가 멀다. 신화는 망상이나 증상에 관한 어떤 지식이다. 그것은 "자신의 방식으로도 또한 그것들[망상과 증상]에 대한 이론을 만들며, 환자 쪽이 아니라 의사 쪽에 위치한다."[19] 따라서 레비-스트로스가 다른 데서 여러 차례 건드릴 수 없는 구조주의적 가정으로서 지지하는 무엇과는 반대로, 신화들 속에는 어떤 진리가 실로 존재할 것이다. 신화는 자신의 지혜를 가지고 "정신의학적"

---

18 | *Ibid.* p. 235.

19 | Lévi-Strauss, «Cosmopolitisme et Schizophrénie», in *Le regard éloigné*, op. cit. p. 250.

지식과 **경쟁한다.** 레비-스트로스는 정신적인 장애들에 관해 이렇게까지 말한다. 신화들은 "그것들[정신적인 장애들]을 묘사하고, 그것들을 정신적인 장애로서 진단한다. 혼란의 기원을 상기시키는 이러이러한 주인공의 삶의 우연적 사건들을 상세하게 기술하면서."[20] 우리는 어떻게 신화가 영혼의 심층적인 혼란이나 인간 운명의 구속과 관련된 지식을 보유할 수 있는지를——만일 그러한 혼란과 구속이 정신의 자율적이고 형식적인 활동을 나타내는 논리적 조합에 불과하다면——보지 못한다. 우리는 신화들이 세계의 질서, 실재의 본성, 혹은 인간의 운명에 대해 우리를 깨우쳐 줄 아무것도 말하지 않는다고 주장하면서(이 주장은 레비-스트로스가 모든 "비교적인(gnostique)" 신화 독해의 시도에 대립시킨 방법론적인 가정에 일치한다) 동시에 다른 관점에서 이러이러한 신화가 인간의 이러이러한 정신이상에 대한 지식으로, 이러이러한 운명의 탈선이 광기의 묘사 및 심지어 광기의 정확한 진단으로 구성된다는 사실을 옹호할 수는 없다. 그런데 신화의 교훈, 신화의 윤리학, 신화의 가르침은 바로 거기에, 즉 **분리된-영적 인식(dia-gnosis)**[21] 안에 놓인다. 이는 신화와 그 변형들이 엄격한 서술적 일관성을 갖고 있지 않다는 것을 의미하지는 않는다. 하지만, 만일 그것들이 서술적 일관성을 가지고 있다면, 이는 운명의 탈선들과 이것들을 명령하는 상징적 진리들 그 자체가 외양상의 비합리성 아래에 일종의 심오한 합리성,

---

20 | *Ibid.* p. 250: 광기에 대한 이러한 지식의 실례들이 *Du Miel aux cendres*, pp. 151-152(『신화학 2: 꿀에서 재까지』, 임봉길 옮김, 한길사, 2008.)와 *Origines des manières de table*, pp. 92-99에 나와 있다.

21 | [역] diagnose는 진단이라는 의미를 갖는다. 그런데 저자는 분리, 구별을 의미하는 접두어 dia와 영적 인식을 의미하는 gnose 사이를 하이픈으로 연결함으로써 이중적 의미를 갖게 만든다.

어떤 상상적(imaginal)[22] 논리를 가지고 있기 때문이다.

대조 분석으로부터 나온 결과는 이렇다. 자신의 친어머니와의 혼인을 운명으로 가진 자는 바로 피 흘리는 전투에서 여자 괴물을 죽이지 않은 자이다. 모든 것은 마치 메두사나 키마이라와의 격렬하고 성공적인 대결이 신들이 인정한 혼례에 도달하기 위해서는 반드시 치러야 하는 강제된 전투인 것처럼 진행된다. 여자 괴물의 살해——단순히 지성에 의한 제거가 아닌 살해——는 비근친상간적인 혼인을 위한 조건일 것이다. 바로 그 점을 차별적인 독해가 우리에게 가르쳐준다. 오이디푸스는 겉보기에는 스핑크스와의 조우에서 성공을 거두었지만, 여자 괴물의 살해라는 결정적인 단계에서 충분히 그리고 규칙적인 방식으로 성공하지 못했다. 마치 "수수께끼를 푸는 것"이 "공주와 혼인할" 수 있는 완전하고 전체적인 능력을 보여주는, 충분하고 완벽한 시련이 아닌 것처럼 모든 일이 일어난다. 전 존재의 에너지가 동원되는 전투에서 피의 대가를 치르면서 싸워야 하는 것이다. 여자-뱀인 불멸의 에키드나에게서 태어난 무시무시하고 위험한 기형적인 여자 괴물의 머리를 베거나 그 몸을 찔러야 하는 것이다. 오이디푸스의 모험에는 그러한 살해가 없다.

오이디푸스 신화의 그러한 장치, 오이디푸스 신화의 의미 전부를 이

----

22 | [역] imaginal은 이슬람 문화의 연구자, 앙리 코르뱅(Henry Corbin)이 새롭게 만든 개념어이다. imaginal은 관찰가능한 감성계와 추상적인 예지계 사이에 놓인 영역으로서, 상상적인 것이되 그저 허구나 가상에 불과한 이미지가 아닌 실재의 성격을 갖는다. 따라서 코르뱅에 따르면 imaginal의 세계는 감성계와 예지계(초감성적인 세계)를 완전히 분리된 두 세계로 놓지 못하게 한다. 다시 말해 imaginal의 세계는 두 세계의 가운데 있는 사이세계라고 할 수 있다. 우리는 이 단어의 의미를 한정시킬 적절한 번역어를 발견하지 못했으므로 포괄적인 의미에서 '상상적'이나 '상상적인 것'으로 번역한다.

루는 그러한 차별적인 핵심은 프로이트에게서 전혀 포착되지 않았다. 프로이트는——어떤 본질적인 이유들 때문에——에키드나의 아이들과의 전투에 대해 아무것도 알지 못한다. 어째서 여자 괴물의 살해가 비근친상간적인 혼인의 조건일까? 이와 같은 질문 앞에서 프로이트의 해석은 우리를 무력하게 만든다. 프로이트나 랑크가 스핑크스의 살해는 "부친 살해의 대체물"임을 지지할 때, 그들은 자신들의 고유한 강박관념들의 진열을 눈앞에 둔 우리의 인내심을 악용한다. 왜냐하면 한편으로 *la*[여성형 정관사] 스핑크스(그리스어나 독일어에서도 이것은 프로이트를 각성시켜야만 했다)는 (키마이라, 고르곤, 크로미온의 암퇘지, 혹은 레르나의 히드라처럼[23]) 여성적 존재이지만, 오이디푸스의 경우에 아버지는 이미 살해당했으며, 우리는 그러한 이중화를 이해하기 힘들기 때문이다. 만일 그러한 살해가 이미 대놓고 저질러졌다면, 부친 살해의 상징적 대체물(그러니까 어떤 위장)은 왜 필요한가? 게다가 스핑크스는 살해당한 게 아니라 자살한다.

아주 간단하게, 프로이트의 코드 안에서는 괴물들의 어머니 에키드나와 마찬가지로 스핑크스가 해석 불가능하게 남아있다는 사실을 인정해야 한다. 스핑크스는 프로이트 정신분석의 사유되지 않은 것, 정신분석에 의해 해결되지 않은 하나의 수수께끼다. 그리고 그것은 구성상 해결될 수 없는데, 왜냐하면 그러한 수수께끼의 해결은 오이디푸스 신화에 대한——더욱 심각하게는 바로 그 오이디푸스에 대한——근본적으로 잘못된 어떤 해석 위에 근거해 있는 프로이트의 건축물 전체를

---

23 | [역] 여기 나오는 괴물들, 키마이라, 고르곤, 암퇘지, 히드라의 앞에는 모두 이탤릭체로 프랑스어의 여성형 정관사 la가 붙어 있다.

위협할 것이기 때문이다.

스핑크스의 수수께끼? 이 표현은 두 가지 의미에서 이해되어야 한다. 즉 스핑크스가 제안하는 수수께끼와 스핑크스가 구성하는 수수께끼. 오이디푸스는 첫 번째 것을 해결했다고 믿었고 프로이트는 두 번째 것을 해결했다고 믿었다. 그런데 만일 둘 중 어느 누구도 해답을 발견하지 못했다면?

2
정신분석과 살해

　"괴물 살해"는 프로이트 교의에서 사유되지 않은 거대한 무엇이다. 정신분석의 최초의 시기를 뒤흔들었던 분열, 즉 이단자 융과의 결별은 그러한 논쟁과 무관하지 않다. 융은 아버지와의 오이디푸스적 경쟁관계를 자신의 신경증에 대한 해석의 핵심으로 삼지 않는다. 그에게 중대한 사건은 부친살해가 아니다. 오이디푸스는 그의 참조 신화가 아니다. 융이 때로는 모호하고 당황케 하는 방식으로, 하지만 진정한 문제를 알리는 방식으로 지각한 것은 어떤 모티프——즉 영웅의 괴물과의 전투——의 놀라운 항상성과 중심성인데, 하지만 프로이트는 그것을 설명할 수가 없었다. 모든 문화의 영웅 신화들 속에서, 그러한 "신화적 기본테마(mythologème)"는 제 1선에 있다. 그런데 프로이트와 그의 신봉자들이 생각했던 것과는 반대로 그러한 영웅적 살해(영웅의 "희생"과 일치하는 살해)를 부친살해의 대체물로 해석하는 것은 거의 가능하지 않다. 아무것도 그러한 해석을 정당화하지 못한다. 대담한 영웅의 악몽들을 가득 채우는 다양한 형태의 **용들**(Dragonnes)에게서 아버지의 ――심지어 위장되고 전치된―― 이미지를 보는 것은 신화적인 약정들을 조금은 지나치게 가볍게 취급하는 것이다.

이 점에 관해서 융이 프로이트와의 분쟁에서 강경하게 남아있었던 것은 틀리지 않았다. 프로이트 교의의 어떤 개념도 그러한 괴물을 끝장낼 수 없다. 그리고 융이 어머니――어둡고 포위하고 질식시키는 어머니, 아들을 잡아매고 현혹하고 아들을 뒤에서 붙잡아 자신의 파충류적인 묶기로 수없이 돌돌 휘감아 가두는 어머니――쪽에서 그 위험한 존재의 의미를 찾은 것은 옳았다. 그리고 실제로 그러한 압제적이고 먹어치우는 암컷 괴물을 상대하는 피 흘리는 전투의 끝에서만, 아들이 괴물을 죽이기 위해 그리고 괴물로부터 해방되기 위해 자신의 모든 남성적 힘을 동원할 수 있을 때에만 오로지 아들은 자신의 어머니가 아닌 약속된 젊은 여자인 공주, 즉 용이 포로로 붙잡고 있었거나 접근을 막았던 공주와 혼인할 수 있다. 괴물이 거주하는 어두운 동굴까지 되돌아간 후 그 괴물을 죽이는 것, 이제 그것은 끈을 잘라내는 것, 치명적인 어떤 희생을 치르는 것, 피 흘리는 절단인데, 이것은 괴물이 가뒀던 젊은 여자의 배우자가 되는 것을 가능하게 할 것이다.

따라서 괴물에 맞선 승리, 신화들의 무수한 영웅들의 전형적이고 보편적인 수훈은 **모친살해**라는 심층의 의미를 가진다. 보편적으로 가장 어려운 임무로 여겨지는 것은 프로이트가 생각했던 것처럼 부친살해가 아니라 모친살해다. 그것은 영웅을, "남자"(vir)를 만들고 혼인을 허락하며 "왕권"의 자격을 주는 중심적 수훈이다. 입문의 커다란 시련, 즉 지원자가 유아기에서 벗어나 한 "남자"가 되기 위해 죽음을 무릅쓰는 시련은 동굴 같은 어둡고 깊은 곳에서 일어나는 그러한 전투이지 부족

간 논쟁 때문에 대낮에 벌어지는 "부친살해"가 아니다.

물론 그러한 "모친살해"에서 그토록 위험하고 그토록 어둡게 살해 당하는 것은 어머니 "그녀 자신"이 아니다(그것이 어머니 본인에 대한 상상일 경우에도 아니다). 바로 그렇기 때문에 무의식적 갈등을 가족 드라마로 만들기 위해 부당하게도 그러한 갈등을 인격화하려는 경향을 가졌던 프로이트는 모친살해의 핵심적이면서 중심적인 자리를 절대로 알아볼 수 없었다. 대결하고 없애야 하는 것은 (항상 불충분한 은유를 통해서만 파악될 수 있는) 어떤 부정적인 차원이다: 검고 어둡고 탐욕 스러운 파충류, 바다나 동굴 깊은 곳의 괴물. 오로지 신화만이 "개념화" 할 수 있는 것——이 역설적인 단어를 사용하기를 두려워하지 말자. 헤시오도스가 에키드나에 대해, 즉 괴물들(필멸적)의 어머니(불멸적), 위는 여자이고 아래는 뱀이며 깊은 바다 동굴들에 거주하는 그것에 대해 말할 때, 그는 자신이 조직하는 의미작용들의 복잡함을 가지고 프로 이트의 분석에서 나온 개념들보다 아마도 더 강력한 어떤 상상적 개념 에 도달한다. 예를 들어 사람들은 "남근적 어머니"를 이야기할 것이지 만, 이 용어는 신화가 보존하고 질서지우는 지식보다 빈약하며 제한적 이다.

따라서 모친 살해는 프로이트 교의에서 사유되지 않은 거대한 무엇 이다. 프로이트가 지각하지 못했던 것, 그럼에도 불구하고 전형적인 영 웅 신화들 안에서 의미화되는 것은 그러한 폭력적인 전투를 통해서만 혼인이라는 결말이 가능하다는 점이다. 어머니의 욕망은 치명적인 욕 망이다. 동굴, 자궁, 지옥으로의 회귀는 영웅의 생명이 걸려있는 대결 을 강요한다. 그는 어머니-괴물을 향해 감행되는 피 흘리는 폭력, 그 자신의 집착을 희생시키는 것이기도 한 폭력을 통해 강력한 결합을 절단하고, 그 자신을 치명적인 집착으로부터 해방시킬 때에만 승리자로서 빠져 나올 수 있다. 그러한 모친살해만이 여자의 해방——약혼자에게로의 접근——이다. 어두운 모성적인 것이 혼례의 밝은 여성적인 것으로부터 일단 분리되고 나면.

그런데 그러한 활동에서 두드러진 점은 아버지가 거기서 아무런 기여도 하지 않는 것처럼 보인다는 것이다. 여성적인 것에의 접근은 부성적인 법, 즉 어머니를 금지하고 다른 곳에서 약혼녀를 찾도록 강요하게 될 부성적인 법에 대한 복종을 통해 획득되지 않는다. 혼인으로의 접근이라는 혜택을 베풀고 모성적이 아닌 여성적인 것의 선물을 주는 것은 바로 모친살해에서의 승리다. 만일 전형적인 아버지(하지만 신화 속에서는 영웅의 친아버지가 아닌 아버지)의 형상이 그러한 대결에서 어떤 역할을 수행한다면, 그 형상은 금지하는 자의 것이 전혀 아니며, 우리가 "파송자 왕"이라는 이름 아래 식별했던 그런 형상이다. 이 왕은 어떤 권위 덕분에 "시련을 부과"하는데, 이 권위는 법이라기보다는 차라리 왕권의 위엄의 권위이다. 그는 젊은 영웅들로 하여금 위험하고 거의 불가능하다고 알려진 시련에서의 성공에 도전하게 함으로써, 그들의 명예 감각과 경쟁에 대한 사랑을 자극한다. 젊은 남자가 그러한 전투에 자기를 내던지는 것은 강제력에 의해서보다는 오히려 경쟁심에 의해서다.

따라서 단일신화의 플롯은 오이디푸스적 갈등과 매우 다르다. 부성적 차원도 모성적 차원도 거기서 동일한 역할을 수행하지 않는다. 오이디푸스 신화가 부친 살해→근친상간이라는 전후관계를 둘러싸고 조직된다면, 단일신화는 모친 살해→약혼이라는 인과성에 의해 해소된다. 오이디푸스에게서 부친살해는 근친상간의 비극에 이른다. 전형적 영웅에게서 파송자 왕의 자극하는 명령은 괴물-어머니에 대한 승리로 인도되는바, 이 승리는 혼례에 의한 결합으로의 길을 열어준다.

이제 우리는 프로이트가 오이디푸스 콤플렉스에 사로잡힌 채 우리가 단일 신화라고 명명했던 것이 지닌 구성적인 구조의 효력을 결코 지각하지 못했으며, 따라서 "오이디푸스 콤플렉스의 해소"를 생각하는데, 다시 말해 오이디푸스적 구조에 의해 배치된 갈등 너머를 생각하는데 몹시 애를 먹었다는 것을 이해한다. 그는 그러한 너머를 오이디푸스에 의해 배치된 긴장들의 경감으로서만, 또는 (금지와 장애물을 내면화하는 초자아의 구성과 더불어) 오이디푸스의 사후적 결과로서만 생각할 수 있을 뿐이었다. 하지만 그는 그것을 또 다른 구조로서는 절대로 생각할 수 없었다.

그런데 단일신화가 그 다른 구조다. 단일신화는 (모성적 근친상간으로 통하는) 부친 살해가 아니라 (모성이 아닌 여성으로 통하는) 모친 살해를 중심적인 충돌로 만들면서, 금지를 수단으로 하지 않고도 남성 주체에 의한 근본적인 욕망으로의 접근을 설명한다. 단일신화가 제시하는 바로서의 추구는 남성적 욕망의 구성축에 정확히 일치하는 반면에, 오이디푸스 신화는 남성적 욕망에 대한 축에서 벗어난 잘못된 판본을 제공할 것이다. 입문의 회피보다 더 심오하게는(문제가 되는 게 바로 그것이니까), "입문"되고자 하는 욕망, "부과된 임무"를 받아들이려는 욕망, 해방되어 다시 태어나기 위해 절단(죽음, 즉 어머니-괴물을 죽이면서 동시에 어머니-괴물로부터 고통스럽게 해방되는 양날의 칼의 시련)과 대면하려는 욕망이 놓여 있으니까 말이다.

따라서 반복적이고 규칙적인 신화가 무엇인지에 대한 프로이트의 이해에서의 그러한 결함은 무의식에 대한 몇몇 이단적인 이론가들이 프로이트를 상대로 가했던 의혹들을 충분히 정당화한다. 프로이트 교의 안에는, 보편적으로 입증된 괴물과 맞선 영웅의 위대한 피 흘리는 전투 안에서 정말로 문제가 되는 게 무엇인지를 이해할 수 있게 해 주는 것은 아무것도 없다. 오이디푸스 신화는 그러한 전투의 풍자화만을 제시하거나, 적어도——우리가 보았듯이——수수께끼에 대한 대답에만 근거한 비정상적이고 부분적인 전투의 판본만을 제시한다. 오이디푸스적 아들이 남성적 욕망의 유형론 전부를 포괄하지 않을 뿐만 아니라 그것의 피상적이고 왜곡된 판본만을 제시하는 가능성으로 간주되었던 것은 옳다. 이러한 비판이 융의 유산을 주장하는 자들[1]의 편에서 더 심화되었다는 사실이 이치에 닿지 않는 것은 아니다. 하지만 그것은 또한 오이디푸스 콤플렉스를 다루는 프로이트의 개념화의 심각한 불충분성들이 인정될 수밖에 없는 장소로서 우리가 가장 기대하지 않았던 장소이다.

프로이트에 대한 완강하고 과시적인 충성심의 가장 아래 라캉이 멈추지 않았던 것은 정신분석의 어떤 교활한 수정이다. 반복되는 원리적 선언들을 보호막으로 삼으면서, 라캉은 프로이트의 여러 가설들을 뒤흔들었다. 하지만 오이디푸스 콤플렉스의 개념화를 둘러싸고 가장 근본적인 재검토가 수행되었다는 사실에 우리는 놀라지 않을 것이다. 매우 일찍 그리고 매우 신속하게 라캉은 "오이디푸스 콤플렉스"에 대한

---

[1] 나는 이와 관련해서 특히 "위대한 여신들과 그녀의 애인 아들들"에 관한 피에르 솔리에(Pierre Solié)의 중요한 최근 연구들을 생각한다. 이 연구들은 오이디푸스적 아들의 모습이 아닌 어떤 모습을 해명한다. Cf. *La femme essentielle, mythanalyse de la Grande Mère et de ses Fils-amants*, Seghers-Laffont, 1980.

프로이트의 이론적 건축에서의 불충분함과 조우했고, 오이디푸스 콤플렉스에 대한 비판을 필수 불가결한 강령적 요구로 삼기에 이른다. 라캉이 "신경증자들의 치명적인 상황" 속에서 스스로 대결하고 있다고 보았던 것은 "전통적으로 주어진 구조──어머니에 대한 근친상간적 욕망, 아버지의 금지, 아버지의 금지에 의한 장애물의 효과들, 그리고 주변의 다소 무성한 증상들의 증식──와는 아주 다른 어떤 구조를" 구성하고 있었다. 그로부터 어떤 진정한 분열을 예감하게 했던 매우 짙은 의심이 생겨난다: "나는 그러한 차이가 현재 교육되고 있는 바로서의 분석적 학설로부터 도출되는 일반적 인류학을 논의하도록 우리를 이끌고 가야 할 것이라고 믿는다. 한마디로 오이디푸스 콤플렉스의 도식 전부는 비판받아야 한다."[2]

그럼에도 불구하고 오이디푸스 콤플렉스에 대한 그러한 비판은 이론적일 뿐만 아니라 전략적인 다양한 이유들 때문에 언제나 정지되고 유보되고 유예된 채로 남아있었다. 라캉은 애매성을 제거한 명료한 언어들로 그러한 비판을 예고했지만, 비판의 내용과 범위를 체계화하지 않으면서 다만 여기저기에서 비판을 착수만 할 뿐이었다. 오이디푸스 콤플렉스에 대한 근본적인 비판은 지하의 지도원리로 남아있었으며, 그것은 아마도 라캉의 가장 혁신적인 직관과 가장 풍성한 탐색의 방향을 이끌었지만 결코 완전하게 그리고 프로이트의 정론과의 체계적인 논쟁으로서 분절될 수도 없었고 분절되려고 하지도 않았다.

그렇지만 오이디푸스 신화에 대한 라캉의 비판의 중요한 근거들을

---

2 | "Le mythe individuel du névrosé", Reprise dans *Ornicar* n° 17-18, 1979, éd. Lyse, Paris.

재구성하는 것은 가능하다.[3] 본질적으로 그것들은 거세의 장소와 금지의 지위에 관련된다. 프로이트에 따르면 오이디푸스 콤플렉스는 아버지가 휘두르는 거세 위협 때문에, 아버지를 욕망된 어머니의 금지자로 만든다. 그런데——라캉이 보여주려고 집착하는바——어머니를 향한 욕망도, 아버지의 거세 위협도 욕망과 거세의 가장 근본적인 형태는 아니다. 오이디푸스 콤플렉스는 (단순히 금지된 것이 아닌 불가능한 대상을 갖는) 진짜 욕망을 드러내고 가장 결정적인 거세인 어떤 것(부성적 위협보다 더 무시무시한 **사물**의 결여와의 대면)에 도달하는 대신, 그것들의 충격적인 극단성을 감추기 위해 베일을 구성한다. 오이디푸스 콤플렉스는 거세의 억압에 사용된다. 오이디푸스 콤플렉스는 **사물** (욕망의 원초적인 대상이며 어머니가 위치시키지만 어머니 자신은 아닌 대상)의 부재 앞에 아버지와의 갈등이라는 베일을 설치한다. 오이디푸스적 주체는 (절대적인 향유에 대한 그의 욕망의 대상이 단순히 금지된 것이라고 그가 믿게 만드는) 부성적 금지에 의해 거세와 죽음과의 근본적인 대결로부터 보호된다…. 오이디푸스 콤플렉스에 따른 욕망하기는 남성 주체의 근본적인 욕망을 교묘하게 회피하는 것인바, 그 욕망은 거세의 통과를 요구한다.

달리 말해서, 오이디푸스적 배치형상 속에 붙잡힌 남성 주체는 부친 살해가 그에게 욕망의 대상인 어머니와의 결합에 이르는 길을 터주리라는 환상을 간직한다. 절대적인 향유로서 환상화된 대상이 가능해지기 위해서, 아버지는 밀쳐버리기만 하면 될 주요한 장애물로서, 폐지만 하면 될 금지로서 나타난다. 오이디푸스적 주체는 어머니를 금지하는

---

3 | Alain Juranville, *Lacan et la philosophie*, Paris, P.U.F. 1984, p. 194 et suiv.

것이 아버지의 개입이라고 상상한다. 그리고 그는 차후에 절대적인 향유를 발견하리라고 확신하면서 끊임없이 살해의 환상을 살찌운다. 확실히 오이디푸스적 주체는 자신도 모르게 두 가지 죄를 실현하는 오이디푸스가 아니라, 오이디푸스 신화가 그 서술적 전후관계를 보장하는 것처럼 보이는 부친살해→근친상간의 인과성에 대한 무의식적 상상을 품는 자이다. 라캉에게서——그리고 정확한 이유에서——그러한 오이디푸스적 환상은 근본적인 상태에서의 남성적 욕망을 설명하지 못한다.

그런데 우리의 관점에서 결정적인 것은 라캉이 착수했던 프로이트 정신분석에 대한 그러한 수정이——아무리 그것을 궁극적인 결과들에까지 끌고 가지 않았다고 할지라도——차별적인 신화분석이 끌어낼 수 있었던 영웅적 서사의 유구한 교훈과 같은 방향에 있다는 것이다. 라캉은 프로이트의 경계를 벗어나면서 다만 어떤 진리를 재발견한 것이다. 예컨대 왕위 계승에 대한 그리스 신화들, 다시 말해 성공한 입문의 신화들 속에 침전되어 있었던 전통이 이미 알고 있었던 진리. 프로이트에 대한 라캉의 교정은 신화적 기제가 오이디푸스 왕의 신화에게 부여한——그리고 라캉의 교정이 절대로 버리지 말았어야 할——변칙적이고 비정상적인 자리를 필연적으로 다시 그 신화에게 내어준다. 라캉이 우회적인 언어 속에서 발견한 것, 그것은 단일신화의 도출에 의해 즉시 예상이 가능하다. 남성적 운명과 욕망의 진리는 그러한 (광범위하게 입증된 보편성 속에서의) 단일신화이지 오이디푸스의 독특한 역사가 아니다.

오이디푸스 신화가 규칙적인 왕의 입문 신화와 관련해서 신화의 규칙적인 플롯의 변칙에 의해서만 설명되는 고장인 것처럼, 오이디푸스 콤플렉스는 남성 주체의 근본적이고 구성적인 욕망과 관련해서 욕망을 드러내는 대신 교란하고 고장 내는 거짓된 환상이다. 신화적 지식은 단일 신화와 오이디푸스 신화 간의 차별적인 관계 안에 진정한 욕망과 욕망의 일탈의 대립을 이미 배치해 놓았다. 오이디푸스의 운명은 아무리 매력적이고 강력할지라도 전통적인 진리의 관점에서 보았을 때 윤리적 죄에 상응하는 어떤 일탈(어떤 비극)이지 남성적 욕망의 근본 구조가 아니다. 오이디푸스 신화는 이야기 서술의 측면에서 파생적이고 이차적이다. 오이디푸스 신화는 단일 신화 속에서 반복되고 집요하게 지속되는 참된 욕망의 초석을 공급할 수 없을 것이다.

그러므로 단일 신화와 오이디푸스 신화 사이의 관계(차별적인 신화 분석이 끝어낼 수 있는 관계)는 남성 욕망의 근본 축과 오이디푸스 콤플렉스의 관계와 같다. 라캉이 경멸적인 의미로 "오이디푸스 콤플렉스는 하나의 신화다."라고 말할 수 있었던 것처럼, 우리는 오이디푸스 신화가 "신화 속의 신화", 즉 더 근본적이며 구성적인 전형-플롯의 변형과 변칙의 작용에서 결과하는 이차적인 플롯이라고 말할 수 있다.

이러한 이중적인 비교를 일단 시작하면 평행성은 놀랄 만큼 뚜렷해진다. 대적하고 승리하는 입문의 신화로서의 단일 신화와 관련해서 입문의 회피(따라서 상징적 죽음의 회피)가 오이디푸스 신화를 하나의 일탈 신화로 만든 것처럼, 상징적 거세인 결여와 대적하는 것에 다름 아닌 남성적 욕망의 진리와 관련해서 오이디푸스 콤플렉스를 환상, 신경증, 경멸적인 의미에서의 "신화"로 만든 것은 바로 거세의 회피다. 프로이트와 프로이트주의자들이 거세라는 용어(음경의 절단을 의미하는 것을 그들이 결국 인정해야만 했던, 하지만 그 용어 선택이 절단을 상기시키도록 이루어졌던 용어) 아래 힘들게 생각해내려고 시도했던 것은 다름 아닌 입문이며, 더 정확하게는 두 번째 탄생의 조건으로서의 "죽음"과 희생의 단계이다. 정신분석이 무의식 안에서 거세라는 용어 아래 식별해내려고 시도했던 절단을 견디도록 운명짓는 것은 바로 메타생물학적인 필연성이며, 거기서 두 번째로 탄생해야 하는 인간 존재가 발견된다. 하지만 거세라는 용어, 상징들 가운데 하나(다른 것들보다 더 환원적인 하나)인 그 용어가 입문의 상황이 작동시키는 다양한 상징들의 체계보다 더 많은 것을 알려줄지는 확실하지 않다. 라캉이 거세라는 용어로 사고한 모든 것(여기에는 낯선 "거세 욕망"이 포함되는바, 이것은 그러한 표현상 수수께끼로 남아있다), 이것을 신화-의례적 지식은 시련이라는 용어로 이야기한다. 시련이 명령하는 근본적인 상징화들의 모든 뿌리줄기들과 함께 말이다. 즉, 괴물과의 조우(여기서 **사물**의 끔찍함은 **어머니** 너머에서 드러나며 죽음과 연결된다), 남성적 경쟁의 상상적 대상(황금 양털가죽, 메두사의 머리)이 상징적인 전리품으로 변환되기 위해 통과해야 하는 것(피 흘리는 희생)의 발견 등등.

프로이트가 그렇게 했던 것처럼, 오이디푸스 플롯은 분리되어 고찰된다면 부친살해에서 근친상간으로 이어지는 어떤 숙명적인 연쇄만을 보여준다. 오이디푸스 신화의 플롯과 단일 신화의 플롯을 평행하게 놓음으로써──프로이트적 지식으로 환원될 수 없으며 그것과 경쟁을 시작하는 가르침으로 풍부한──훨씬 더 심층적인 상관관계들을 끌어낼 수 있다.

우리는 예를 들어 영웅이 여성적인 것과 갖는 관계, 그런 다음 영웅이 남성적인 것과 갖는 관계를 구별하고, 마지막으로 그 두 유형의 상관관계를 교차시킴으로써 상기한 더 심층적인 상관관계들을 두드러지게 할 수 있을 것이다.

영웅이 여성적인 것과 갖는 관계의 단계에서 오이디푸스 신화의 차별적인 신화분석이 끌어낼 수 있는 가르침은 다음과 같다: 자신의 친어머니와 혼인하는 자는 피 흘리는 전투에서 여자 괴물을 죽이지 않은 자이다.

영웅의 남성적인 것과 갖는 관계의 단계에서 가르침은 이렇다: 자신의 친아버지를 죽이는 자는 (파송자 왕에 의해) 시련이 부과되지 않았던 자이다.

이처럼 하나는 여성적인 것에 대한 관계와 관련되고 다른 하나는 남성적인 것에 대한 관계와 관련되는 근친상간과 부친 살해는 두 가지 결함이나 공백의 도착적이고 왜곡된, 하지만 완벽하게 조정된 결과들로서 나타난다. 오로지 평행으로 놓기만이 오이디푸스 이야기 속에서 그러한 결함들을 드러낼 수 있다. 더욱 강력한 규칙적인 구조와 관련된, 즉 단일신화가 제시하는 상징적인 것의 어떤 주름과 관련된 결함들을 말이다.

그 두 결함들은 이제 교차된 상관관계 안으로 들어간다: 여자-괴물을 죽이지 않은 자는 왕에 의해 시련이 부과되지 않았던 자이다.

이러한 신화적 상관관계들 전체는 어떤 구조를 그려내는데, 그 구조는 오이디푸스적 배치형상에 관해 프로이트의 이론화 작업보다 더 많은 것을 우리에게 가르친다. 서술적 측면에서는 마치 살해당한 왕이 어려운 시련을 강요할 수 없었고 젊은 남자의 공격성을 자기로부터 우회시켜서 위험한 내기로 향하게 할 수 없었던 자인 것처럼, 파송자 왕의 자리에 부친 살해가 있다. 게다가 여성적인 것의 장 안에서 일어나야 했던 "피 흘리는 살해"(여자 괴물에 대한 위험천만한 승리)가 남성적인 영역 안에서 일어난다(늙은 라이오스의 살해). 오이디푸스가 스핑크스와 조우할 때, 그는 살해의 순간, 고삐 풀린 공격성의 순간을 이미 알았다. 하지만 여자 괴물을 상대로 하는 것이 아니라 자신의 친아버지를 상대로 하는 전치되고 도착적인 방식에서. 따라서 왕에 의해 부과된 시련(그리고 도전에 응하는 남자다운 결정)이라는 결과가 나오지 않는 왕과의 대결이라는 변칙은 괴물에 대한 승리의 변칙, 즉 전사의 힘을 사용하지 않는 승리라는 변칙에서, 그리고 근친상간적 혼인이라는 결과에서 반향된다. 라이오스와의 조우와 더불어 이미 입문의 회피는 시작되었다.

부성적 유형의 권위와 욕망의 대립은 단일 신화 안에서 발견될 수 없다. 파송자 왕은 위험한 시련을 부과한다. 이러한 부과는——우리가 굳이 고집한다면——근친상간의 관심을 다른 곳으로 전환하는 기능을 수행하지만 금지와는 매우 다른 영향력과 의미를 가지고 그렇게 한다. 금지의 관념은 욕망을 꺾는 복종을 전제한다. 그런데 젊은 영웅은 죽을 게 뻔한 사지로 자신을 보내는 그러한 명령에서 빠져나오기는커녕, 그 명령을 응수할 만한 도전으로 받아들인다. 남자(vir, anēr)로서 존재한다는 그의 명예는 가장 강력하다. 시련에서 감당할 위험을 통해서 한 "남자"가 된다는 것, 이것은 내밀하고 강력한 욕망인바, 그러한 욕망 속에서 (파송자 왕의) 명령에 대한 복종이 위험한 추구를 통한 비근친상간적 혼례 운명의 실현, 바로 그러한 수련기간을 요구하는 실현과 명시적으로 결합되어 있다. 이처럼 단일 신화에서 부성적 유형의 권위(왕의 위임)는 남성 주체의 근본적인 욕망과 대립되지 않고 그것의 실현을 가능하게 한다. 규칙 신화가 정확하게 포착하고 있으며 정신분석이 놓치고 있는 것은 희생의 기능이다. 바로 이것이 왕의 권위가 지시하는 임무를 받아들일 수 있게 하는 동시에 어머니-괴물과의 입문적이며 피 흘리는 분리인 죽음의 전투에 남자답게 참가할 수 있게 한다. 이처럼 프로이트의 몇몇 주석들이 "거세 욕망"(이 용어에서는 기이하게 도착적인 어떤 어조를 제거할 수 없다)을 식별해내려고 애쓰는 바로 그곳에서 규칙 신화는 영웅주의의 욕망, 위험의 욕망, 희생의 욕망을 놓는데, 이러한 욕망의 창설적 울림은 근본적인 욕망에 더욱 합치하는 윤리적 의미를 가진다. "시련을 추구하는 것", 즉 대담하게 위험을 무릅쓰는 것(페르세우스나 벨레로폰의 호언장담에서 실로 문제가 되는 것이 그러한 추구다)은 금지보다 더 구성적이다. 그리고 젊은 영웅이 입문적 죽음(굳이 말하자면, 상징적 "거세")을 발견하게 될 것은 도전에 의한 "시련의 추구"를 통해서이며, 그러한 입문적 죽음은 그가 근친상간적 욕망이 아닌 새로운 욕망——대상으로서 "약혼녀"를 가지게 될 욕망——으로 생기가 불어넣어져 재탄생하게 만들 것이다.

그런데 프로이트의 독해는 단일신화를 오인할 뿐만 아니라 오이디푸스 신화 그 자체에 대한 이해를 변질시키고, 그것이 보유한 교훈을 비껴간다. 다음의 것들을 정말로 확실하게 해야 한다: 오이디푸스 드라마의 중심에 있는 것은 어떤 권위의 부재, 즉 영웅적 행위에 대한 욕망, 젊은 영웅의 희생에 대한 욕망에 원인을 제공했던 권위의 부재다. 오이디푸스 신화는 아버지의 금지의 신화가 아니라 오히려 시련의 부과자인 왕의 부재의 신화다. 신화적 논리는 놀랍도록 엄밀하다. 오이디푸스가 라이오스 왕과 조우하는 것은 구조적인 측면에서나 서술적인 측면에서 파송자 왕과 조우하는 자리에서다. 그리고 저 멀리로 보내져 위험한 괴물을 죽이는 대신, 즉 위험하며 가치있는 것으로 유명한 그러한 임무로 자신의 공격성과 도전의 힘을 향하게 하는 대신 오이디푸스는 자신의 친부와의 치명적인 경쟁관계 속에 머물러 있다. 그러니까 신화적 지식에 따르면 부친 살해는 규칙적인 행위——왕권을 가진 인물이 던져 놓고 젊은 영웅이 응하는 도전, "불가능한 것"(황금 양털가죽, 메두사의 머리)을 정복하러 떠나는 것——의 자리에서 일어나는 어떤 일탈이다. 그러한 행위를 통해 영웅은 불안과 조우하게 될 것이고 죽음과 대면하게 될 것이다. 오이디푸스가 비열하고 수치스러운 전투——지팡이로 단 한 차례 타격하여 노인을 때려눕히는 것——의 운명에 놓이는 것은 바로 그러한 고양된 행위들의 자리, 누구나 탐내는 대상들——죽음과 신체절단의 통과만이 궁극적으로 정복을 가능하게 하는 왕의 부적들——에 대한 위험한 탐색의 자리에서다.

이러한 대조는 다른 식으로 서술될 수 있다. 실재의 아버지와의 치명적인 경쟁은 훨씬 더 어렵고 위험한 어떤 결말——가장 근본적인 것으로서의 거세——로부터 그를 보호한다. 다시 한 번 말하는데, 신화는 라캉이 프로이트의 건축에 타격을 줄지도 모른다는 두려움 때문에 어렵고 조심스럽게만 감행했던 것을 이미 알고 있었다. 프로이트가 아버지를 거세 위협의 행위자로 만드는 반면에 라캉은 그러한 아버지(인간의 얼굴을 한 아버지)에 의한 거세가 훨씬 더 근본적인 어떤 거세, 즉 남성적 욕망의 심층의 진리——**사물**과의 불안한 대면——가 작용하는 거세를 면제해준다는 점을 짐작하기 시작했다. 그런데 단일신화 대 오이디푸스 신화의 관계가 그 점을 분명하게 드러낸다: 친부와의 살인적 경쟁에 의해 위험한 시련의 부과가 면제된다. 그럼에도 불구하고 그가 스핑크스(이곳은 사물과의 대면이 일어났어야 하는 자리이다)에게로 향한다면, 그것은 피 흘리는 시련이 이미 면제된 다음이다. 문지방을 넘어서는 데는, 괴물을 사라지게 하는 데는 지혜로운 대답으로 충분할 것이다.

강하고 성난 아버지에게, 즉 자신의 부인에 대한 자신의 아들의 근친상간적 욕망을 막거나 그것에 대해 복수하기를 원하는 그러한 아버지에게 거세 위협을 부여하면서, 프로이트는 절단의 원인을 부당하게도 인간화한다. 그는 절단의 원인에서 선-인간적이고 초-인간적이고 비-인간적인 필연성을 없애버린다. 그런 점에서 프로이트는 아무리 다른 차원에서라고 할지라도 스핑크스의 수수께끼에 대해 "인간"이라고 대답한 오이디푸스처럼 행동한다. 입문의 모험은 모성적인 차원에 대한 빠져나올 길 없는 불안한 매혹으로부터 젊은 남자를 해방시키는 어떤 것이다. 그렇지만 그런 피 흘리는 고통스러운 해방(신체절단으로서만 체험될 수 있는 어머니-괴물과의 살아있는 끈의 절단)은 아버지의 복수에 찬 분노의 결과가 아니다. 근친상간적 욕망은 내생적으로 매우 불안한 것이다. 근친상간적 욕망을 그렇게 만드는 것은 어떤 관습적인 금지가 전혀 아니다. 바로 그 욕망 자체가 자신의 경향성에서 무시무시하며 불안을 야기하는 괴물을 만들어내는 것이다.

그러한 치명적인 장애물에게 자신의 벼락치는 듯한 목소리를 제공하고 그럼으로써 그것에게 분명한 형태의 칙령을 부여하는 아버지가 사실상 부재한다고 할지라도, 그 장애물은 변함이 없이 절대적인 불안 속에서 체험된다. 프로이트를 그러한 무지 속에 내버려 두는 것은 확실히 그가 사로잡혀 있는 바로 그 장면이다. 그는 아버지를 모성적 우상들과 모든 근친상간적 상상물에 대한 숭배[4]를 금지하는 법의 강력한 소지자로 본다. 그는 바로 거기에 장애물의 원인이 있다고 생각한다.

---

4 | 나의 텍스트, "La prescription iconoclaste", in *Les iconoclastes*, Paris, éd. du Seuil, 1978을 볼 것.

그는 외양상의 부성적인 금지가 또 다른 어떤 것을, 즉 부성적인 것도 모성적인 것도 아니지만 이집트의 신들처럼 인간의 얼굴조차 갖고 있지 않은 어떤 것을 감출 수 있다는 것을 알지 못한다.

예를 들어, 스핑크스의 상징성, 유혹하는 여자이며 먹어치우는 암캐가 가능한 한 아주 분명하게 그 점을 지시한다. 여자 문지기인 스핑크스에게는 그 어떤 부성적 유형의 법을 위한 자리도 없다. 문제가 되는 것은 생사가 걸린 방어이지 성난 아버지가 선포하는 명령이 아니다. 스핑크스가 생김새 자체로 인해 인간성과 동물성의 유기적 결합을 실현하고 있다고 할지라도 그것은 여전히 동물성 안에 잠겨 있다. 일반적인 테마에 따르면 입문의 형벌이 진행되는 동안 활동하는 것은 동물 모습이나 동물-인간 모습을 하고 있는 신적 존재이다. 그것은 언제나 신들의 이름으로 신성한 행위를 실행하는 초인간적 존재들이다. 아버지가 아니라 스핑크스가——그녀가 촉발하는 욕망 때문에——아들의 형벌과 죽음에 대한 책임이 전가되는 존재이다. 몇몇 판본들에서 스핑크스가 젊은이들과 맺으려고 시도했던 성적 관계들 때문에 그들을 불안하게 하는 동물로서 여겨진다는 사실은 의미심장하다.[5] 우리는 여기서 부정적이고 어둡고 동물적인 여성성에 대한, 그리고 자신이 완전히 무화될 위험을 감수하는 어떤 경악스러운 결합에 대한 젊은 남자의 위험한 욕망을 읽을 수 있다. 또한 스핑크스의 에피소드는 섹슈얼리티 그리고 죽음의 신비와의 조우, 그 안에서 젊은 남자가 사라질 위험을 감수해야 하는 조우이다. 그는 어두운 "어머니"를 향한 욕망이 죽음을

---

5 | Marie Delcourt, op. cit. 우리는 또한 그리스 후기 때 창녀를 묘사하는 통속적인 단어들 가운데 하나가 sphinge(여자 스핑크스)였다는 사실을 상기해야 한다.

가져오는 그러한 시련을 겪어야 한다. 바로 그러한 대결만이 상징적인 죽음 이후에 새로운 정체성을 가진 그의 재탄생을 허락한다.

공포스러운 동물인 용이나 메두사와 대결하는 전투에서 영웅은 자신의 남성성을 발전시키며, 자신의 유아적인 의존성을 전투적이고 집중된 남성성으로 변모시키는 내부의 에너지를 동원한다. 그렇기 때문에 전형적인 영웅 신화 속에서, 계략만이 아니라 무력에 의해서도 여자 괴물에 대한 승리가 결정되는 것이다. 그런데 오이디푸스 신화의 경우에 완전한 남성성이 동원되지 않았던 것처럼 보이며, 성공을 가능하게 했던 것이 (플라톤의 구분을 다시 가져온다면) 가슴에서 나오는 용기가 아니라 머리에서 나오는 지혜인 것처럼 보인다. 우리는 그러한 구분을 보완하기 위해서, 성욕 역시 겪어지지도 극복되지도 않았음을 덧붙일 수 있는데, 오이디푸스는 날개 달린 처녀의 "불협화음의 노래"에 의해 매혹되지 않았기 때문이다. 그는 반성적인 말로 교란의 마법을 중단시켰다. 따라서 신화가 어떤 변질된 능력에 대해 경고하는 것이다: 진정한 전투의 결과에서 나오지 않은 능력, 괴물 살해를 완수해내지 못하고 괴물의 유혹을 지성적으로 회피하고 괴물 살해를 철학적으로 면제받는 그런 능력.

오이디푸스 왕의 신화는 입문 회피의 신화이다. 그것은, 프로이트는 생각할 수 없었지만 더 프로이트적인 용어들로 말하자면, 상징적 거세 회피에 근거해서 세워진 환상적인 방향설정에 대한 완벽한 비판적 그림을 제시한다. 거세로부터의 도망은 오이디푸스적인 신경증이다.

오이디푸스 왕의 신화는 입문적 과정(processus télestique)[6]이 반성적

─────
6 | [역] télestique는 고대 그리스어 τελεστικός(telestikos)에 기원을 갖는 단어이

지성에 의해 중단될 때 일어날 수 있는 위험을 가르친다. 스핑크스가 지키는 신전의 문턱에서 지원자의 위치에 놓여 있었던 오이디푸스는 친어머니의 아들로서 죽었어야 했다. 그렇게 해서 그는 **약혼녀**를 얻게 되었을 것이다. 그런데 오이디푸스가 진정한 모친살해의 시련을 피해 감으로써 **약혼녀**를 해방시키는 데 성공할 수 없었다고 말하는 것은 또한 그가 온전히 자신의 친어머니의 포로로 남게 되리라는 것을 의미한다. 그는 자신의 지성적인 대답에 의해 노래하는 유혹자로부터 영원히 벗어나는 것처럼 보이지만, 그의 운명은 가장 현실적이고 가장 세속적인 형태로 어머니에 의해 긴밀하게 지배받는 상태에 놓인다. 오이디푸스의 비극은 어머니의 욕망이 시련을 통해서 심층의 장소에서 불태워지고 변형되지 않았을 때, 그것이 다만 숙고된 대답에 의해, 즉 단일 집중된 자기의식에 의해 배제되어 있을 때, 그러한 어머니의 욕망이 가하는 보복이다. 여자 스핑크스는 살해당하지 않았다는 사실에 대해 복수한다. 치명적인 끌어안기로 젊은이들을 유인하는 마법사의 유혹하는 목소리에 귀가 먼 오이디푸스는 순수하고 냉철한 개념으로 응수함으로써 모든 마법을 단번에 중단시켰다. 스핑크스가 자살한 것은 그 때문이다. 오이디푸스를 뒤쫓는 것은 완수된 살인에 대한 보복이 아니라, 완수되지 않은 죽임과 재탄생의 행위에 대한 원한이다. 괴물에게 잡혀 있는(혹은 몇몇 신화들이 분명하게 이야기하듯이 괴물의 내부에 있는) 혼인할 여자는 분리되지도 끌어내어지지도 못하고 자율적인 존재에 이르지도 못한다. 오이디푸스를 뒤쫓는 것은 바로 어머니-괴물 살해의 부재, 비(非)모친살해(non-matricide)이다.

며 "입문식과 관련된"이라는 의미를 갖는다.

따라서 여성적인 것의 해방은 오이디푸스의 운명에서 완수되지 않은 채 남아있다. 그는 약혼녀를 해방시키지 못한 자이다. 스핑크스의 자살은 검은 괴물의 사랑의 분함에서 나온, 자기 자신에게로 돌려진 분노이다. 여성적인 것의 혼인적 진리를 해방시킬 수 있는 그 어떤 변형도 이제는 잠재울 수 없는 분노.

따라서 철학적 이성과 자기의식의 개시적이고 지속적인 승리로서의 스핑크스의 영원한 자살에 의해서만 생명을 유지하는 오이디푸스적 근대 세계에는, 여성적인 것에 대한 미완성된, 말하자면 퇴행적이고 약화된 감성을 유지하는 것이 내재적이다. 심연까지, 즉 입을 벌린 동굴 속으로까지 내려가서 거기서 파충류 괴물을 죽이고 참된 보물을 발견하는 진정한 영웅과는 반대로, 오이디푸스는 회귀하는 유혹들과 공포들 앞에서 여전히 냉정하고 의심 많은 상태로 남아있다. 그는 심연으로의 하강과 모친살해를 성공적으로 완수하는 대신에 회피했다. 인간학적 관점(인간의 얼굴)이 불안을 야기하는 열림을 영원히 폐쇄할 수 있다고 믿었던 오이디푸스는 그의 정의로운 욕망이 아니라 스핑크스의 분함에 의해 추적을 당한다. 어쨌든 그러한 분함은 보복만큼이나 끔찍하다.

그리하여 프로이트가 손대지 않고 남겨놓은 스핑크스의 신비는 시련, 위험을 감수하는 죽음, 즉 문지방을 통과하는 조건들과 관련해서만 해명될 수 있다. 그리스인들의 스핑크스는 어떻게 그러한 자리에서 인지될 수 있을까? 그리고 스핑크스의 기능을 정확하게 드러내는 것은 어떻게 콤플렉스의 계보학으로서의 신화에 대한 우리의 접근을 전복시킬 수 있을까?

3

스핑크스의 의례

우리는 소년이나 소녀가 일정한 나이에 이르러 아이의 세계에 소속되기를 그침으로써 성인 공동체의 온전한 일원으로 승격된다는 것, 그리고 자기 차례에서 혼인에 의한 재생산을 할 수 있다고 간주된다는 것, 이러한 것들을 소년 소녀 자신이 알게 되는 다소 복잡한 의례화를 갖지 않은 전근대 사회는 존재하지 않는다는 사실을 안다. 하지만 그러한 사춘기의 입문이 그것이 작동시키는 이념들과 이미지들, 그리고 그것이 활성화하는 의례들과 신화들 때문에 특히 중요하다면, 이는 또한, 문제가 되는 것이 정확히 사춘기 통과는 아니더라도, 그러한 입문이 모든 입문의 모델을 구성하기 때문이다. 사람들은 실행되는 근본적인 상징성과 관련해서 사춘기의 입문, 영웅과 관련된 입문이나 왕권의 입문, 그리고 비의(秘儀)적인 입문 간에 중대한 차이가 없다는 것을 보여주었다. 문제가 되는 것이 아동기 상태에서 공동체의 성인 구성원 상태로의 이행이건, 비밀조직(전사들, 주술사들의 조직) 구성원으로의 승인이건, 왕권의 계승이건, 혹은 신비 종교의 비밀들 안으로의 입장이건, 입문되는 방식들 간에는 아주 밀접한 유사성이 존재한다. 다른 관점에서, 상징들의 세공 단계에서, 그리고 세부적인 의례 절차들에서——매우 클 수도 있을——차이들이 어떻든지 간에 말이다. 문제가 되는 것이 다양한 "입장(入場)"이나 "신성화"일 때조차, 그리고 검토되는 민족들의 종교가 그럼에도 불구하고 매우 잡다할 때조차 입문의 전반적인 원리가 항구적으로 남아있다는 사실은 주목할 만하다. 분리, 사자(死者)들의 세계로의 하강이나 자궁으로의(ad uterum) 퇴행, 피 흘리는 시련 등등의 테마들을 다양한 형태로 항상 만날 수 있다.[1]

중심 단계, 즉 모든 입문의 가장 심층의 핵은 초심자의 죽음을 비장하게 상징하는 의례(혼돈, 지옥, 땅속, 원초적 자궁 등으로의 회귀)로 구성되는데, 그것은 불확실한 애도의 시간 이후에 "두 번째 탄생"에서처럼 산 자들 가운데로의 회귀로 이어진다. 입문된 자는 다시 탄생한 자이다. 지원자가 통과하는 죽음은 붕괴, 사지절단, 파편화의 단계와 일치하는데, 이것이 없다면 새로운 토대에 기반하는 정체성의 재구성이 일어날 수 없다. 초심자는 괴물에게 잡아먹히고 조각조각 잘리고

[1] 입문식의 인류학에 할애된 수많은 연구들 가운데 이러한 것들이 있다. A. Van Gennep, *Les Rites de passage, étude systématique des rites*, Paris, P.U.F., 1958; J. Cazeneuve, *Les Rites et la condition humaine*, Paris, P.U.F., 1958; Mircea Eliade, *Initiations, rites, sociétés secrètes* (Naissances mystiques, Essai sur quelques types d'initiation) Paris, Gallimard, 1959, col. Idées, 1976; V. Turner, *The Ritual Process: structure and anti-structure*, Ithaca, Cornell University Press, 1969; *Dramas, fields and metaphors: symbolic action in humain society*, Ithaca, London, Cornell University Press, 1974; S. Moscovici, *La société contre nature*, Paris, U.G.E. 1972; P. Solié, *Médecines initiatiques*, Paris, Ed. Epi, 1976.

불태워진다고 간주된다. 그는 지워지지 않는 흔적을 남길 것이라고 여겨지는 고통을 겪거나 그러한 절단의 대체——할례, 치아 뽑기, 피부 찢기, 머리카락 뽑기 등등——를 치른다.

그러나 사자들의 세계 속으로의 하강은 또한 **선조들**과의 조우를 허락한다. 지식이 계시됨이 없이 부활은 일어나지 않는다. (젊은 남자와 관련해서) 성인 남자들의 공동체로의 가입은 신성한 가르침을 받아들임으로써 가능해지는 (이름, 의복, 의무, 권리를 통한) 새로운 정체성의 획득과 일치한다. 공동체의 가장 존엄한 전통들, 그리고 이 전통들이 태고부터 **신적 존재들**과 맺은 신비주의적인 관계들이 새 입문자에게 전수된다. 입문된 자에게 그가 속한 집단의 세계 개념의 가장 비밀스러운 핵심이 단계적으로 드러난다. "부족" 설립의 신화들, 위대한 **선조들**의 이야기(그들의 태고의 존재와 모험들은 부족 계보의 기원에 있으며, 입문식은 입문자를 그러한 계보에 결합시킨다). 그러한 전통적인 지식은 예식과 시련이 진행되는 동안 획득된다. 예식과 시련은 잡다한 기술들(단식, 마약, 고립)을 통해 성스럽다고 여겨지는 것들과의 감정적으로 강렬한 조우를 마련하는데, 그 가운데 공포(불가사의한 것 앞에서의 공포)는 중요한 역할을 한다.

잉태, 재생, 출산의 은유들은 입문을 탄생으로 만든다. 어머니의 신체로부터 추출되는 최초의 육체적 탄생이 더 이상 아닌 영혼들, 선조들, 아버지들에 의한 두 번째 탄생. 이러한 후자의 측면은 입문식의 본질적인 차원을 노출시키는바, 그것은 "남자"(aner, vir)의 상태에 도달하는 것이다. 어떤 의미에서, 그것은 아버지의 아들이 되기 위해 더 이상 어머니의 아이가 아니게 되는 것이기도 하다. 그리고 이때 아버지는 실제의 친부만이 아니라 죽은 아버지들, 선조들이다. 이는 남성적 창설

계보의 후손이자 창설 시조 영웅의 계승자가 되는 것이다. 아버지들의 아들만이 자기 차례에서 아버지가 될 수 있다. 그처럼, 사춘기 통과는 근본적으로 어머니들의 세계로부터의 폭력적인 떼어놓기, 아버지들과 선조들의 계보로의 상징적인 가입이다. 아버지들에 의한 그러한 재-탄생과 그들의 계보 속으로의 등록만이 남성성에의 접근을 허용할 것이고 혼인과 재생산을 가능하게 할 것이다.

따라서 입문식들의 모체, 사춘기 통과의 단순하게 부모적이거나 가족주의적인 묘사는 간단하다. 어머니로부터 떼어놓기, 혼인과 재생산을 가능하게 하는 "남자" 위치의 획득과 더불어 아버지들에로의 가입. 입문은 통과이고 절단이다. 선조들의 중개에 의해, 어머니 세계와의 밀접한 관계로부터 여자와의 비근친상간적 결합(외혼)으로 이행하는 것. 아버지는 어머니-아이의 공생관계를 중단시킴으로써 다소 혼융적인 그러한 이자 관계 안에 제3자로서 끼어든다. 그는 그들의 결합을 단호하게 잘라낸다(그러한 분리를 상실로서 체험하는 어머니와 아이 각자에게 모두 상처를 입히면서). 그리하여 그는 아들을 이번에는 상징적 부성(父性)으로 정의되는 새로운 친족관계 안에서 탄생시킨다.

폭력이 의례 가운데 가시적으로 나타나든(뽑힌 치아, 도려내어진 살, 온갖 종류의 고문), 아니면 보다 정신성이 부여된 형태들로 나타나든(두려움, 영혼의 밤 등), 입문의 중심에 있는 그러한 절차는 입문을 필연적으로 지배하는 **폭력**을 다양한 단계에서 해명한다. 무언가가 절단되어야 한다. 강력한 생명의 끈, 탯줄은 고통스럽게 그리고 다시는 회복이 불가능하게 잘라져야 한다. 잘리는 것, 그것은 어머니의 차원과의 어떤 융합 관계이다. 문제가 되는 것은 물론 외적이고 가시적인 유일한 끈이 아니라 더 강력하고 더 뿌리 깊은 어떤 것이며, 이것에 비해 실제 어머니라는 인물은 거의 중요하지 않다. 사실상 중심적인 입문적 시련은 지원자를 희생자이면서 동시에 살해자로 만든다. 한편으로 어떤 것이 고통스럽게 절단되고 잘려나가야만 한다. 그리고 그러한 고문은 (또 다른 탄생을 허락할 것인바) 동시에, 신화적으로, 어머니의 포위하고 갈퀴로 붙들고 질식시키고 전부를 감싸 안는 부분——즉 성장을 막고 과거 쪽으로 붙잡아두고, 위험하고 치명적인 방식으로 생명적 발달에 제동을 거는 부분——의 적극적 살해이기도 하다. 한마디로, 지원자는 자신에게 부착되어 있던 것을 죽임으로써 치명적으로 고통을 받는다. 어머니의 살해(더 정확히 말해서 집어삼키고 먹어치우고 질식시키는 차원의 살해)는 살해자에 대한 고문이다. 입문이나 신화의 에피소드에 따라 두 측면들 가운데 하나가 강조될 수는 있지만, 겉보기에 반대되는 그것들 간에는 근본적으로 동일성이 존재한다. 하나는 다른 것의 중심에서만 일어난다.

정신분석이 돌아가지 않는 어떤 암초를 피하자. 입문이 포함하는 모든 절단의 작동들을 "거세"라는 유일무이한 용어로, 그러한 작동들 전부를 설명하며 그것들을 성적인 어떤 의미로 환원시킨다고 간주될 수 있는 거세라는 용어로 해석할 필요는 없다. 할례, 요도절개, 스카리피케이션, 머리카락 혹은 치아 뽑기는 희생제의적 절단과 관계하며, 거세의 이미지는 그 자체가 그러한 절단의 가능한 상징화들 가운데 하나일 뿐이다. 그 궁극적 의미가 필연적으로 미지의 것——모든 형상화를 초월하며 "희생제의적 절단"이라는 개념으로는 매우 추상적인 방식으로만 접근할 수 있을 뿐인 미지의 것——으로 남아있는 그런 등가물들의 연쇄 가운데, 생식기의 절단이라는 유형의 이미지는 이제 가능한 유의성(valence)[2] 가운데 하나에 불과하다. 이 이미지는 다른 것들처럼 지원자가 그의 가장 내밀한 존재 안에서, 그의 실존의 역량과 향유의 능력의 원천 자체에서 절단된다는 것을 의미한다. 하지만, 절단된 생식기가 어떤 환상적인 상황 안에서 가장 환기적인 이미지, 반향이 가장 강력한 이미지라는 점을 우리가 고려한다고 할지라도, 절단된 생식기 자체는 여전히 그러한 것[실존의 역량과 향유의 능력의 원천 자체에서 절단된다는 것]을 의미하기 위한 단순한 은유일 뿐이다.

가장 강력하지만, 그렇다고 반드시 가장 완전한 것은 아니다. 예를 들어 눈을 뽑아내는 것은 거세라고 명명되는 것의 상징이 아니다. 그것은 "희생제의적 절단"을 상징하는 또 다른 방식인바, 그것의 성적 의미를 강조하는 게 아니라 그것이 지식, 즉 "빛"과 맺고 있는 관계를 강조한다. 미지의 것, 거세가 그 가능한 이미지들 가운데 하나일 뿐인 그러한 미지의 것의 확인은——미지의 것의 은유화에 저마다의 방식으로 결합되어 있는 (신체적, 정신적, 영적 등등의) 의미작용들의 모든 뉘앙스적 풍부함을 선험적(a priori)으로 평가절하하는 일을 피하기 위해서는——중요하다. 우리가 "희생제의적 절단"이 의미하는 것을 직관할 수 있는 것은 등가물들의 놀이 안에서이지, 그러한 절단을 상징하는 모든 것을 하나의 명시가능한 기의(signifié)로 강제로 환원시킴으로써가 아니다. 그러한 절단은 단지 성적인 신체의 절단으로 요약될 수 있는 작용이 아니다. 그것은 전 존재의 체험인 시련을 끌어들인다. 전개해야 하는 것은 바로 그러한 모든 의미들, 직관들, 이미지들의 전체 스펙트럼이다.

"어두운 어머니의 살해"와 "아들의 희생"은 동일한 사건의 상징적

---

2 | [역] 의미를 유발하는 특징을 말한다.

68

인 두 표현이다. 문제가 되는 것은 모성적 뿌리가 잘리는 극도로 고통스러운 찢김이다. 그 결과로 어머니-괴물은 죽는다. 오로지 그러한 결합에 의해서만 살아있었던 어머니-의-아들이 죽는 것처럼 말이다. 어머니-뱀을 베는 것은 무시무시한 용의 살해이면서 동시에 어머니-의-아들의 피 흘리는 희생이다. 양날의 검을 손에 들고——단지 순수 지성의 명민함이 아니라 자신의 공격력 전부를 동원하면서——그러한 행위를 이행하는 영웅은 살해자이면서 동시에 희생자이다. 그는 자신의 살해로 인해 죽어야만 할 것이다. 하지만 그러한 이중의 죽음은 아무튼 그의 승리, 다시 말해 선조들의 아들로서의 재탄생일 것이다.

그리하여 괴물에 대한 영웅적 승리나 죽음과 찢김에 이르는 "패배"는 신화-의례적 변이들에 따라 영웅의 모험의 동일한 순간에 정확히 자리하며 동일한 의미를 제시한다. 문제가 되는 것은 공포 속에서 파괴적인 힘들과 대결하는 것, 사지절단, 분리에 상응하는 어떤 살해이다. 죽는 자와 죽이는 자는 동일하다. 영웅에 의한 용의 살해는 영웅 자신의 일부의 살해인바, 이는 또한 영웅 자신의 죽음을, 치명적이고 파편적이고 지극히 고통스러운 어떤 상실을 의미한다.

그렇지만 영웅의 용과의 전투와 관련해서 의례와 신화 간의 연결들이 어떤 복잡함을 갖지 않는 것은 아니다. 전투가 전형적으로 젊은 여자를 해방시키고 왕국을 얻도록 허락하는 만큼 그러한 모티프의 입문적 의미가 명료하다면, 신화와 의례를 세부적으로 분절하기는 어렵다. 주된 어려움은 양립불가능한 것으로 나타나는 두 모티프의 존재와 관련된다. A) 한편으로 용은 초심자를 삼키고 먹어치우고 소화시킨다고 가정되는데, 이 초심자는 일시적인 죽음을 겪지만 종국에는 새로운 남자로서 토해지고 뱉어질 것이다(이러한 양상을 만장일치로 표현하는 것은 특히 의례들이다). B) 다른 한편 무기를 든 영웅에 의한 피 흘리는 힘겨운 전투의 승리의 끝에서 용은 죽임을 당한다(이러한 양상을 표현하는 것은 특히 신화다).

두 에피소드는 양립가능하게 나타나기가 아주 어려울 수도 있다. 그렇지만 그것들의 대립은 내부에서, 즉 용의 뱃속에서 완수되는 용의 살해를 기술하는 수많은 이야기들에 의해 약화된다. 영웅은 삼키고 먹힌다. 그는 괴물의 불타는 뱃속에서 머물지만, 그가 용을 공격해서 승리하는 것도 바로 거기다. 그는 심장을 도려내고 거기서 빠져나가기 위해 자신을 집어삼킨 자의 배를 가른다. 따라서 영웅은 단지 집어삼켜져서 죽은 자가 아니다. 그는 또한 집어삼킨 자를 죽이는 자이다. 게다가 프로프가 압축된 방식으로 정식화했듯이, "우리는 집어삼키는 자를 오로지 그것에 의해 집어삼켜짐으로써 죽일 수 있다."[3]라는 것을 신화는 명문화하는 듯하다. 영웅은 동물의 뱃속으로 자신을 던지고 그곳으로 침투하며 자신이 집어삼켜지게 해야 하는데, 이는 그 다음에 괴물을 죽이고 세상으로 되돌아올 수 있기 위해서다. 따라서 신화의 의례적이고 시원적인 의미는 영웅이 바깥에서 괴물을 죽이는 이야기들보다는 괴물의 뱃속을 관통하는 이야기들에서 더 잘 보존될 것이다.

의례가 사라지면서, 집어삼킴과 토해냄의 의미가 희미해진다. 괴물은 집어삼키는 존재로 여전히 남지만("사람을 날로 먹는 [암컷 괴물]"[4]

3 | V. Propp, *Les racines historiques du conte merveilleux*(1946), Paris, Ed. Gallimard, 1983, p. 315.

4 | [역] 반복되어 인용되는 이 표현은 아이스퀼로스의 「테바이를 공격한 일곱 장수」에서 나온다(『아이스퀼로스 비극 전집』, 천병희 옮김, 도서출판 숲, 2008, 268쪽).

인 키마이라나 스핑크스가 그러한 경우이다), 집어삼켜진 젊은 남자들은 괴물을 죽인 더 강하거나 더 영리한 그 자와 동일한 인물이 아니다. 영웅 신화는 집어삼켜짐과 "죽음"이라는 더 애매한 요소를 망각함으로써, 또는 의례는 지니고 있지 않은 어떤 분열 속에서 그러한 요소를 불행한 영웅에게 부여함으로써 오로지 승리의 측면만을 보존했다. 전투는 용의 내부에서, 용의 뱃속 깊은 곳에서 더 이상 일어나지 않고, 용의 외부에서 일어난다. 프로프에 따르면, 영웅이 용의 몸 안으로 침투하는 대신 불타는 돌이나 마법의 물건을 용의 몸 안으로 던져서 집어삼키는 자를 자신의 내부에서부터 죽게 만드는 수많은 민담들은 영웅적인 초심자의 집어삼켜지는 최초의 상황을 대체에 의해 상기시키는 나중의 판본들일 것이다. 벨레로폰의 이야기에서 괴물의 몸속으로 침투하는 불타는 물건이라는 테마가 재발견된다. 즉 벨레로폰의 창끝에 있는 납은 키마이라의 입에서 나오는 불꽃과의 접촉으로 인해 녹아내려 괴물을 내부에서부터 죽인다.

그럼에도 불구하고 그리스의 자료는 용의 뱃속으로 들어간 영웅에 대한 기억을 보존한다. 신화의 판본들 가운데 하나에 따르면 헤라클레스는 헤시오네를 구하기 위해 바다괴물의 입속으로 뛰어들었으며 그 안에서 3일을 머물렀다. 그동안 헤라클레스는 괴물의 뱃속을 지배하는 열기로 인해 머리카락 전부를 잃었고 괴물의 배를 가르고 승리자가 되어 다시 나온다.[5] 하지만 우리는 또한 헤라클레스가 케르베로스를 잡기 위해 하데스로 내려간 사실을 어마어마한 집어삼킴의 의미를 갖는 것

---

5 | V. Propp, op cit. p. 319. 그레이브즈도 이 판본을 언급했다. Robert Graves, *Les mythes grecs*, Paris, éd. Hachette-Pluriel, § 137.

으로 생각할 수 있다. 괴물의 배는 의례들에서 항상 다른 세계나 사자들의 세계와 동일시된다. 지옥으로의(in inferno) 하강이나 자궁 안으로의 (in utero) 하강(혹은 일반적으로 동굴을 경유한 땅 아래로의 하강)은 동일한 의미를 가진다. (아에네아스[6]의 하강을 포함해서) **명부**(冥府)로의 모든 하강은 괴물에 의한 집어삼켜짐과 동일한 입문적 의미를 가진다.

아티카의 한 화병에 그려진 놀라운 형상은 삼켜지고 그런 다음 다시 토해지는 의례에 대한 또 다른 증거를 보여주는바, 아테나 앞에서 이아손은 황금 양털가죽을 지키는 용에 의해 다시 토해진다. 이 형상은 이아손 신화의 알려져 있는 어떤 문학적 판본과도 일치하지 않지만 그것의 시원적인 의례적 의미는 거의 확실하다.

신화의 대부분의 판본들에서 괴물에 의해 집어삼켜짐, 그리고 괴물의 내부로부터의 살해라는 모티프가 사라졌던 이유가 무엇이든 간에 (아마도 그 모티프와 연결되어 있고 그것을 이해불가능하고 기괴하게 만드는 의례들의 망각 때문이거나, **명부**로의 하강처럼 잘 가공된 판본에 의한 대체 때문이다), 우리는 그러한 판본들을 정력적인 괴물 살해와 연관시켜야 한다. 첫 번째 수동적인 단계에서 입문된 자는 사자들의 세계, 어머니-대지의 뱃속, 그리고 우주적인 모태 속으로——이 모든 것은 "용의 배"와 동질적인 의미를 갖는다——삼켜진다. 하지만 그러한 체류지의 가장 깊은 곳에서 입문된 자는 죽을 고비를 넘기고 적극적인 전투를 시작한다. 그는 무력을 써서 괴물스러운 동물의 생존원리를 파

---

6 | [역] 아에네아스는 트로이의 용사이며 로마 건국의 기초를 다진 영웅이다. 그는 로마 국가를 건설하기 전에 사자들의 세계로 가서 아버지를 만나 이야기를 듣는다.

괴하며 그것을(혹은 괴물이 간직했던 보물을) 차지한다. 그러한 승리는 새로운 탄생이라는 의미를 가진다. 그리스의 영웅 신화가 직극적인 수훈을 강조함으로써 괴물에 의해 집어삼켜지는 단계를 말하지 않거나 뒷전에 놓는 경향이 있다고 할지라도, 혹은 그러한 단계를 영웅이 자신의 힘이나 신들의 도움 덕분에 확실하게 벗어나는 그런 어떤 위기로 간주하는 경향이 있다고 할지라도, 입문에 관한 신화적이고 의례적인 이미지들이 전달하는 모든 것을 포착하기 위해서는 수동적인 단계와 적극적인 단계 둘 모두가 고려되어야 한다는 사실에는 전혀 변함이 없다. 하지만 사정이 어떻든지 간에 용의 살해는 영웅적이거나 입문적인 임무의 결정적인 단계이자 젊은 여자의 해방을 가능하게 하는 단계이다. 거기서도 역시 변이들——괴물에 의해 감금되었거나 괴물 안에 갇힌 젊은 여자, 괴물이 잡아먹도록 증여된 젊은 여자, 전투에 걸린 내기로서의 젊은 여자 등등——이 어떻든지 간에 젊은 여자가 해방되고 그녀와의 혼인이 얻어지는 것은 언제나 규칙 신화 안에서 괴물에 대한 승리의 끝에서, 그러니까 입문적인 재탄생의 끝에서다.

민족학의 증거들에 비추어 볼 때, 스핑크스가 의례의 문지방적(liminal) 상황들[7]에서——시련의 문지방에서——끊임없이 출몰하는 동물-인간(téranthropomorphe) 존재들의 범주에 들어간다는 것은 의심의 여지가 거의 없다. 사람들은 때때로 그러한 괴물들의 교육적 기능——

---

7 | [역] 이 단계는 프랑스의 민속학자인 헤네프(Arnold van Gennep)가 구분한 의례의 세 단계, 즉 분리(séparation), 이행(limination), 재통합(réincorporation) 가운데 두 번째 단계에 해당한다. 이 단계에서 통과의례를 치르는 자는 과거의 위치를 더 이상 갖지 않지만 아직 새 위치를 얻지 못한다.

순응주의적이고 세속적인 비전을 부수기, 일상성으로부터 해방시키기, 그리고 또한 신성한 것의 불안하게 만드는 역량을 표명하기 위해 겁을 주고 길을 잃게 만들기[8]——을 주장했다. 그러한 신들, 통과의례의 주인들, 초심자의 신체를 절단하고 죽이고 집어삼키는 것은 바로 그녀들이다.[9] 타이탄들에 의해 사지가 찢긴 젊은 디오니소스의 죽음이라는 모델을 토대로, 산 채로 잡아먹힌다고(식육제) 여겨지는 소년은 디오니소스적 의례들의 일부를 구성한다. 그러한 죽이기가 때때로 실제로 일어난 것처럼 이해되었던 것은 물론 축어적이고 구체주의적인 틀린 해석 때문이다. 다른 문화에 속하는 통과의례들에 대한 묘사는 고대 그리스의 의례들에 대한 최상의 인식을 갖도록 허락한다.[10]

스핑크스, "사람을 날로 먹는 [암컷]"[11]은, 의심할 여지없이, 입문의 주인인 괴물의 신화-의례적 형상들 가운데 하나다. 스핑크스는 수수께끼를 수호하면서 동시에 수수께끼로 인도한다. 이러한 양가성은 동물-

8 | V. Turner, Dramas, *fields ans metaphors*, op. cit. p. 253 et suiv.

9 | [역] 용, 바다뱀, 스핑크스 등 초심자가 입문을 위해 통과하는 괴물들은 모두 정관사(la)가 붙은 여성형 명사이다.

10 | 가령 제인 해리슨(Jane Harrison)의 연구들, *Prolegomena to the study of Greek Religion*, (1re éd. 1903), New York, Meridian Books, p. 478 et suiv. Themis, a study of the social origins of greek religion, (1re éd. 1911), London, Merlin Press, 1963, p. 13 et suiv. 그리스의 입문식들과 미국 인디언들의 더욱 시원적인 입문식들을 1724년에, 최초로 비교한 사람이 라피토(J.-F. Lafitau)라는 사실을 잊지 말자(Pierre Vidal-Naquet, «Le cru, l'enfant grec et le cuit» in *Le Chasseur noir, formes de pensée et formes de société dans le monde grec*, Paris, Maspero, 1981).

11 | Eschyle, *Les Sept contre Thèbes*, v. 539(「테바이를 공격한 일곱 장수」, 『아이스킬로스 비극전집』, 천병희 옮김, 268쪽).

인간적인 입문시키는 자와 대면하는 입문되는 자의 운명으로 되돌려진다. 후자는 전자의 희생자이면서 살해자이다. 초심자는 원초적 동물에 의해 죽임을 당하고 집어삼켜진다. 하지만 동시에 그는 영웅적으로 그것을 죽이며, 동물의 가죽으로 다시 옷을 해 입고 동물의 힘과 동물이 상징하는 모든 능력들을 전유한다. 우리가 가장 오래된 신화-의례적 상황들 안에서 재발견하지만 영웅 신화들 안에서는 지워진(영웅신화에서 영웅은 괴물을 죽임으로써 살아남지만 그 자신은 죽음을 통과하지 않는 것처럼 보인다) 그러한 환원불가능한 복잡함은 통과에 내재적인 이중의 운동과 관계한다. 신화는 그러한 외양상의 모순을 시간 속에서의 대립에 의해 논리적으로 만들려고 시도한다. 스핑크스(혹은 키마이라)는 여행자들을 죽인다. 하지만 영웅은 결국 그녀를 죽이고 그녀가 수호하는 것에 접근한다.

통과의 순간에 여자들은, 아주 많은 경우에, 진짜 이름을 종종 알지 못하는 경우가 있지만, 천둥소리와 같이 으르렁거리는 음험한 소리를 들었던 어떤 적대적인 신에 의해 자신들의 아들이 죽임을 당하고 잡아먹힐 것이라고 확신한다.[12] 어머니들은 마치 사람들이 죽은 자들을 위해 눈물을 흘리는 것처럼 초심자들을 위해 눈물을 흘린다. 이러한 의례를 에우리피데스의 『포이니케의 여인들』에서 스핑크스가 행한 참화에 대해 코로스가 큰 소리로 부르짖었던 것과 비교한다면, 우리는 유사성 때문에 깜짝 놀라지 않을 수 없다. "산에서 나타난 괴물"인 스핑크스는 피에 굶주린 신을 위해 "뮤즈들에게는 이상한 불협화음의 노래로"(v. 800)[13] 소년들을 납치했으며, 여자들(어머니들과 처녀들)은 소년들이

---

12 | M. Eliade, *Initiations, rites, sociétés secrètes*, op. cit. p. 62.

사라지는 것에 대해 탄식했다. 그런데 에우리피데스는 몇몇 단축시구들을 통해 그러한 여자들의 불평을 표현한다.

"오오, 날개 달린 자여, 대지와,
지하에 사는 에키드나의 딸이여, 그대는 왔도다.
카드모스 자손들을 채어 가려고.
수많은 사람들에게 파멸과 탄식을
안겨주고, 반(半)은 소녀인 무서운
전조여! 그대는 두루 떠돌아다니는
날개를 타고 날고기를 먹기 위한 발톱을 달고 왔도다.
그대는 디르케 강 유역에서
저주받은 에리뉘스인
무시무시한 노래를 불러 젊은이들을 잡아갔고, 나라에
피비린내 나는 잔인한 고통을 안겨주었도다. 신들 가운데 이런 일을
자행하신 분은 잔인한 분이시니까.
그리하여 집 안에서는
어머니들의 곡소리와 소녀들의
곡소리가 울려 퍼졌다네.
그리고 시내 곳곳에서 때로는 여기서
때로는 저기서 잇달아 비명 소리와 비탄의 소리가 들렸다네.
날개 달린 소녀가 도시에서 남자들 가운데 한 명을 채어 갈

—— 13 | 에우리피데스, 『에우리피데스 비극전집 2』, 천병희 옮김, 도서출판 숲, 2009, 258쪽(v. 800).

때마다 곡성이 일고 메아리치니,

천둥칠 때 나는 소리 같았다네."[14]

에우리피데스의 이러한 묘사는 슬픔에 잠긴 여자들의 탄식이 수반
되는, 괴물적 존재에 의한 초심자들의 의례적 납치를 상기시키는 데
있어서 아무것도 빠뜨리지 않는다. "집 안에서는 어머니들의 곡소리와
소녀들의 곡소리가 울려 퍼졌다네." 문제가 되는 것은 고립된 탄식일
수가 없으며, 어머니들과 처녀들의 집단 전체가 참여하는 진정한 의례
인 것이다. "시내 곳곳에서 때로는 여기서 때로는 저기서 잇달아 비명
소리와 비탄의 소리가 들렸다네." 우리는 아버지들의 불평이 문제가
아니라는 것에 주목한다. 소년들이 어머니들로부터 납치된다. "피에 굶
주린 신"은 소년들이 전사가 되고 결국 남자가 되기를 요구하는 자인
데, 이 신을 위해 소년들은 어머니의 눈앞에서 사라진다.

또한 성난 날개를 지닌 무시무시한 괴물, 즉 스핑크스가 "디르케 강
유역에서부터"——다시 말해 디르케 강의 수원이었던 동굴에서부터
——소년들을 납치했다고 이야기되는데, 그곳은 또한 수원의 문지기,
즉 "아레스의 피에 굶주린 용"이 지키고 있었던 곳이다. 카드모스는
용을 죽인 다음 이빨을 땅에 뿌렸고 그로부터 완전무장한 병사들이 탄
생했다. 하지만 디르케 강의 수원은 또한 디오니소스의 탄생의 장소,
더 정확히 그의 두 번째 탄생의 장소이기도 하다. 디오니소스의 아버지
제우스는 디오니소스가 뱃속에서 6개월밖에 되지 않았을 때, 벼락을

---

14 | 에우리피데스, 『에우리피데스 비극전집 2』, 천병희 옮김, 267-268쪽(v. 1020
과 그 이하).

맞아 죽은 그의 어머니 세멜레에게서 그를 끄집어내 자신의 넓적다리
에 꿰매고 달이 찰 때까지 기다린 후 세상에 나오게 한다.

> "축복받은 처녀 디르케여,
> 그대는 일찍이 그대의 샘들 안에
> 제우스의 아드님을 받아주었지요.
> 그때 아버지이신 제우스께서
> 불멸의 불에서 그분을 구해내어
> 자신의 넓적다리에 감추며 이렇게 소리치셨지요. '디튀람보스여,
> 내 남자의 자궁 안으로 들어오너라. (…)'"[15]

그런데 이 두 번째 탄생의 입문적 의미는 의심할 여지가 없을 것이
다. 청소년인 초심자는 어머니의-아들로서는 죽어야 하며 아버지에 의
해 다시 태어나야 한다. 이러한 재-탄생의 분만(分娩)적 상징은 입문의
은유들에서 가장 잘 확인된 항구적 은유들 가운데 하나이다. 그리고
모든 입문된 자들은 "두 번 태어난" 바로 그 신[디오니소스]의 역사를
반복한다.

놀라운 세부사항이 있다. 어머니들과 처녀들의 비탄과 비명 소리는
"날개 달린 소녀가 도시에서 남자들 가운데 한 명을 채어 갈 때마다
곡성이 일고 메아리치니, 천둥칠 때 나는 소리" 같았다. 그런데 고대
그리스에서 입문식에 사용되는 악기인 **롬보스**(Rhombos)는 민족학자들

---

15 | Euripide, Les bacchantes, V. 500, 에우리피데스 『에우리피데스 비극전집
2』, 천병희 옮김, 471-472쪽. [역] 천병희의 역서에는 같은 구절이 V. 520에
나와 있다.

에 의해 묘사된 "불-로러 bull-roarer"처럼 으르렁거리는 저음의 소리를 내는데, 그것은 천둥소리, 즉 "자그레우스의 천둥소리"[16]와 매우 정확히 일치했다. 태곳적 의례들에서 롬보스의 소리를 들은 여자들은 그것이 소년들을 잡아 사자들의 세계로 데려가려고 온 선조들이라고 믿는다. 유일한 변칙은 입문식에서는 그 소리가 사자들과 선조들의 목소리로 간주되는 데 반해, 에우리피데스는 그러한 으르렁대는 천둥소리를 여자들 자신의 비명 소리와 비탄에 적용하는 것처럼 보인다는 사실이다(게다가 이러한 비교는 당연하지 않다). 그렇지만 스핑크스에 의한 소년들의 납치, 어머니들의 통곡소리, 으르렁거리는 천둥소리의 연합이 사춘기의 통과와 관련된 옛 의례들의 무의식적 차용을 추측하는 것을 놓치지 않게 한다는 사실에는 변함이 없다.

그리스인들은 부당하게도 그들에게 시원적이며 불가해한 것처럼 나타나는 것들에게 이집트 기원을 부여하는 경향이 있었다. 그리하여 전설은 입문의 기원을 무덤의 땅이자 스핑크스의 땅인 옛 이집트에 종종 부여한다. 그러한 전설들 가운데 하나에 따르면 이집트로부터 입문의 관행을 가져왔던 것은 아마도 카드모스일 것이며, 그는 또한 알파벳의 신화적 창안자로 간주된다.[17] 따라서 그리스의 스핑크스가 이집트 기원

---

16 | [역] 자그레우스는 영혼불멸을 주장하는 오르페우스교(敎)에서 신앙받는 신으로, 나중에는 디오니소스와 동일시되었다. 제우스는 그에게 세계의 지배를 맡기려고 하였으나 이를 질투한 제우스의 아내 헤라는 티탄신족(神族)에게 그를 습격하게 한다. 자그레우스는 사자·뱀·호랑이 등으로 변신하면서 도망치려 하였으나, 황소로 변했을 때 티탄족에게 붙들려 갈기갈기 찢긴 뒤 그들에게 먹힌다. 그는 심장만을 남기는데 제우스가 그것을 삼킨다. 그리하여 훗날 제우스와 카드모스의 딸 세멜레와의 사이에서 디오니소스 자그레우스로 다시 태어난다.

을 갖는다고 하는(그렇지만 날개를 가지고 있다는 사실과 여성이라는 성별 때문에 이집트의 스핑크스와 구분되는)[18] 그리스 스핑크스에 관한 전설이 카드모스가 테바이로 가져온 입문에 관한 이집트 기원 전설과 어떻게 해서든지 연결된다는 추측을 막을 수는 없을 것이다. 그런데 카드모스는 오이디푸스의 고조부다. 『오이디푸스 왕』의 첫 번째 구절 ("내 아들들이여, 오래된 카드모스의 새로 태어난 자손들이여"[19])에서부터 나오는 테바이의 창설 시조에 관한 소포클레스의 주장은 우회적인 영향력을 갖지 않는 것이 아니다. 이후에 사제가 오이디푸스에게 건넨 말처럼 말이다. "그대는 카드모스의 도성으로 오셔서 가혹한 여가수에게 바치던 우리의 세금을 면제해 주셨습니다."[20] 만일 입문의 관행을 시작했으며, 따라서 스핑크스의 희생제의적 시련을 도입했다고 여겨지는 사람이 바로 오이디푸스의 고조부인 카드모스라면, "카드모스의 도성"과 "가혹한 여가수에게 세금을 바치는 것" 간의 의미있는 연결은 어쩌면 예비지식이 없는 독서에 의해 이해할 수 있는 것 이상으로 밀접하다.

그러나 또 다른 접근이 입문에서의 스핑크스의 자리를 해명할 수

---

17 | Saint Epiphane, *Contre les hérésies*, 1, 9.

18 | 이집트의 스핑크스와 그리스의 스핑크스의 구별 및 이 둘 간의 주고받는 영향 작용에 관해서는 다음을 볼 것. W.H. Roscher, *Ausfürliches Lexikon der Griechischen und Römischen Mythologie*, Leipzig 1884-1937, reprint New York, 1977-1978, Verdelis, ≪L'apparition du Sphinx dans l'art grec≫, *Bulletin de correspondance hellénique* 75(1951).

19 | 소포클레스/아이스퀼로스 『오이디푸스왕, 안티고네』, 천병희 옮김, 문예출판사, 2006, 204쪽.

20 | 위의 책, 206쪽.

있다. 일반적으로 우리는 비극의 기원이——디오니소스 제의에 있음을 인정한다. 차후에 비극이 디오니소스적이지 않은 많은 요소들, 디오니소스와 직접적인 연관이 없는 서사시와 영웅들의 숭배와 제식들에서 유래하는 요소들을 포함하고 있을지라도 말이다. 그럼에도 불구하고 비극의 형식들 자체는 초기의 디오니소스 드라마나 이것으로부터 죽음과 재탄생의 시나리오를 다시 붙잡는 입문식들의 명백한 흔적들을 보존하고 있다.

우리는 처음에는 스펙터클이 세 개의 비극과 한 개의 사티로스극을 포함하는 4부작으로 이루어져 있었다는 사실을 안다. 이러한 장치는 디오니소스 입문의 신화-의례적인 시나리오의 전개를 충실하게 반복하고 있다. 세 비극은 연달아 1) 신의 전투들과 고통들 2) 신의 파편화된 신체 3) 신의 죽음을 동반하는 애도의 곡성들과 관련되었던 반면에, 사티로스극은 신의 재탄생을 축하하는 기쁨과 환희의 분출과 일치했다.

이 폭발적이며 빈틈없는 최종 단계는 입문의 마지막 단계——혼인——와도 일치했다. 디오니소스를 추종하는 사티로스 무리의 개입과 젊은 여자의 뜻하지 않은 출현——코레(Koré)[21]의 상승(anodos)——의 확

---

21 | [역] 코레는 곡물과 땅의 여신인 데메테르의 딸이며 처녀라는 뜻을 가지고 있다. 그녀는 명계의 신 하데스에게 납치되었으나 데메테르가 제우스에게 간청하여 헤르메스가 그녀를 구하러 간다. 그러나 명계에서 아무것도 먹지 말아야 구할 수 있다는 제우스의 말을 헤르메스는 하데스에게 전달하고 하데스는 그녀에게 석류를 먹게 한다. 결국 그녀는 하데스의 아내가 되지만, 제우스가 중재하여 코레는 일 년의 4개월을 명계에서, 나머지 기간을 땅 위에서 어머니와 함께 지낼 수 있게 된다. 코레가 명계에 있는 동안에는 곡식이 자라지 않고 땅에는 생기가 사라졌으며 땅 위로 올라오면 땅도 생기를 되찾아 초목이 되살아나고 곡식이 열매를 맺게 되었다.

실하게 입증된 연관성이 발견되는 것도 바로 거기다. 젊은 여자는 땅 바깥으로 나오기 위해 지옥 같은 지대를 벗어나야 하는데, 그녀가 땅 바깥으로 나오는 그때 땅은 봄의 생장과 다산성을 되찾는다.

하지만 우리는 또한 비극의 역사적 발전에서 어떤 중요한 구분이 개입된다는 것을 안다. 즉 사티로스극은 앞 선 세 비극들과 점점 더 구별된다. 사티로스극은 자신의 태곳적 의미, 즉 디오니소스 입문 드라마의 마지막 단계라는 의미를 상실했다. 비극은 그 자체가 독립적이 된다. 그것은 자체적으로 하나의 장르처럼 구별되며, 때때로 끝까지 잔존하는 신의 현현의 에피소드(신의 출현)와는 별도로, 드라마의 본질이 된다.[22]

그럼에도 불구하고 아이스퀼로스의 비극들은 3부작의 구조, 심지어 4부작의 구조를 보존하고 있었던 것처럼 보인다. 아이스퀼로스는『라이오스』,『오이디푸스』,『테바이를 공격하는 일곱 장수』를 포함하는 ──이 가운데 마지막 비극만이 우리에게 남아있다── 테바이 3부작의 저자이다. 한 편의 사티로스극이 이 연작을 완성했으며, 그것의 제목은 『스핑크스』였다. 이러한 전체는 오이디푸스 신화에 대한 우리의 접근을 어느 결정적인 날 틀림없이 해명할 수 있을 것이다. 머레이가 강조했듯이, "디오니소스와 그 후속이 스핑크스나 오이디푸스와 어떻게 연관되어 있었는지를 아는 것은, 그리고 새 생명을 가져오는 자로서의 신의 다소간의 출현이 있었는지를 아는 것은 매우 흥미로울 것이다."[23]

22 | G. Murray, «Excursus ont the Ritual Forms preserved in Greek Tragedy» in *Thémis* de J. Harrison, opus cit., p. 339 et suiv. 보다 이후의 발전에 대해서는 H.C. Baldry, *Le théâtre tragique des Grecs*, trad. Darmon, Paris, éd. Maspéro-La découverte, 1975와 1985를 볼 것.

그렇지만 디오니소스와 스핑크스의 관계에 관한 중요한 가르침을 담은 도상학적 자료들이 있다. 이와 관련해서 바뇽빌(Vagnonville)의 크라테르(cratère)[24]는 주목할 만하다. 그것은 "수수께끼를 지닌 암캐"와 부활시키는 젊은 도취의 신의 신화적이며 의례적인 연결을 확립하려 할 때 우리에게 결여된 연결고리를 제시한다. 두 사티로스가 곡괭이질로 공격하고 있는 자그마한 무덤 꼭대기에 스핑크스가 앉아 있다. 자그마한 언덕은 확실히 분묘의 특징을 지니고 있다. 우리는 유사한 경우로서 위에 흙무덤을 얹고 있는 구멍이 뚫린 돌받침대를 발견한다.[25](그림 13 참조) 제인 해리슨(Jane Harrison)이 언급한 이 크라테르가 그 유형의 유일한 것은 아니다. 마이슨(Myson)의 붉은 형상이 있는 검은 크라테르는 동일한 방식으로 두 사티로스들을 보여주는데, 이들은 곡괭이질로 묘를 파괴하고 있고 무덤 꼭대기에는 여자 스핑크스가 앉아있다.[26](그림 14 참조) 그런데 전력을 다해 난폭하게 묘를 파괴하는 말 꼬리를 한 사티로스들의 그러한 개입이 많은 그림들에서 발견되는데, 이 그림들에서 스핑크스는 없지만 그러한 장면의 의미의 열쇠를 제공하는 어떤 요소가 있다. 땅에서부터 한 젊은 여자의 머리와 흉부가 묘를 통과

23 | G. Murray, «Excursus ont the Ritual Forms preserved in Greek Tragedy» in *Thémis* de J. Harrison, opus cit., p. 349.

24 | [역] 바뇽빌은 이탈리아 피렌체 지방의 한 마을을 가리키며 크라테르는 고대의 연회에서 포도주를 희석시키기 위해 물을 붓는 용도로 쓰인 큰 잔을 가리킨다. 여기서 묘사하고 있는 것은 크라테르에 새겨져 있는 형상들이다.

25 | *Prolegomena*, opus cit. p. 211.

26 | 이것은 J. Boardman, *Athenian red figure vases, The archaïc period*; New York et Toronto, Oxford Uni. Press, 1975, Figure n° 169(Paris Louvre CA 1947).

그림 13

그림 14

84

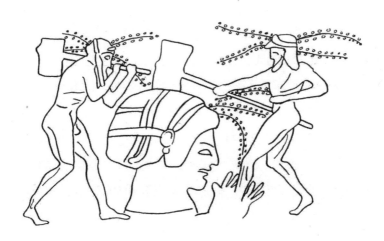

그림 15

해서 솟아오른다는 점이다. 거의 표준적인 저 이미지들 속에서 문제가 되는 것은 코레의 상승(anodos)이다. 수많은 단지들이 그러한 상승(anodos)을, 다시 말해 몸의 반쪽을 땅속에 묻은 채 분묘의 둥근 테두리 안에 여전히 갇혀 있는 젊은 여자가 손이나 팔을 들고 위를 향해 몸의 나머지 반쪽을 뻗고 있는 신화적인 순간을 그리고 있다. 염소 다리를 한 목신들과 말 꼬리를 가진 사티로스들의 무아의 춤이 그녀의 탈출을 환영하고, 디오니소스 자신은 지팡이를 짚고 그녀가 솟아오르기를 기다린다. 때때로 날개 달린 에로스가 묘사되어 있기도 하다. 어떤 경우들에서 분묘로부터의 코레의 상승과 자신을 가뒀던 항아리로부터의 판도라의 탈출 사이에 어떤 감염이 있는 것처럼도 보이는데, 이는 사티로스들이나 목신들이 헤파이스토스의 것과 유사한 곡괭이나 망치를 사용한다는 사실을 해명할 것이다. 하지만 그러한 감염은 젊은 여자의 이미지와 결부된 의미에 더욱 무게를 실어줄 뿐이다. 판도라는 탄생하는 처녀이며, 더 나아가 그녀의 항아리로부터의 탈출은 최초의 여자의 탄생이다.[27](그림 15 참조)

다음과 같은 연역이 부과된다. 바농빌의 크라테르나 마이슨의 크라테르의 스핑크스는 그저 음산한 괴물, 무덤에 들러붙은 "케르(Ker)"[28]가 아니다. 코레가 솟아오르게 될 분묘를 부수는 사티로스들과 동일한 도구들을 갖고 동일한 자세를 하고 있는 두 사티로스의 행위는 더 정확한 어떤 역할을 증언한다. 이 이미지들을 근접 비교하는 것은 신화적이

---

27 | *Prolegomena*, opus cit. p. 211.

28 | [역] 케르(Ker)의 복수형은 케레스(Keres)이며, 단수보다는 복수로 취급되며 밤의 여신인 닉스의 딸들을 가리킨다. 그리고 케레스는 운명이나 파멸을 의미한다.

고 의례적인 어떤 드라마의 중요한 부분을 재구성할 수 있게 해 주는데, 바로 그 부분이 오이디푸스의 이야기를 지금까지 한 번도 해독된 적이 없었던 더 확장된 전체 안으로 다시 가져온다. 우리가 추측했듯이 스핑크스와 젊은 여자는 밀접한 관련이 있다. 스핑크스는 젊은 여자를 가두는(포함하는) 분묘를 지킨다. 초심자는 입문적(télestique) 도정 가운데 그 수호자와 대결하는 모습으로 나타난다. 하지만 곡괭이나 망치를 가지고 분묘를 깨부수는 디오니소스의 사티로스들의 최종적인 개입만이 코레의 상승(anodos)을, 즉 자신이 집어삼켜졌던 지하 깊은 곳으로부터의 젊은 여자의 솟아오름을 허락할 수 있다. 이것은 디오니소스 드라마의 사티로스적 단계이면서 동시에 소년의 입문에서의 마지막 단계다: 약혼녀가 될 젊은 여자의 해방. 그러나 이 목표를 위해 스핑크스와 그저 지성적으로 대결하는 것으로는 충분하지 않다. 초심자는 스핑크스에 의해 확실히 "죽임"을 당해야 하며, 죽음이나 저승으로의 하강에 상당하는 어렵고 고통스러운 시련을 겪어야 한다. 그러한 하강이 날개 달린 수호자의 발톱에 낚여 높은 곳으로 납치되는 것으로 시작된다고 할지라도 말이다.

오이디푸스의 이야기에서 오이디푸스는 예외적인 수단들에 의해 (신들의 도움 없이, 즉 반성적인 지성만으로) 여자 스핑크스에게 승리를 거둠으로써 "입문적" 도정의 최종 단계에 도달하지 못한다. 그는 괴물이 무덤 안에 붙잡아 놓았던 젊은 여자를 해방시키지 못한다. 스핑크스를 진정으로 "정복하기" 위해서는 단지 자율적인 아폴론적 반성의 오만(hubris)이 아니라 디오니소스의 개입이 반드시 필요하다는 것, 이 점이 오이디푸스 신화에 대한 우리의 해석, 즉 실패한 입문의 비극이라는 해석을, 우리의 모든 기대를 넘어서, 확인시켜 준다.

일종의 기둥 위에 자리 잡고 앉은 스핑크스와 맞은편의 오이디푸스에 대한 유명한 원형의 형상화가 어떤 잔의 내부 면에서 나타나며, 이것의 외부 면이 (발기한 남근상이 아닌) 말 꼬리를 한 일련의 사티로스들을 재현하고 있다는 것을 기억해야 한다. 해석이 어려운 이 장면에서 사티로스 중 하나가 소년을 때리려는 것처럼 보이는 반면 다른 사티로스는 단지를 하나 들고 있다. 여기서 또한 저 동일한 잔 위에서 (중앙이며 내부 면에 놓인) 스핑크스와 외부 면을 둘러싸고 있는 사티로스 무리의 조합을 순수한 우연으로 삼기는 어려울 것이다(우리가 알기로 지금까지 이 조합은 간과되었다). 이러한 조합은 이미 만났던 상황——기념물 위에 여자 스핑크스가 앉아있고, 그 둘레를 흥겨운 사티로스 무리들이 분주히 움직이는 상황——을 보강한다. 심지어는 어떤 낯선 그림이 그려진 단지가 존재하는데, 거기서 오이디푸스 앞의 좌대 위에 있는 스핑크스는 앉아 있는 사티로스로 대체되어 있다. 마치 사티로스적 단계의 시작이 대답의 순간과 일치해야 했던 것처럼.[29] 따라서 입문의 최종 단계를 표시하는 것으로서 스핑크스와 디오니소스의 사티로스들 간에는 밀접한 관련이 있다.

스핑크스의 자리가 원래는 둥근 분묘(하데스의 손아귀에서 풀려나야 하는 코레의 무덤)의 꼭대기 위에 있다고 가정되었다면, 우리는 "스핑크스 앞의 오이디푸스"의 재현물들이 한결같이 그녀[스핑크스]를 바위 위가 아니라 일종의 받침대나 기둥 위에 앉아 있는 것으로 형상화하

---

29 | 오이디푸스와 여자 스핑크스에 관한 매우 광대한 도상학적 수집을 위해서는 다음을 볼 것. U. Hausmann dans «Oedipus und die Sphinx», *Jahrbuch des Staatlichen Kunstsammlungen in Bades-Württemberg*, 1972, Munich, Berlin. 언급한 그림은 p. 29에 나와 있다.

고 있다는 것을 이해한다. 어떤 형상들 안에서 기둥은 특별히 그 폭이 넓으며 무덤의 건축물을 떠오르게 한다. 스핑크스는 일반적인 방식으로 무덤의 수호자일 수 있고, 그런 의미에서 분묘의 장식 형상으로 활용될 수도 있다. 하지만 사티로스들이 파괴할 태세로 있는 무덤이 문제가 될 때, 중요한 것은 재탄생의 모티프일 수밖에 없다. 그리고 코레의 재상승과의 유사성이 너무나 뚜렷하기에, 우리는 사자들의 왕국에서 해방된 젊은 여자, 봄날의 재개와 성적 약동의 회귀를 기쁘게 알리는 예언자들에 의해 다산의 성적 결합을 약속받은 젊은 여자의 출현을 거의 망설이지 않고 알아본다. 바로 그러한 재탄생의 의미가 분묘 장식에서의 스핑크스의 활용을 설명해준다. 맹수의 발톱과 날개를 가진 처녀는 도적들의 신성모독적인 침략으로부터 보물을 지키는 그리폰들(Griffon)[30]이나 뱀들처럼 묘의 수호자만은 아닐 것이다. 그녀는 죽음 이후의 영혼, 동시에 날개 달린 처녀이기도 한 영혼의 부활에 대한 상징일 것이다. 실제적 죽음과 입문식에서의 죽음, 이 두 죽음은 구분되지 않는다. 만일 실제적 죽음이 하나의 통과, 궁극적 통과라면 말이다.

이와 관련해서, 태곳적 그리스 분묘의 도상학[31] 안에서 스핑크스의 출현이 그토록 빈번하다는 사실은 매우 중요하다. 거기서 스핑크스의 역할은, 괴물[스핑크스]이 특별히 오이디푸스의 전설과 연결되어 있는 아주 최근의 텍스트들이나 많은 기념물들이 믿게 만들 수 있을 내용과는 전혀 다르게 나타난다. 묘지의 조각이나 부조 안에서의 스핑크스,

---

30 | [역] 그리스 신화에 나오는 독수리의 머리와 날개, 사자의 동체에 뱀 꼬리를 가진 동방 기원의 괴물이다.

31 | M. Renard, «Sphinx ravisseuses et "têtes coupées"», *Latomus* Tome IX, 1950.

종종 사자(死者)의 잘려진 머리 위에 발을 얹고 있는 스핑크스는 사자의 영혼을 낚아채어 하데스로 인도하는 동물이다. 스핑크스는 그러한 참수나 발톱 갈퀴에 의한 낚아채임에 의해 사자가 향유하게 될 불멸을 약속한다. 스핑크스는 명계에서의 사자의 사후의 삶을 보장한다. 스핑크스는 이보다 더 설득적일 수 없는 방식으로, 죽이는 동시에 다른 세계에서의 재탄생을 보장하는 괴물이다. 재탄생하기 위해서는 죽어야 하니까 말이다. 그러한 상징은 우리가 그 힘과 항상성을 알고 있는 어떤 관념으로 되돌려진다. 죽음은 재탄생이며, 따라서 최고의 통과 의례라는 관념. 그리스 격언에 따르면, "죽는다는 것, 그것은 입문하는 것이다."[32] 죽음을 입문의 문지방 건너기로, 다시 말해 또 다른 존재론적 장에서의 재탄생으로 이어지는 세속적 세계와의 난폭한 분리로 이해하는 것, 그것은 영혼의 사후의 삶에 대한 믿음을 표현한다. 그러한 테마는 되풀이되는바, 우리가 여기서 어떤 진정한 인류학적 불변항을 건드린 것처럼 보일 정도이다. 입문은 상징적 죽음이며, 실제적 죽음은 하나의 입문——통과 의례들 가운데 가장 경건한 것, 문지방들 가운데 가장 중요한 것——이다.

스핑크스가 갖는 망자 인도자로서의 의미를 고려하지 않는다면, 오이디푸스의 이야기에서 우리는 그 어떤 것도 이해하는 게 불가능하다. 그 의미는 무덤들 위에서의 스핑크스의 반복적인 현존에 의해서 증명되며, 통상적인 해석은 알지 못하는 상징의 양가성을 드러낸다. 그런데 오이디푸스 전설에 의해 만들어진 추후의 매혹이 스핑크스의 본래적인

---

32 | Marie Delcourt, opus cit. p. 54. 이 격언은 단음적 특성을 가지고 유희한다. *"teleutan, teleistai"*.

장례와 입문의 역할을 (완전히 없애지는 못하면서) 감추는 경향이 있었다는 사실은 주목할 만하다. 반면에 오이디푸스 시련이 갖는 의미의 비밀을 붙잡고 있는 것은 바로 그 역할, 오로지 그 역할이다.

스핑크스는 "참수자"다. 이 점은 생각할 거리를 준다. 그녀가 영혼을 저승으로 데려가기 위해서 죽이는 방법은 참수다. 그녀는 인간 이성이 머무는 장소인 머리를 잡아뗀다. 신적인 스핑크스와 마주한 인간은 자신의 자부심을 형성하는 어떤 것을 포기하도록 강요받는다. 스핑크스는 인간의 지성이 이해할 수 없는 다른 곳으로의 이행을 보장한다. 그녀는 삶과 죽음을 분리하는 높은 문지방을 건너가게 하는데, 이는 이해력을 넘어선다. 그로부터 머리의 시련인 수수께끼, 머리의 희생을 요구하는 수수께끼가 나온다. 하지만 오이디푸스가 하려고 하지 않은 것이 정확히 그러한 머리의 희생이다. 그는 추론하고 성찰한다. 그는 자신의 생각이 박탈당하도록 내버려두기를 거부하고 추론하는 자신의 이성을 포기하기를 거부한다. 오이디푸스는 철학을 한다. 오이디푸스는 머리를 잃어버리려고[33] 하지 않는다. 발이 허약한 오이디푸스는 강한 머리이다. 그는 함정이 있는 질문으로 인해 혼란에 빠지지 않는다. 왜냐하면 불가사의한 심오함, 의미가 숨겨진 비밀스러운 곳, 입문적 오의(奧義)의 은밀한 계시들의 풍요로운 모호성은 (요컨대 비밀을 간직하고 있는 상징은) 그에게는 미신이기 때문이다. 그 어떤 차원의 의미도 해명에 저항할 수 없으며, 그 어떤 수수께끼도 신적이거나 인간의 머리가 행할 수 있는 성찰을 초월할 수 없다. 머리를 온전히 보존하면서, 머리를 치

---

33 | [역] perdre la tête의 관용적 의미는 '분별력을 잃다'이지만 축어적으로는 머리를 잃어버린다는 의미이다.

그림 20

그림 21

켜세우면서, 자신의 고유한 지성을 확신하면서, 그리고 미지의 것을 부인하면서 오이디푸스는 인간 이성의 자율성과 자만을 확증한다. 스핑크스에 의해 잘려진 머리, 그것은 죽음의 통과와 부활 이후 가장 상위의 정체성(identité)에 도달하기 위한 세속적 나의 희생이다.

이제 "날개 달린 처녀"와의 무시무시한 대결이 입문 시련의 신화-의례적 상징임을 의심하기는 어렵다. 게다가 우리가 조금 전 제시한 요소들과 교차들, 그리고 위의 가정이 없이는 이해가 불가능하기에 지금까지 거의 탐구되지 않았지만 바로 그러한 가정과 함께 결정적인 의미를 갖게 된 도상학의 증거들이 그러한 해독을 풍요롭고 공고하게 했다. 기원전 5세기의 아티카의 단지(그림 20 참조)[34]는 기둥 위에서 날개를 펼치고 몸을 세우고 있는 여자 스핑크스를 보여준다. 기둥의 양쪽에는 수염이 나지 않은 소년들이 의자에 앉아있다. 주목할 만한 점은 두 소년들 모두 머리 위까지 올라오는 망토로 감싸여 있다는 것이다. 그들 가운데 한 소년은 마디가 많은 긴 지팡이를 붙잡고 있는 것처럼 보인다. 단지의 다른 쪽에서 우리는 두 사티로스를 볼 수 있다(사티로스와 스핑크스의 항상적인 연합은 앞에서 지적했고 설명했다).

그런데 기원전 6세기의 또 다른 화병이 위의 화병과 비교될 수 있다.(그림 21 참조)[35] 그것은 기둥 위에 앉은 스핑크스를 재현한다. 그녀

---

34 | 화가 실레우스(Syleus)가 기원전 470년에 만든, 붉은색의 형상이 있는 화병. Musée de Boston. Reproduit dans *Aspects of Death in early greek art and poetry* de Emily Vermeule, University of California Press, Berkeley, 1979, p. 171.

35 | 기원전 530년의 화병. Landesmuseum de Stuttgart, Reproduit dans U. Hausmann, op. cit. p. 23.

앞에는 수염 난 한 남자가 의자에 앉아있다. 그의 주위에는, 앞의 형상에서처럼 머리 위까지 올라오는 망토로 완전히 몸을 감싼 여러 인물들이 땅 위에 쭈그리고 앉아 있다. 그들의 눈과 코만이 망토 바깥으로 나와 있다.

이 두 개의 단지에서 그러한 자세와 의복은 무엇을 의미하는가? 어째서 저 인물들은 머리 위까지 감싸는 망토를 두르고 앉아 있는 것일까?

그러한 형상들은 매우 도시화된 방식이기는 하지만 스핑크스가 중심에 있는 입문의 시련과 관련된 의례 상황을 충실하게 재연하고 있다. 우선 쭈그려 앉은 자세는 장례와 입문 의례의 일부분을 구성한다.[36] 그러한 자세는 초심자 의례에서의 죽음을 의미하는 것으로서 확인되며, 반면에 새로운 탄생은 다시 일어나기, 다시 서기라는 관념과 연결되는 바, 이것은 또한 부활(anastasis)을 의미한다. 하지만 다른 한편으로 소년들의 머리 위까지 자신을 완전히 감싸는 망토는 또한 장례의 장면에서, 특히 여자들에게서도 빈번하게 형상화된다. 우리는 또한 예를 들어 헤르메스[37]의 인도를 받아 하데스의 세계로 새로 들어온 자의 도착을 형상화한 장면에서도 동일한 (여기서는 아마도 수의와 관계가 있을) 감싸기를 다시 발견한다. 그런데 아파투리아(Apatouries)에서——즉 아티카의 사춘기 통과 축제에서——머리카락을 짧게 자른 참가자들이 애도의 기호처럼 검은 망토를 두르고 있다는 사실을 상기해야 한다. 그들

---

36 | 이러한 연합은 다음의 글에서 지적되었다. Louis Gernet, 《Quelques rapports entre la pénalité et la religion dans la Grèce ancienne》, *Droit et institutions en Grèce antique*, éd. Flammarion, Paris, 1982, pp. 170-171.

37 | E. Vermeule, op. cit. p. 9.

은 의례의 첩거 복장을 하고, "사자들의 편"에 있다.[38] 우리가 말한 두 개의 화병에서, 기둥 위에 앉아있는 여자 스핑크스 앞에서 초심자들이 걸치고 있었던 것은 십중팔구 입문 의례와 관련된 죽음의 검은 망토 (chlamyde)일 것이다. 소년들은 "죽은 자들"이며, 시련 이후에 디오니소스의 충동에 이끌려서 재탄생의 순간을 기다리고 있다.

따라서 그러한 형상화들은 아주 정확한 방식으로 여자 스핑크스의 의례적 의미를 상기시키게 될 것이다. 우리가 여기서 한낱 우연적인 산 속에서의 조우를 더 이상 발견하지 않으며 오히려 어떤 진정한 형식적 장치, 의례화된 무대화——기둥 위의 스핑크스와 그녀의 양 옆이나 주변에서 공포에 질린 채 망토로 몸을 감싸고 앉아있는 소년들——를 발견한다는 것은 중요하다. 이 상황과 비교해서, 오이디푸스의 존재는 반대로 어떤 예외적인 요소를 가져온다. 검은 망토 자락 바깥으로 눈만 내놓은 공포에 질린 여덟 명의 초심자들 무리의 한가운데에 있는 수염난 오이디푸스는 마치 괴물과의 의례적 대결에 종지부를 찍는 자인 듯하다. 어느덧 우리는 태곳적 "사람을 날로 먹는 괴물"로부터 멀어져 있다. 오이디푸스는 그리스적 운명을 선(先)형상화하고 전형화하면서 공포스럽고 불안스러운 조우를——언어적 시련인 수수께끼를 이행의 유일무이하고 충분한 순간으로 만들 만큼——이성화시켰던 자 아닐까?

---

38 | P. Vidal-Naquet, «Le chasseur noir et l'origine de l'éphébie athénienne», *Annales*, E.S.C. XXIII, pp. 947-964. Repris dans *Le Chasseur noir*, op. cit.

4

삼중의 시련

전형적 영웅은 오로지 **연속적인** 시련들과 대결해서 승리했을 때 마침내 혼인에 이를 수 있고 지상권에 도달할 수 있다. 우리가 그러한 시련들을, 이 시련들이 진술되는 신화적 측면에서 고려하건, 시련들과 밀접하게 결부될 수밖에 없었던 의례적 측면에서 고려하건, 영웅의 시련들이 지니고 있는 혼인의 의미와 왕위 자격 부여의 의미는 좀처럼 의심할 수 없다. 그런데 오이디푸스의 혼인이나 권력 도달에서의 변칙은 시련 안에서의 어떤 결함을 시사할 수밖에 없다. (신화와 의례가 끊임없이 그 사례를 제시하는 그러한 횡단적인 인과성의 전형을 고려해 본다면) 마치 왕위 계승 시련들의 규칙적인 전개와 관계해서 어떤 결핍이나 우회가 오이디푸스의 운명의 변칙들 안에서 정확히 반향되는 것처럼 모든 일이 일어난다. 전치와 왜곡에 엄밀하게 기대면서 우리는 운명의 비극을 만들어낸 두 가지 범죄적 일탈 각각이 어떤 특정한 결핍이나 결함에 대응한다는 추측까지도 할 수 있다. 시련들과 대결하는 것은 규칙에 복종하는 것이며, 신성한 전통 안에 가입하는 것이니까 말이다. 모든 왜곡은 심각한 결과들을, 아무거나가 아니라 상징적 인과관계에 의해 왜곡의 본질과 엄격하게 연결되는 결과들을 초래할 수밖에 없다. 왕의 자격부여는 입문 의례처럼 (그리고 확실히 사춘기 통과에서 남성적 존재에 도달하는 것을 허락하는 모든 입문 사례 그 자체처럼) 신성한 요구들에 대한 성실한 존중 없이는 유효하지 않을 것이다.

그런데 오이디푸스의 사례 안에서 대비적으로 누락되어 있는 시련들을 더욱 정확하게 표시하기 위해 우리는 신화나 의례의 규칙적인 시련들을 명료하게 나타낼 수 있을까? 오이디푸스의 위대한 수훈, 그에게 혼인과 왕국에 합당한 자격을 주었던 수훈은 수수께끼를 해결함으로써 테바이를 교활한 **처녀**(Vierge)——즉 "사람을 날로 먹는 괴물"——로부터 해방시켰다는 것이다. 첫 번째 분석에서 그러한 시련의 오로지 지성적인 특징은 전형적 시련의 두드러진 특징들 가운데 하나, 즉 늘 적어도 피 흘리는 에피소드 한 가지는 보여준다는 특징과의 대비 속에서 우리에게 강한 인상을 주었다. 하지만 그러한 구분들 안에서 조금 더 멀리 나아가야 하지 않을까?

신화학자인 루트비히 라이스트너(Laistner)는 여자 스핑크스와 비슷하다고 생각했던 "으스러뜨리는 괴물들(démons écrasants)"에 관한 자신의 연구에서 신화들이나 민담들 속에서 그러한 괴물들이 자신의 희생자들에게 세 가지 유형의 시련들——애무, 구타, 질문——을 강요한다는 것을 이미 보여 주었다.[1] 그리고 스핑크스와 관련해서 인상적인

---

[1] | Laistner, *Das Rätsel der Sphinx*, Berlin, 1889. Marie Delcourt, op. cit. p. 109 et suiv.에서 재인용됨: 세 가지 시련들에 관해서는 p. 128을 볼 것.

것은 그녀[스핑크스]가 어렵거나 풀 수 없는 수수께끼를 제시하는 자로서만이 아니라 또한 난폭한 살인자로서(참수자, 사람을 날로 먹는 괴물), 더 나아가——마리 델쿠르는 이 점을 부각시킨 공이 있는바——위험한 성적 유혹자로서, 즉 치명적인 성적 강탈을 통해 소년들의 납치를 감행하는 자로서 알려져 있다는 사실이다.

그런데 우리가 만일 그러한 시련들을 잘못 고정된 신화적 형상의 잡다한 판본들만큼 분리시키려고 애쓰는 대신 그것들을 총체적으로 검토한다면, 그러한 시련들이 정확히 세 기능적 영역에 일치한다는 점이 명백해진다. 그리고 그 세 영역은 뒤메질이 인도-유럽어족의 문화권 안에서의 그것들의 반복이나 그것들의 근본적인 구조화 기능을 보여주기 위해 자신의 결정적인 연구에서 끊임없이 구분했던 것이기도 하다.[2] 애무, 구타, 질문: 첫 번째 시련은 성적 욕망, 두 번째는 전사의 힘, 세 번째는 지성과 관련된다. 우리는 뒤메질에 의해 기술된(정확히 반대의 순서로 언급된) 세 기능적 영역을 다시금 발견한다. 시련들의 의미는 명백해진다. 그것들은 점진적이고 체계적인 방식으로 세 기능 각각의 특징적인 세 가지 덕에 호소한다. 영웅은 유혹하는 애무에 저항하면서 절제의 덕을 보여주어야 하고 자신의 향락적 성향을 극복해야 한다. 영웅은 구타에 맞서서 용기와 육체적 힘을 증명해야 한다. 마지막으로 영웅은 질문들에 답하면서 지성과 지식의 모든 원천을 펼쳐야 한다.

우리는 여기서 매우 단단한 어떤 구조를, 뒤메질이 분석한 문화권들

———
2 | 나는 여기서 인도-유럽어족의 이데올로기(신화, 서사시, 의례들, 신학들, 법 등) 안에서의 기능적 3분할에 바쳐진 조르주 뒤메질의 수많은 중요한 논문들 전체를 참고하는 수밖에 없다. 뒤메질의 가장 종합적인 저작은 *L'idéologie tripartie des Indo-européens*, (coll. Latomus, Bruxelles, 1958)이다.

에서 입문의 신화-의례적인 장치들에 속할 것임에 틀림없는 구조를 전혀 어려움이 없이 재발견한다. 뒤메질이 보여 주었고, 이후 그의 뒤를 잇는 연구자들에 의해 더 상세하게 제시된 것은 인도-유럽어권의 왕이 이를테면 기능적 3분할보다 위에 자리하고 있다는 사실이다. 왕은 몸소 "세 가지 기능의 종합"을 구현한다. 그는 사제도 전사도 농부도 아니다. 하지만 이 집단들 각각보다 위에 위치해 있음에도 불구하고, 그것들 각각에 동시에 속한다.[3]

뒤메질은 인도-유럽어권의 거의 모든 신화들에서 수훈의 두드러진 특징들 가운데 하나가 적의 3중성임을 보여 주었다. 인드라 신이 죽인 것은 인도-이란어권의 전설들에 나오는 머리가 셋인(tricéphale) 악마이다. 토르 신이 무찌른 것은 세 개의 뿔을 지니고 있으며(tricornu) 돌로 된 심장을 가진 거인이다. 아일랜드 신화 속에서 그것은 미아흐(Miach)의 세 개의 심장에서 나온 세 마리의 뱀들이다.[4] 헤라클레스가 죽인 것은 머리가 셋인 게리온이다. 마지막으로, 아마도 최종적인 공식에 따르면 로마 전설에서 호라티우스 형제들 중 하나가 큐라티우스 삼형제를 죽인 것처럼 켈트족의 영웅인 쿠훌린(Cûchulaim)은 초인 삼 형제를 순서대로 죽인다. 뒤메질은 골 족의(gaulois) 이미지인 "세 마리의 학과 함께 있는 황소 tarvos trigaranos"를 거기에 추가한다.

---

3 | Dumézil, *Mythe et épopée, II*, éd. Gallimard, Paris, 1973, p. 358. 이 개념은 Dubuisson에 의해 발전되고 보강되었다. D. Dubuisson, ≪Le roi indo-européen et la synthèse des trois fonctions≫, *Annales* E.S.C. 1978, 1 pp. 21-34.

4 | [역] 저자는 메흐(Mech)라고 표기하고 세 개의 심장에서 나온 세 마리의 뱀들의 신화를 이야기한다. 하지만 아일랜드 신화에서 메흐라는 인물은 나오지 않는다. 저자는 뒤메질의 책을 참고하면서 신화 속 이름에서 혼동을 일으킨 것 같다.

그렇지만 뒤메질이 1942년에 출간된『호라티우스와 큐라티우스 형제들』에서 영웅의 수훈 안에서의 적의 3중성이라는 모티프의 항구성을 보여준다면, 그는 바로 그 연구 단계에서 아직 적의 3중성을 기능적 3분할과 결합시키지 않는다.[5] 그렇지만 입문이 세 가지 기능에 상응하는 자질 및 위험과 틀림없이 관련되었으리라는 생각은 점차 분명해진다.

왕에게는 전통적으로 은혜와 자질들이 주어지거나 아니면 반대로 재앙과 결함이 부여되는데, 이것들은 삼중의 기능적 틀 안에서 분명하게 분배된다. 왕에게는 그러한 세 기능에 일치하며 세 기능의 덕과 힘을 축적하고 있는 부적들이 주어진다. 따라서 그러한 덕들의 획득 작용도 바로 삼중의 입문적 시련을 통해서 의례화될 것이다. 세 단계의 입문은 지원자가 왕이 되기 위해, 혹은 더 넓게는 완성된 남자가 되기 위해 통과해야 하는 세 유형의 기능적 시련들(신성한 것, 전쟁, 다산성)에 일치할 것이다. 왜냐하면 우리는 왕위 계승만이 아니라, 확장된 방식으로, 소년들의 성인의 삶으로의 진입을 표시하는 통과 의례 역시 십중팔구 3기능적 관점에서 구상되었음을 증명하는 단서들을 수집했기 때문이다.[6] 예를 들어 크레타 섬의 입문 제도에서 소년은 성인 사회로의

---

5 | Dumézil, *Horace et les Curiaces*, Gallimard, Paris, 1942. 특히≪exploit≫, p. 50과 ≪Epopée, mythes et rites: le combat contre l'adversaire triple≫, p. 126을 볼 것. 또한 그의 책 *Heur et malheur du guerrier; aspects mythiques de la fonction guerrière chez les Indo-européens*, P.U.F., Paris, 1969, nouvelle édition, Flammarion, 1985를 볼 것.

6 | 이 주제와 관련해서는 D. Briquel, ≪Initiations grecques et idéologies indo-européens≫, *Annales*, E.S.C. 1982, 3을 보라.
　　우리는 그러한 입문의 3분할적 구조의 놀라운 내구력에 주목할 것이다.

이행 순간에, 의례를 통해 기능적으로 질서지어진 세 가지 물건——소, 전사의 복장, 잔——을 받는다. 세 가지 기능, 즉 신성성, 전쟁, 농경적 생산성에 일치하는 성질들을 상징적으로 겸비한 완성된 남자들을 만드는 것, 그러한 것이 사춘기의 입문적 통과 혹은 왕위 통과의 목표였을 것이다.

그런데 그러한 가정은 그리스 신화들이 [여자] 스핑크스와 [여자] 키마이라와 같은 괴물들에게 부여한 **형태론(morphologie)**를 검토한다면(우리가 아는 한 이러한 검토는 행해진 적이 없었다) 놀라운 방식으로 보강된다.

신화는 스핑크스가 세 부분——여자의 머리, 사자의 몸, 독수리의 날개——으로 구성된다고 말한다. 그런데 우리가 특별히 신화학의 자료를 불러오지 않고도, 그러한 세 부분 각각을 뒤메질이 분석한 세 기능들 하나하나와 관련시킬 수 있다는 것은 분명하다. 여자는 세 번째 기능의 특징인 성적 시련에 해당하는 유혹의 부분이다. 사자의 몸은 두 번째 기능에 고유한 전사의 힘이라는 가치와 관계한다. 독수리의 날개에 관해 말하자면 그것은 하늘이나 제우스의 동물과의 유사성 때문에 첫 번째 기능의, 못지않게 명료한 상징을 구성한다.

그러므로 스핑크스는 심지어 머리가 셋인 게리온보다도 더 확실한 방식으로 "삼중의 적"이라는 분명한 의미를 갖는다. 머리가 셋인 게리

왜냐하면 우리는 아서의 전설에서 그러한 구조를 재발견하기 때문이다. 아서는 신성한 자로서 받아들여지기 위해서 세 가지 시련과 맞닥뜨려야 한다: 부유함의 통찰력있는 사용, 검을 뽑기, 현명한 대답. Cf. Joël Grisward, 《Uter Pendragon, Arthur et l'idéologie royale des Indo-européens》, *Europe*, Oct. 1983, n° 654.

온은 일반적으로 곱셈에서의 삼중일 뿐인데, 그러한 곱셈은 아마도 게리온의 힘의 과장에 불과하다. 왜냐하면 신화[7]는 게리온의 머리들 하나하나에 차이를 두지 않기 때문이다. 스핑크스는 자신의 상상적 형태론 안에 입증을 위한 수훈들의 기능적 차별화를 보존한다. 스핑크스의 시련을 겪는 것, 즉 괴물을 실제로 "정복하는 것"은 [기능적] 3분할에 일치하는 중요한 세 가지 자질을 증명하는 것이다. 우선 그것은 여자의 성적 도발에 굴복하지 않는 절제다.[8] 다음은 용기인데, 이것은 전사의 분노를 동원할 수 있는 능력, 사자와 맞서고 사자처럼 싸울 수 있는 힘이다. 마지막으로 고차원적인 신적인 것들에 대한 지성, 즉 수수께끼가 더욱 고유하게 관계하는 신성한 것에 대한 지식이다. 동시에 하나이면서 셋인 그러한 적에 대한 승리만이 초심자가 입문된 자가 되는 것을, 세 가지 기능적 단계들에 해당하는 자질들을 자기 안에 통합하는 완전한 남자(téléios anthropos)가 되는 것을 허락한다.

그러한 괴물의 3분할적 형태가 키마이라의 경우에 다시 한 번 나타난다는 것은 주목할 만하다. 신화의 대부분의 판본들은 벨레로폰의 적인 키마이라의 혼성적 신체를 세 부분으로 나누는데 일치한다: 염소의 몸, 사자의 머리, 뱀의 꼬리. 그렇게 해서 헤시오도스는 키마이라를 "세 개의 머리를 갖고 있는데, 하나는 불같은 눈을 한 사자의 머리고, 또 하나는 염소의 머리요, 세 번째는 뱀, 즉 거대한 용의 머리였다."고 소개한다.[9] 여기서도 각각의 부분들을 각각의 기능적 단계들에 할당하는

---

7 | [역] 헤라클레스의 신화를 말한다.

8 | 뒤메질은 쿠훌린의 입문 신화에서 "여자들의 나신"의 시련을 분석한다 (*Horace et les Curiaces*, op. cit. p. 35 et suiv.).

9 | Hésiode, *Théogonie*, v. 320(헤시오도스, 『신통기』, 김원익 옮김, 민음사,

일은 큰 어려움이나 애매함 없이 이루어질 수 있다. 농업적 부(富)인 염소는 우유를 제공하는 동물이며, 그리스 신화에서 그것은 최고의 유모이다. 염소 아말테이아는 어린 제우스에게 젖을 먹였다. 아말테이아의 뿔은 풍부함의 뿔이 되었으며, 농업적 부의 다른 상징들에 대한 신화적 지칭을 제공했다.[10] 게다가 염소와 목자들의 성적 결합으로 사티로스가 태어났다는 것은 잘 알려져 있다. 이러한 두 측면, 즉 젖을 주는 측면과 성적인 측면은 모두 세 번째 기능과 관련된다. 스핑크스의 경우처럼 사자는 전사의 기능과 분명하게 일치한다. 뱀과 관련해서는, 그 의미는 다양하고 양가적일 수 있다. 뱀은 어떤 경우에서건 동일하고 유일무이한 하나의 공식으로 환원되기가 어렵다. 어쨌든 우리는 여기서 뱀이——특히 뱀의 마법적이고 신비스러운 측면에 의해——첫 번째 기능과 관계하고 있다는 것을, 차별적으로, 그리고 다른 두 부분의 할당에 의심의 여지가 없는 한에서, 인정할 수 있다. 테이레시아스, 카산드라, 멜람푸스[11]의 신화들에서 뱀과의 접촉은 정화시키고 예언의 재능을 주는데, 이 재능은 첫 번째 기능의 자질이다.

괴물스러운 육체의 3중성의 중요성은 키마이라의 몇몇 조형적 묘사

2003, pp. 47-48).

10 | L. Gernet, «la notion mythiaue de la valeur en Grèce», in *Anthropologie de la Grèce antique*, éd. Flammarion, Paris, 1982.

11 | [역] 테이레시아스, 카산드라, 멜람푸스는 모두 신화에 나오는 예언자들이다. 헤라에 의해 맹인이 된 테이레시아스는 뱀에게 두 번 물려 여자 예언자가 되었다가 다시 남자 예언자가 된다. 카산드라는 아폴론의 명령을 받고 뱀이 귀를 핥은 이후 신적인 말을 이해하고 미래를 내다 볼 수 있게 된다. 멜람푸스도 마찬가지로 어미 잃은 두 마리의 새끼 뱀을 거두었는데 그 두 마리가 귀를 핥은 이후 예언의 능력을 갖게 되었다.

들에서 뚜렷한 방식으로 나타난다. 그러한 묘사들에서 세 개의 머리, 즉 사자, 염소, 뱀의 머리는 충분히 분화되지 않은 하나의 몸 위에, 마치 서로 줄지어 서 있는 것처럼 나타난다. 키마이라가 히타이트 족에게서 확인된다는 사실을 제외한다면(사람들은 히타이트 족의 인도-유럽어권의 전통에 대한 충실성을 보여줄 수 있었다), 키마이라의 조합이 일종의 외관상의 임의성에 의해 분명히 표현되는 만큼 그것의 3기능적 해석은 더욱 그럴 듯하다. 어째서 사자, 염소, 뱀인가? 염소는 3분할적 괴물의 구성요소들 가운데 하나로 반드시 존재해야 할 만큼 그렇게 위협적인 동물인가?

따라서 스핑크스처럼 키마이라는 영웅이 각 기능적 단계의 특징적인 세 가지 종류의 덕을 증명함으로써 정복해야 하는 3중의 적일 것이다. 그렇지만 키마이라에게서 여성적 유혹의 부분은 스핑크스에게서보다 덜 명백하게 나타난다. 그것의 머리는 매혹적인 처녀의 머리가 아니라 불타는 입김을 내뿜는 사자의 머리이다. 벨레로폰의 이야기에서는 두 개의 에피소드가 여성적 유혹에 대한 영웅의 저항과 관련되는데, 이러한 사실이 키마이라와의 대결에서 그러한 모티프의 제한된 사용을 설명할 수 있을 것이다. 벨레로폰을 손님으로 맞은 왕의 부인은 그를 유혹하지만 그는 왕비의 접근을 사양한다.[12] 나중에 리키아의 왕을 상대로 한 전쟁에서, 벨레로폰은 파도를 동반하고 전장에 나간다. 남자들

---

12 | [역] 아르고스의 왕비 안테이아를 말한다. 왕비는 젊고 잘생긴 손님인 벨레로폰을 유혹하지만 거절당하자 앙심을 품고 남편인 왕에게 거짓을 고한다. 왕은 이에 노했지만 손님을 직접 죽이는 것을 꺼려하여 벨레로폰에게 편지한 통을 자신의 장인인 리키아의 왕, 이오바테스에게 전달해달라고 부탁하는데, 그 편지에는 벨레로폰을 죽이라는 내용이 적혀 있었다.

이 그에게 애원하지만 소용이 없다. 하지만 자신들의 옷을 벗음으로써 여자들은 그가 후퇴하게 만드는 데 성공한다. 플루타르코스는 벨레로 폰이 혐오의 힘에 굴복한 것이 아니라 수치심(pudeur) 때문에 굴복한 것이라고 이야기한다. 뒤메질은 이 에피소드를 다른 신화적 민담들과 비교하면서 "수치심이 없는 여자들"이라는 저 모티프의 입문적 의미를 강조한다.[13]

게다가, 스핑크스의 역사적 기원과 관련되어 늘 열려 있는 논란은 그렇게 해결될 수는 없으나 혼성적인 신화적 괴물들에 대한 3분할적 해석에 의해 우회될 수 있다. 날개 달린 스핑크스가 헬레니즘의 창조물 이거나 심지어 인도-유럽어권의 창조물이라고 주장하지 않으면서도 (스핑크스가 키마이라처럼 히타이트 족에게서도 또한 나타난다고 할 지라도), 스핑크스가 3분할적 해석의 대상이 될 수 있었다는 것이 상상 될 수 있다. 스핑크스의 가장 태곳적 기원이 무엇이든지 간에, 그것들 의 궁극적 차용 조건들이 무엇이든지 간에, 그리고 이러한 것들에 대한 아무런 확실성도 아직 획득되지 않았지만 말이다. 그러한 3분할적 해 석은——수많은 전치와 이동을 가로지르면서도 놀라운 내구성을 가지 고 있음이 알려진——어떤 사유 구조의 조건들에게 그것[스핑크스의 상징적인 배치형상]을 적응시키고 복종시켰다. 사람들이 그러한 [3분 할적 해석의] 적응(appropriation)을 식별해낼 수 있었던 게 처음은 아닐 것이다. 이러한 적응은 기원상 인도-유럽어권의 형성물에 속하지 않는 신들에 대한 신학적인 3분할적 비전 안에서 재분류가 이루어지는 방식 과 비교될 수 있다——파리스의 심판에서의 헤라, 아테나, 아프로디

---

13 | *Horace et les Curiaces*, op. cit. p. 45.

테.[14]

황금 양털가죽을 감시하는 문지기 용이 스핑크스나 키마이라처럼 3중 괴물의 외양을 가지고 있지 않다면, 이아손의 시련에서는 희미하게만 남아있는 영웅적인 3중성 시련의 몇몇 흔적들을 찾는 것을 포기해야 할까? 최종적인 승리(쟁취한 황금 양털가죽, 이와 더불어 그를 도왔고 그와 혼인하게 될 메데이아와의 출발)에 이르기 전에 이아손이 치렀던 연속적인 시련들에 대한 주의 깊은 분석은 어떤 주목할 만한 뜻밖의 놀라움을 선사한다.

그것을 납득하기 위해서는 『아르고 호 이야기(*Argonautiques*)』의 아름다운 구절을 다시 읽을 필요가 있는데, 거기서 이아손은 콜키스의 왕에게 자신의 여행의 고결한 목적을 설명하고 그가 황금 양털가죽을 내어줄 수 있도록 설득을 시도한다.[15] 이아손은 자기를 보낸 것이 신이

---

14 | 스핑크스의 세 부분적 구성이 그녀를 어떤 알레고리적 구성물로 만들지는 않는다는 점을 추가하자. 확실히 스핑크스를 구성하는 부분들에 정확한 의미를 제공하고 그것들의 상징적 필연성을 발견할 수 있게 하는 기능적 구분의 코드는 저 혼성물에서 몽환적인 무언가를 제거하는 듯하다. 스핑크스의 형상은 자생적 상상력의 야만적 제작이기는커녕 어떤 복잡한 이데올로기적 질서 속에 정확하게 기입된다. 그렇지만 3분할 자체는 그러한 질서 지음의 층위 너머의 어떤 요구에 의해 만들어지고 형성된다. 스핑크스는 괴물이어야 하며, 더 나아가 여자 괴물이어야 한다. 다른 특징들이 합류될 수 있는 것은 상상적인 것의 그러한 핵심, 즉 입문과 관련된 서사에 의해 요구되는 핵심에 입각해서이다. "여자 괴물을 무찌르는 것"은 환원불가능한 신화론적 요소(mythologème)이며, 이것에서 출발해서 우리는 시련들의 단계적인 3중성에 대한 더욱 세공된 이데올로기를 지지할 수 있다. 하지만 이제 그러한 다양성은 더 일반적인 의미의 핵심을 가진다. 그것은 인간 존재의 모든 힘들, 모든 덕들, 능력의 총체가 괴물을 무찌르겠다고 주장하는 자에 의해 동원되어야 함을 의미한다. 대결은 부분적이 아니다. 그것은 영웅의 생명 자체를 위험에 놓기 때문에 영혼 전부와 관련된다.

며 헬라스 왕의 무서운 명령이라고 설명한다. 그때 아이에테스는 불같이 화를 내고 욕을 퍼부으면서 황금 양털가죽을 낯선 이방인의 수중에 내어주기를 거절한다. 하지만 아이에테스는 자기를 위해 봉사할 준비가 되어 있다는 이아손의 말에 곧바로 마음을 누그러뜨린다. 결국 그는 황금 양털가죽을 내어주는 데 동의하지만, 이는 시련을 끝마친 다음이다. 그런데 젊은이의 격렬한 힘(menos)과 용기(alké)를 증명하기 위해 마련된 임무(aetlos)는 무엇이었을까? 그것은 굉장하며 실로 왕다운 임무인데, 왜냐하면 왕 자신이 그것을 행할 수 있는 유일한 자가 자기라고 말하고 있기 때문이다. 아레스의 평원에는 코에서 불을 뿜고 청동으로 된 발을 가진 황소들이 있다. 이 황소들에게 멍에를 씌운 다음 몰아서 4 아르팡[16]의 밭을 갈아야 한다. 고랑에는 곡물의 씨앗을 뿌리는 게 아니라 아레스의 용의 이빨들을 심어야 하는데, 이것들은 자라면서 전사들의 무리로, "땅에서 태어난 남자들"로 변신할 것이다. 그러면 그 전사들을 상대로 전투를 해야 하고 그들을 검으로 베어 그 자리에서 죽여야 할 것이다. 이러한 것들이 이아손이 황금 양털가죽을 받기 위해 아침부터 해 질 녘까지 하루 동안 완수해야 하는 임무다.

그는 도전을 받아들인다…. 그는 황소들에게 멍에를 씌우고 경작을 하고 용의 이빨들을 심고 휴식을 취한다. 그리고 그는 "땅에서 태어난 남자들"이 고랑에서 솟아나자 밭으로 돌아가 밤이 오기 전까지 그들을 죽인다(그에게는 전략이 있었는데, 그들 중간에 커다란 돌을 던지는 것이었다[17]). 이아손은 주어진 시간 안에 시련들을 완수하는 데 성공했

---

15 | Apollonios de Rhodes, *Argonautiques*, Chants III et IV, éd. P.U.F. trad. E. Delage et F. Vian, Tome II(1980) et III(1981).

16 | [역] 토지의 크기를 재는 옛 측량단위.

으나 아이에테스는 약속을 지키지 않는다. 그래서 젊은 영웅은 마약으로 용을 잠재운 메데이아의 도움을 받아서, 밤새 황금 양털가죽이 걸려 있는 떡갈나무에 접근한다. 그는 황금 양털가죽을 쟁취하고, 자신의 약혼녀가 된 젊은 여자[메데이아]와 함께 배 쪽으로 도망친다.

그런데 상기한 연속된 행동들을 따라가 보면, 이아손이 서로 다른 세 유형의 세 가지 시련들과 연속적으로 대결했다는 점이 분명하게 드러난다.

1. 그는 황소들에게 청동으로 된 멍에를 씌웠고 광활한 밭을 갈았고 씨를 뿌렸다.

2. 그는 검을 들고 "땅에서 태어난 남자들"과 싸웠고 그들을 죽였다.

3. 그는 용(아폴로니우스가 계속해서 이것을 "뱀"(ophis)이라고 부른다는 점에 주목하자)의 감시를 속여서 황금 양털가죽을 쟁취하는 데 성공했다.

여기서 우리는——그것의 드러난 완전한 논리성 덕분에 이러한 결론이 다소 거북하다고 할지라도——각각의 기능적 단계에 속하는 점진적인 시련의 연속을 3분할적 위계의 역전된 순서로 알아볼 수밖에 없다.

멍에, 노동, 파종의 시련은 분명히 세 번째 기능인 농업적 임무의 영역에 속한다.[18] 검을 사용한 전투는 틀림없이 전쟁의 기능에 속한다.

---

17 | [역] 이아손은 메데이아의 조언을 듣고 용의 이빨이 자라나온 전사들 사이에 커다란 돌덩이를 던진다. 그러자 전사들은 그 돌덩이를 차지하려고 서로 싸우다가 죽는다.

18 | Dumézil(*Mythe et épopée I*, p. 446-447)은 스키타이 인들(Scythes)에 관한 헤로도토스와 퀸투스 쿠르티우스(Quintes-Curce)의 텍스트를 언급한다. 이 텍스트는 세 번째 기능의 부적으로 "황소의 멍에와 쟁기"를 확실하게 보여

마지막으로 뱀에게서 훔친 황금 양털가죽은 지금으로서는 신성한 것(잘 지켜진 마법적 대상)과 직접적으로 연관된 것으로서, 따라서 첫 번째 기능에 속하는 것으로서 분명하게 나타난다.

하루를 분할해서 시련들을 분배하는 것은 아마도 우연에 의한 것이 아닐 것이다. 아침에 이아손은 황소들에게 멍에를 씌우고 땅을 경작한다. 오후에서 저녁까지 그는 전사들과 싸운다. 그가 황금 양털가죽을 몰래 훔치는 것은 밤 동안이다. 그러므로 시련의 3중성은 키마이라처럼 세 가지 입문적 만남을 유일한 존재 안에 응축시키는 혼성적 괴물의 생략법 안에서 발견되는 게 아니라 잘 구분된 세 가지 시련의 서술적 연속 안에서 전개된다.

이아손이 불멸적 존재로 알려진 뱀을 상대로 검을 가지고 싸우지 않고 마약과 마법적 주문이라는 술책(메데이아에 의해 처방된 술책)을 수단으로 싸운다는 사실은 중요하다. 실로 거기에는 비(非)전사적인 승리가 있는데, 이것은 "죽음의 수확물"을 위한 검에 의한 폭력적 전투라는 이전의 시련과 대비된다. 게다가 마법의 약(그리고 물론 주문과 관련된 모든 것)은 첫 번째 기능의 능력으로서 입증된다.[19]

황금 양털가죽이 지닌 "왕의 부적"의 의미는 쉽게 식별되며, 이것의 정복에 이르게 하는 시련들이 지닌 왕위 계승이라는 의미 또한 쉽게 식별된다.[20] 그런데 만일 황금 양털가죽이 서술적 분절 속에서 명료한

주며, 그 옆에는 각기 두 번째와 첫 번째 기능의 부적인 도끼(혹은 창, 활)와 잔이 있다. 벤베니스트는 아베스타(Avesta, 조로아스터 교의 경전)의 언어처럼 스키타이 인들의 언어에서 한 단어가 틀림없이 "멍에와 쟁기"를 한꺼번에 가리켰을 것이라는 점을 강조했다.

19 │ 켈트족에서의 신화와 관련해서는 다음을 볼 것. Dumézil, *Mythe et épopée I*, p. 615.

방식으로 첫 번째 기능의 부적 자리를 차지한다면, 우리는 (황금 양털 가죽의 재료인 금과 그것이 제우스에게 바쳐진 하늘을 나는 경이로운 숫양에서 유래한 것이라는 사실을 제외하더라도) 황금 양털가죽의 본성 자체로부터 그러한 자리를 다시 한 번 더 특별하게 확증할 수 있는 몇몇 비교들을 발견할 수 있지 않을까? 분명히 양털가죽은 모든 가죽이 그렇듯이 의복과 같은 부류에 속한다. 이아손은 황금 양털가죽을 이것이 걸려 있었던 참나무 가지에서 가져올 때, "그는 그것을 왼쪽 어깨에 걸쳤고, 목덜미에서 발까지 내려오도록 했다." 그리하여 이아손은 망토를 걸치듯이 막 낚아챈(그리고 "제우스의 번개처럼" 빛난다고 일컬어지는) 황금 양털가죽으로 자신의 몸을 감싸고, 다른 사람들이 보고 만지기 전에 그 위로 "새 망토를 걸친다." 그런데 망토는 일치하는 여러 경우들에서 왕위를 계승할 때의 의례적 장치에 속하는 기능적 대상들 가운데 하나로서, 더 정확히 말해서 첫 번째 기능의 대상으로 확인된다.[21]

황금 양털가죽, 모두가 탐내는 값진 물건, 왕의 부적은 **아갈마**라는 번역불가능한 개념을 가리킨다. 가치, 부, 공물, 영광, 환희, 명예, 기호… 이 단어들 가운데 어떤 것도 분리되어 취해진다면 아갈마에 적합하지 않다. 그렇지만 "아갈마라는 관념은 황금 양털가죽에 대한 상상력의 극단적 지점이다."[22] 문제가 되는 것은 당연히 경제적 의미에서의

20 | L. Gernet, «La notion mythique de valeur en Grèce», § IV «La toison d'or», op. cit. in *Anthropologie de la Grèce antique*, op. cit.

21 | Cf. D. Dubuisson, «L'équipement de l'inauguration royale dans l'Inde védique et en Irlande», *Revue d'histoire des religions*, no 2/1978과 D. Briquel의 보충 논문들, «Sur l'équipement royal des Indo-européens, données latines et grecques», *Revue d'histoire des religions*, cc1/1983.

부가 아니라 신성화된 힘, 역능이다. 누구나 탐내는 저 대상의 획득이 이아손이 견뎌 냈던 자격 부여나 수련의 드라마에서의 절정 국면(그렇지 않다면, 서술상 최종 국면)을 가리킨다는 점은 주목할 만하다: 펠리아스가 명령한 위험한 시련을 완수함으로써 이아손이 아갈마를 쟁취하는 순간은 메데이아의 마음을 사로잡는 순간이기도 하다. 그는 젊은 여자를 그녀의 아버지에게서 **빼앗고** 데려가 자신의 배우자로 삼는다. 모든 입문에서처럼 시련의 성공적인 완수는 혼인을 가능하게 만든다. 황금 양털가죽은 혼례 첫날의 침대에서 이불로 사용되었다고 전해진다.

　페르세우스의 경우에서 그만큼 명료한 구성을 발견하기가 매우 힘들 것이다. 그렇지만 페르세우스가 단계적인 시련들과 맞서 싸우며 오로지 신들의 도움으로 승리를 거둔다는 점에는 의심의 여지가 없다. 우리는 동일한 전체의 움직임을 재발견한다: 왕의 명령에 의한 시련들과 맞서 싸우려는 최초의 충동, 그런 다음 시련들의 최종 국면으로 향하면서, 또 다른 왕과 대면하는바, 이 왕의 딸과 혼인을 하겠지만 여기에도 장애물이 없지 않다. 박해자 왕, 파송자 왕, 증여자 왕의 구분은 매우 명료하다. 최종 시련의 성공에서 사랑의 욕망이 결정적인 역할을 한다는 점은 주목할 만하다. 벌거벗겨진 채로 바위 위에 묶여 있으면서 바다의 암컷 괴물에게 잡아먹힐 준비가 되어있는 안드로메다를 본 페르세우스는 사랑에 **빠진다**. 그를 전투로 이끈 것도 바로 그 사랑이다. 이아손의 이야기에서 젊은 영웅과 사랑에 **빠져서**, 그로 하여금 누구나 탐내는 황금 양털가죽을 쟁취하는 데 결정적으로 도움을 준 사람은 메

───────
22 ｜ L. Gernet, op. cit. p. 163.

데이아다. 그처럼, 영웅들에게 호의를 베푼 자는 아테나만이 아니다. 아프로디테 역시 전투의 최종 단계에서(오로지 최종 단계에서만) 호의를 베푸는데, 사람들은 메데이아에게 영감을 불어넣었던 자가 바로 그녀라고 이야기한다.[23] 욕망되거나 욕망하는 약혼녀는 시련의 성공적인 결말에서 중요한 요소다. 영웅적 모험에서의 이상한 연대기적 3분할: 헤라는 괴물들을 보낸다, 아테나는 그 괴물들과 과감하게 맞설 수 있는 용기와 수단들을 제공한다, 아프로디테는 욕망과 승리의 기회를 제공한다. 우리는 3분할의 엄격한 질서 속에서 기능적인 세 여신들을 재발견한다.

그런데 (우리의 전형적인 전설의 한 가지 요소로서 확실하게 채택될 수 있는) 최종적인 사랑의 매혹적 힘이 오이디푸스 신화에서는 전혀 나타나지 않는다는 점은 의미심장하다. 오이디푸스는 대결에서 아테나의 도움을 받지 않는다. 그뿐만 아니라 스핑크스에게 거둔 승리에서도 한 번 만난 적이 있는 저 약혼녀에 대한 사랑의 욕망에 의해 도움을 받지도 추동되지도 않는다. 그가 성공하는 것은 전적으로 혼자의 힘에 의해서이며, 오로지 혼자를 위해서다. 시련을 부과하는 자인 왕(시련의 출발점)도 욕망하거나 욕망된 약혼녀(시련의 마지막)도 대결에 정당성이나 힘을 가져다주지 않는다. 그것[오이디푸스의 승리]은 순수한 승리인바, 왕의 자격부여라는 전통적인 상상물 속에, 다시 말해 입문 상황의 규칙적인 제약들 속에 기입되어 있지 않으며, 순수한 승리라는 바로 그 점에 있어서 오히려 일탈로서 드러난다. 물론 에우리피데스의 판본

---

23 | [역] 메데이아는 아프로디테의 계략에 의해 이아손을 보자마자 사랑에 빠지고, 이아손이 시련을 통과하는 데 도움을 준다.

에서는 크레온이 간교한 처녀[24]의 수수께끼를 풀어낼 수 있는 자에게 왕비와의 동침을 허락한다. 하지만 결코 오이디푸스는 페르세우스처럼 쟁취하고자 하는 공주에 대한 사랑에 의해 고무되거나, 이아손처럼 사랑에 빠진 공주의 도움을 받지 않는다. 아프로디테는 부재한다. 그녀는 전혀 보증하지 않고 승리에 아무런 도움도 주지 않는데, 이 점은 승리의 목적에서의 일탈을 경고한다. 마치 오이디푸스를 스핑크스와 대결하게 만든 것이 권력에 대한 순수한 의지였던 것처럼 모든 일이 일어난다. 여기서 또한 대조 분석만이 그러한 측면이 부각되게 할 수 있다.

규칙적인 영웅 신화들, 즉 우리가 전형적인 구조를 추출해내기 위해서 비교했던 신화들은 성공한 왕위 입문의 신화들이다. 만일 우리가 결여되고 회피된 왕위 입문 신화를 오이디푸스 신화 안에서 식별해낸다면, 오이디푸스 신화의 구조적인 고장(故障)은 세부 사항에서까지도 설명된다.

완전한 왕위 계승은 연속적인 세 가지 시련에서의 성공을 요구하는데, 그 시련들 각각은 기능적인 위계적 3분할의 각 단계들——신성성, 전쟁, 다산성——과 일치한다. 우리는 심지어 시련들이 위계적인 연속의 역전된 순서로 영웅에게 제시된다고 추측할 수 있는데, 왜냐하면 그러한 역전된 순서는 점점 증대되는 어려움의 순서를 또한 구성하기 때문이다. 먼저 성(sexualité)이나 농업의 다산성과 연관된 덕에 관한 시련들, 이어서 전사의 덕에 관한 시련들이 있고, 마침내, 오로지 마지막으로 성스러운 것의 지식과 관련된 최상의 단계의 시련이 있다.

왕의 기능에의 부름을 받지 않았던 소년들에 대해서조차[25] 그러한

---

24 | [역] 스핑크스를 가리킨다.

3중의 입문이 사춘기 통과 의례들을 구조화해야 했다면, 왕의 소명을 타고난 영웅 개인과 관련해서 그러한 시련의 3중성은 특별한 필연성과 함께 부과된다. 실제로 왕은 세 가지 기능의 종합을 몸소 구현해야 하는 자이다. 그는 완전한 남자이다. 왕은 매 기능적 단계의 특징적인 덕들을 자기 안으로 수합하고, 그것들을 자신의 인격에서 조화시킨다고 전제된다. 플라톤은 그 점을 떠올렸을 것이다.

오이디푸스와 규칙적으로 자격을 부여받은 왕의 차이는 이제 매우 명료하게 나타나는바, 그 차이는 부은 발의 영웅에게 그의 모든 두드러짐과 염려스러운 특이성을 준다. 오이디푸스, 그 또한 왕이 된다. 더 정확하게는 폭군이 된다.[26] 더 정확히 말해서, 다른 왕보다 더 권위적이고 전제적인 군주가 아니라 적법성이 반박될 수 있는 군주가 된다는 것이다. 이러한 차이가 오이디푸스의 기만을 요약한다. 그는 전형적인 왕과는 반대로 전통적인 왕위 계승의 과정을 치르지 않았다. 그는 적법한 경로를 따른 신성한 자가 아니었다. 그는 완전한 입문의 시련을 겪지 않았으며 다만 수수께끼의 시련만을 겪었다. 따라서 그는 왕의 정당성의 기호이자 요인인 세 기능의 종합과 균형을 완전히 실현할 수 없었다. 그의 덕들에는 어떤 불균형이 있다. 무언가가 절뚝거린다.

그런데 3기능적 정의에 비추어서 절뚝거리는 것이 무엇인지를 찾으려 한다면, 우리가 그것을 발견하는 곳은 매우 정확히 오이디푸스가

<hr />

25 | D. Briquet, article cité.

26 | [역] 군주 가운데 자격이 되지 않지만 스스로를 군주로 참칭하는 자라는 의미에서 참주로 번역되기도 하지만, 앞으로 가져오게 될 대부분의 『오이디푸스 왕』 인용문의 번역에서 천병희를 참고할 것이므로, 번역본을 따라서 폭군으로 통일한다.

입문에서 대결하지 않았던 나머지 두 기능에서는 아닐까? 성적 금지의 위반으로서, 심지어 중대한 성적 금지의 위반으로서 이오카스테와의 근친상간은 세 번째 기능과 관련된 타락이라는 것이 자명하지 않은가? 그리고 부친 살해의 폭력—— 교차로에서 노인에게 지팡이로 가한 타격, 오만한 분노—— 이것 역시 분명히 두 번째 기능과 관련된 위반, 즉 올바른 분노와 적법한 힘의 사용을 전제로 하는 전투적인 용기의 타락한 방향전환이 아닐까? 혈기왕성한 아들이 이미 나이가 들어버린 아버지를 살해하는 것은 육체적 힘의 가장 불경스러운 오용이 아닐까?

그러므로 냉혹한 신화적 논리에 의해서 오이디푸스의 분명한 두 가지 죄, 부친 살해와 근친상간은 두 영역에, 이것들을 위해 오이디푸스가 입문적 이행의 시련을 겪지 않았던 그러한 두 영역에 속한다. 수수께끼에 대한 대답에만 기초해서 세워진 오이디푸스의 왕위 계승은 변칙이다. 오이디푸스는 완전한 왕이 아니다. 그는 자신의 반성이라는 극단적이고 유일한 능력에 의해 괴물을 정복했지만, 그러한 과도한 지성의 덕은 그로 하여금 균형을 잃게 만들었다. 오로지 첫 번째 기능의 상궤를 벗어난 덕에 근거하면서, 그는 나머지 두 기능과 관련된 죄, 그가 절대적인 지점까지 끌고 간 두 가지 죄에 의해서만 자신의 권력을 지탱시켰다.

근친상간과 부친 살해는 엄밀하게 서술적인 모든 연쇄 너머에 있지만 횡단적이고 종합적인 상징적 인과성에 의한 것인바, 따라서 그것들은 수련기간 동안의 결함이 가져온 그림자, 그러한 결함의 참담한 부정적 측면이다. 오이디푸스는 두 번째와 세 번째 기능의 덕들을 증명하지도 그러한 덕들의 시련을 통과하지도 않았다. 스핑크스의 수수께끼에 대한 대답을 통해 자신의 지성을 증명했다고 할지라도(이 표면상의 승리 그 자체가 의혹을 받을 만하다), 그는 신성한 시련에 의해서 공격적이고 전사적인 자신의 고유한 힘과 직면하지 않았으며 성(sextualité)의 위험한 위력과도 직면하지 않았다. 나중에 그가 자기도 모르는 사이에 저질렀음을 발견하게 될 두 가지 죄는 그의 불완전한 입문식의 상관물, 다시 말해 모친살해 회피의 상관물이다.

그럼에도 불구하고 한 가지 의혹이 우리를 붙들어야 한다. 오이디푸스는 (중대한 반향들로부터의 도피를 통해) 다른 두 가지 기능에서 면제됨으로써, 첫 번째 기능의 시련을, 이 첫 번째 시련만을 확실하게 성공시킨 자일까? 그렇지 않으면, 스핑크스 앞에서의 그의 뚜렷한 지성적 승리에서조차 의심스럽고 변칙적인, 더 나아가 신화적으로 말해서 신성모독적인 어떤 것이 있는 것은 아닐까? 사정이 그와 같다면, 이제까지의 해석은 그것의 전체적인 구조적 기제 안에서는 타당하게 남아 있을지라도 조금 더 정련되어야 할 것이다. 오이디푸스는 분명히 (모든 사람이 보기에) 성공한 자이고 수수께끼의 시련에서만 성공한 자이지만(따라서 신화적 논리에 따르면 그는 이미 두 가지 기능적 죄들에 노출되어 있다), 심층에서 보자면 불경한 전략을 통해서만, 이를테면 신성모독을 통해서만 그러한 시련에서 성공한 자이다. 오이디푸스의 대답은 최고의 시련에서의 진정한 성공이라기보다는 스핑크스에 대한 불인정, 즉 지성의 자만에 의한 입문식 부정이 아닐까?

이러한 의혹을 일으키는 것은 변칙들 세부에 있어서의 오이디푸스 신화 자체다. 결국 시련들은 규칙 신화 안에서 **단계화되어 있지** 않은가? 마지막 시련에 도달하기 위해서는 처음의 두 시련들, 즉 절제와 용기의 시련에서 먼저 성공해야 하는 게 아닌가? 그리고 무엇보다도, 성공하기 위해서는 언제나 신들과 예언자들의 도움을 받아야 하는 것은 아닌가? 전형적인 신화적-의례적 장치 안에서 매우 명확하게 초심자는 언제나 더 현명한 입문 안내자의 대답을 배워야 하며, 시련을 이행하는 동안 그러한 대답이 필요하게 될 순간을 위해 그것을 기억해야 한다. 초심자는 절대로 그 자신이 대답을 고안하지 않는다. 입문의 과정을 구성하는 전수 상황의 매우 중요한 세부 내용. 전통적 정신에 있어서, 앎이란 앎을 계승하는 것이고 신성한 스승들로부터 존경을 가지고 앎을 수용하는 것이지 자기 자신이 앎을 생산하는 게 아니다. 오이디푸스가 신들에 의해서도 인간들에 의해서도 지도받지 않으면서 전적으로 혼자 수수께끼의 해답을 찾아냈다는 것이 우리 근대인들에게는 그의 높은 지성의 탁월한 증거처럼 나타날 수 있다. 전통적 정신에게 그것은 입문의 전수 안에서의 신성모독적인 단절의 가장 심각한 기호, 이행에서의 변칙성의 증거 자체, 오이디푸스의 자만과 지성적인 자기만족의 추문적인 특징일 수밖에 없다.

따라서 그러한 신성모독의 태도는 본질적으로 스핑크스가 문지기로 있는 최고의 신비에 대한 부정이 아닌 다른 것으로 귀착될 수가 없다. 오이디푸스는 스핑크스가 제시하는 수수께끼를 실제로 해결한 데다 그녀의 기분을 상하게 하고 그녀가 자격을 잃게 만든다. 그는 스핑크스를 죽이지 않는다. 그는 한 단어를 가지고 그녀가 의미하는 모든 것, 다시 말해 입문의 이행 과정 자체를 제거한다. 그리고 우리는 인간이라는 대답의 의미를 망각할 수 없다. 신이 아닌 인간이, 천상의 것이건 괴물스러운 것이건 어쨌든 인간이 답인 것이다. 따라서 오이디푸스가 부인하게 될 것은——우선적으로 첫 번째 기능에 속하지만 기능들 모두와 관련되며, 그것이 없다면 입문 자체가 의미를 잃어버리는——신성한 것 자체다.

니체는 테바이 영웅의 형상을 정의하는 행위들을 분리시키지 않고 오히려 셋으로 된 단일체(unité en trois)로 바라보아야 했음을 이해했다. "자기 아버지의 살해자인 오이디푸스, 자기 어머니의 남편인 오이디푸스, 스핑크스의 수수께끼를 푼 자인 오이디푸스! 이러한 운명적 행위들의 신비스런 삼위일체는 우리에게 무엇을 말해 주고 있는가?"[27] 그렇다. 마침내 우리가 그 일관성을 식별하기 시작하는 그러한 신비스런 삼위일체. 니체는 자신이 다시 한 번 "오이디푸스의 운명의 저 무시무시한 삼위일체"라고 명명하는 것 안에 기입되어 있으면서 "가장 성스러운 자연 질서를 파괴"[28]하는 세 가지 방식이 있지 않을까라는 의혹을 품었는데, 이는 틀리지 않았다. 부친살해와 근친상간과 관련해서 그 점은 자명하다. 하지만 니체는 수수께끼를 푸는 것 또한 심각한 위반이라는 것을 알아볼 줄 알았다. 그는 오이디푸스의 대답에서 "자연에 거역하는 지혜"를 식별해냈다. 그런데 오이디푸스 신화의 차별화된 논리도 마찬가지로 오이디푸스의 승리 안에 어떤 비정상적인 것이 있음을 우리에게 알려 주었다. 한마디로 그것은 신들의 도움이 없는 승리, 스핑크스에 대한 피 흘리는 살해가 아닌 스핑크스의 자살이라는 결과를 낳은 승리다. 불경, 신성모독, 이러한 것들이 사실상 입문의 주인-동물 앞에서의 오이디푸스의 태도가 의미하는 것이다. 『오이디푸스 왕』의 두 번째 삽화의 끝에서 코로스의 합창이 "정도를 넘는 오만──hubris──은 폭군을 낳는 법"[29]이라고 비난하면서, "정의의 여신을 두려워하

---

27 | Nietzsche, *La naissance de la tragédie*, § 9(프리드리히 니체, 『비극의 탄생』, 박찬국 옮김, 아카넷, 2007, 132쪽).

28 | 같은 책, 133쪽.

29 | [역] 소포클레스/아이스퀼로스, 『오이디푸스왕, 안티고네』, 천병희 옮김,

지 않고 신상(神像)들을 두려워하지 않고 행동이나 말에서 교만의 길을 걷는 자가 있다면 그는 불운한 교만 때문에 사악한 운명이 그를 붙잡아 갈지어다."[30]라고 주장할 때, 소포클레스는 우회적으로 그러한 죄를 암시하는 것처럼 보인다. 스핑크스에게서 거둔 승리는 그러한 불경이었다.

따라서 오이디푸스의 운명의 "무시무시한 삼위일체"는 세 기능적 층위들에 엄밀하게 속하는 세 가지 죄를 가리키게 될 것이다. 스핑크스의 에피소드는 적법한 승리라는 외양에도 불구하고 첫 번째 기능의 타락이다. 오이디푸스는 "처녀의 난해한 수수께끼를 풀었을 때 승리의 노래를 타고 하늘 높이 올랐던 사람"이다.[31] 하지만 우리가 추출한 오이디푸스 신화의 차별화된 경제 전체는 그러한 승리가 그것의 직접적인 결과와 마찬가지로 기만적이며 왜곡된 승리임을 입증한다. 다른 두 운명들, 즉 아버지에 대한 폭력적 살인과 어머니와의 근친상간은 다른

265쪽.

30 | 같은 책, 265-266쪽.

31 | Euripide, *Les Phéniciennes* (v. 1730)(에우리피데스, 「포이니케의 여인들」, 『에우리피데스 비극전집 2』, 천병희 옮김, 295쪽. 번역 일부 수정). 스핑크스가 던진 수수께끼("아침에는 네 발로, 낮에는 두 발로, 밤에는 세 발로 걷는 것은 무엇인가?")는 그것의 기원상 십중팔구 기능적 3분할과 관계하는 정확한 입문적 의미를 가지고 있을 것이다. 실제로 글라우코스 전설의 수수께끼의 사례("왕의 군대의 3색 암소──흰색, 붉은색, 검은색──는 무엇과 닮았는가?")에 관해 D. 브리켈이 보여주었던 것은 스핑크스의──3분할적──수수께끼의 사례에 마찬가지로 적용될 수 있다. 다시 한 번 말하는데, 수수께끼의 의미를 구성하는 것은 (기능적 3분할과 관계하는) 인간 존재의 세 가지 상태이다. 글라우코스의 수수께끼에 대한 해석과 관련해서는 D. Briquel, «Initiation grecques et idéologie indo-européennes», *Annales E.S.C.*, 1982 n° 3, pp. 454-464를 볼 것.

두 가지 기능적 덕들의 타락과 명확하게 일치한다.

물론 문제가 되는 것은 신화의 심오한 모티프들의 단순한 3분할적 형식의 놀이로의 환원이 아니다. 우리는 잘못하면 그러한 모티프들이 갖는 영향력을 약화시킬 수도 있다. 그럼에도 불구하고 3기능적 도식은 한 위대한 신화가 성공시키는 다중적 의미작용들의 교향곡 안에서 반박이 가능할 것처럼 보이지 않는 어떤 역할을 수행할 수 있었다. 3분할 그 자체가 단순한 형식적 제약과는 거리가 먼 만큼 말이다. 기능적 3분할은 전형적 의미작용들의 방향을 정하고 조직한다. 오이디푸스 신화의 의미는 고장 난 입문의 의미다. 이러한 고장은 수련과 관련된 목록들 각각――지식, 힘, 성욕――을 건드린다.

입문이 세 가지 기능에 일치하는 세 가지 덕의 위계화된 균형에 의해 개인 안에서의 조화, 왕의 영혼 안에서의 정의를 확립하도록 예정되었다면, 입문에서의 태만은 불균형과 추락으로 인도될 것이다. 비극이, 회피된 입문식이――외양상으로는 성공한 것처럼 보일지라도――연쇄적인 재앙을 몰고 오는 그러한 신화를 독점할 수 있었다는 것은 이치에 맞는다. 오이디푸스는 시원적이고 합법적인 왕의 타락한 형상이다. 그는 세 가지 역량을 죄의 형태 아래 축적한다. 그리고 그러한 기만의 발견이 비극적인 전복의 원동력이다.

오이디푸스의 운명은 기능적 재앙들의 "끔찍한 삼위일체"로 해독되어야 한다. 왜냐하면 모험이 끝난 후에 실제로 오이디푸스의 삶을 통과하는 것은 회피된 입문의 세 차원들 하나하나에 대응하는 세 가지 재난이기 때문이다. 그러한 재난에는 우리가 이미 그 의미작용을 보여주었던 부친살해와 근친상간만이 아니라 실명이 있다. 실명은 아주 분명하게 첫 번째 기능의 죄에 대한――특히 이 죄가 신성한 것 그 자체에 일체의 빛을 가져온다[신성한 것 그 자체를 남김없이 해명한다]는 자만심에 있다면——가장 잘 채택된 처벌이다.

뒤메질이 아주 많은 사례들(헤라클레스의 모험에서부터 파리스의 심판들에 이르기까지)에 근거해서, 신화적이거나 서사시적인 서술적 논리의 배치가 여러 가지 기능적 층위들에 속하는 행위의 연속으로 정확하게 설명될 수 있다는 것을 증명할 수 있었다는 것을 우리는 안다.

헤라클레스 신화 구조의 대부분이 "영웅의 세 가지 죄"라는 일반적인 범위 내에서 정확히 설명된다. 세 가지 연속적인 잘못들(이것에는 결과적으로 속죄가 뒤따른다)이 헤라클레스에 의해서 저질러지는데, 그 세 가지 잘못들이 그의 삶에서의 세 시기를 보여준다. 제우스의 명령 앞에서의 망설임과 관련되는 첫 번째 잘못은 광기를 그 대가로서 얻는다. 두 번째 잘못은 적의 비겁한 살인을 통해 나타나는데, 육체적 질병이 그 대가로 따라 나온다. 마지막으로, 세 번째 잘못은 추문적인 간통으로 이어지는데, 치유할 수 없는 화상과 자발적인 죽음이 그 결과로서 수반된다.[32]

덜 중요한 다른 영웅들에서, 예를 들어 라오메돈 왕의 오만(hubris)에서 동일한 3중의 죄가 포착될 수 있다.[33]

그런데 오이디푸스 이야기와의 비교는 바로 이 이야기에 어떤 결정적인 빛을 던지는데, 그 빛은 오이디푸스 신화가 기능적인 3분할의 이

---

32 | *Mythe et épopée*, II, op. cit. Résumé des trois péchés d'Héraclès, p. 18. 그 전개는 chap. VI. Sur les trois péchés du guerrier와 또한 *Heur et malheur du guerrier*, op. cit.를 볼 것.

33 | *L'oubli de l'homme et l'honneur des dieux*, éd. Gallimard, Paris, 1985, «Le triple péché de Laomedon», p. 31.

데올로기에 구조적으로 속해있음을 더욱 가시적이게 만든다. 더 나아가 오이디푸스의 세 가지 죄는 기능적 죄들에 정확하게 일치만 하는 게 아니다. 그 죄는 극단적인 한계까지 밀고 나간 죄들이다. 따라서 오이디푸스의 세 가지 죄를 기능적 단계의 역순으로 다시 취할 때, 오이디푸스는 헤라클레스처럼 수치스러운 간통을 저지르는 데 그치지 않는다. 그는 자신의 친어머니와 동침한다. 이것은 실로 세 번째 기능의 죄를 구성하지만 이를테면 절대적인 지점까지 밀고 나간 죄인 것이다. 유사한 방식으로 오이디푸스는 비겁한 조건들에서 적을 죽이는 데 그치지 않는다. 그는 자신의 친부를 죽인다. 이것 역시 여타의 살인과 유사한 살인을 구성하는 게 아니라 가장 끔찍한 살인을 구성한다. 마지막으로 오이디푸스의 세 가지 죄 가운데 가장 알아차리기 힘든 것이 있는데, 이것은 지극히 강력한 역사적 이유들 때문에 지금까지 우리가 오이디푸스를 짓누르는 냉혹한 운명적 논리를 식별해내지 못하게 방해했던 바로 그 죄다. 오이디푸스는 라오메돈처럼 선구자들의 신성한 지위를 침범하는 데, 혹은 헤라클레스처럼 제우스의 명령 앞에서 망설이는 데 그치지 않는다. 그는 신들과 예언자들의 도움 없이 한낱 하나의 단어를 가지고 스핑크스를 정복한다. 더 정확히 말해서 그는 스핑크스와 전투하는 게 아니라 그녀의 기분을 상하게 한다. 이것이 오이디푸스의 죄의 가장 이해할 수 없는 측면이다. 그럴 수밖에 없다──하지만 문제가 되는 것이 첫 번째 기능의 죄라는 것, 이것이 또한 모든 죄 가운데 가장 위중한 것이며 오이디푸스의 무신론 혹은 입문의 전통에 대한 불경과 같은 어떤 것이라는 것은 의심의 여지가 없다.

그렇기 때문에, 엄밀하지만 독특하고 과장된 형태 아래, 우리는 오이디푸스의 이야기 안에서──이 이야기를 철저하게 구조화함으로써

——뒤메질이 다른 신화들 속에서 알아보았던 "영웅의 세 가지 죄"를 재발견한다.

오이디푸스의 분명한 죄들(부친살해와 근친상간)의 그러한 과도하고 극단적이며 과장된 경향은 자신의 고유한 논리를 가지며, 이 논리는 오이디푸스의 또 다른 죄의 주위를 에두르는바, 이 죄는 더욱 감춰져 있으며 오이디푸스에게서 가장 위대한 성공을 봄으로써 그를 왕으로 추대했던 민중들의 눈에는 보이지 않는다. 오이디푸스에게서 첫 번째 기능의 죄의 독특성은 그가 입문의 계기 자체——스핑크스와의 관계——를 건드린다는 점이다. 그렇기 때문에 그에게는 극단적인 결과들이 필연적으로 따라오게 된다. 헤라클레스의 이야기에서는 괴물들과의 전투가 결코 완전하게 회피되지 않는다. 헤라클레스는 케르베로스를 데려오기 위해 하데스로 내려갔고 레르네의 히드라와 네메아의 사자를 상대로 싸웠고 아우게이아스의 가축우리를 청소했다. 에우리스테우스 왕이 명령한 12가지 시련들 가운데 어느 한 가지도 그에 의해 회피되지 않았고 모든 시련들이 엄청난 노력에 의해 완수되었다. 따라서 신성한 것에 대한 잘못은 입문 경험의 가장 심층적이고 결정적인 형성적 계기에 영향을 미치지 않았다.

그와 반대로 오이디푸스에게서 변질된 것은 입문의 시련 자체이다. 부친살해의 몸짓과 근친상간이라는 결말은——그 과도함 속에서——입문에서의 고장의 피할 수 없는 귀결로서 이해되어야 한다. 만일 오이디푸스의 가시적인 두 가지 시련이 두 번째와 세 번째 기능의 한계적 죄들이라면, 이는 평범한 자에게는 보이지 않는 어떤 죄, 오로지 테이레시아스처럼 입문된 자들만이 완전히 이해할 수 있는, 절대로 덜 극단적이지 않은 어떤 죄가 테바이 영웅의 운명 전체의 방향을 결정하기 때문이다. 스핑크스에 대한 성공이 깜짝 놀란 시민의 눈에 영광스러운 승리처럼 나타날 때조차, 그 성공은 우리가 조금씩 자명하게 만들었던 이유들 때문에 신성모독적인 변칙의 의미를 가지며, 이러한 신성모독은 죄와 타락에 이를 수밖에 없고, 신들의 분노를, 더 정확히 말해서 디오니소스와 함께 입문을 관장하는 신인 아폴론의 분노를 초래할 수밖에 없다.

따라서 바로 그러한 지점에 오이디푸스 신화의 독특성이 놓인다. 마침내 "영웅의 세 가지 죄"가 다시금 발견된다고 할지라도, 그렇다고 해서 그러한 발견이 오이디푸스 신화를 규칙적인 도식으로 되돌리지는 않는다. 그와 반대로 그러한 발견은 오이디푸스 신화의 독특성의 메커니즘, 우리가 처음에 조정된 고장이라고 명명했던 것의 엄격한 기제를 자명하게 만든다. 우리가 오이디푸스의 죄들의 3기능적 의미를 애매함 없이 파악할 수 있다면, (죄들의 경우들과 죄들의 고유한 특징들을 결정짓는) 진리의 독창적이고 무게 있는 방식이 또한 마찬가지로 그 신화에게 어떤 고유한 내용을 제공하고 그 신화에만 고유하게 속하는 어떤 가르침을 그것에게 부여한다. 오이디푸스의 신화가 영웅의 과도한 죄들을, 어느 정도 의도적이지 않은 죄들을 배치하는 것은, 반복해서 말하거니와, 회피된 입문의 신화로서이지 다른 식으로가 아니다.

게다가 어떤 심층의 필연성이 오이디푸스 신화와 "영웅의 세 가지 죄"를 연결한다. 입문은 신성한 시련이다. 이러한 시련은 세 가지 기능적 차원에 대응하는 각각의 실수의 위험 안으로 초심자를 던져야 하고 그가 적법하지 않은 측면들을 밀어내면서 그러한 기능적 덕들을 하나하나 획득하게 만들어야 한다. 따라서 실패한 입문이나 입문의 회피는 윤리적으로 극적인(dramatique) 결과들에 이를 수밖에 없다. 실패한 입문이나 입문의 회피는 세 가지 기능적 죄, 심지어 가장 과도한 형태의 저 세 가지 죄를 운명으로 가지는데, 왜냐하면 욕망의 단계들 각각에서 위험하고 부정적인 요소에 대한 희생이 이행되지 않았기 때문이다. 따라서 만일 영웅의 세 가지 죄의 테마가 입문적 실패를 주된 의미로서 갖지 않는 그런 어떤 신화의 우회로에서 매우 잘 나타날 수 있다면(그러한 비합법적인 행위들의 이어짐으로 인도될 수 있는 또 다른 경로들이 있을 테니까 말이다), 반면에 입문 실패의 신화——오이디푸스 신화가 대표적으로 그런 신화인데——는 특별히 가시적이고 제한적이며 극단적인 방식으로 전형적인 저 세 가지 죄를 두드러지게 만들 수밖에 없다.

그렇지만 오이디푸스의 신화가 실로 3중의 반역을 표현한다면, 심지어 극단적이고 과장된 형태로 그것을 표현한다면, 그것은 어떤 중요한 독특성을 수반하는바, 오이디푸스가 알지 못한다는 사실이다. 그리하여 오이디푸스 신화는, 진정한 비극적 힘을 만들어내는 방식으로, 극단적 위반을 지독한 오인과 연결하는데, 그 둘은 모두 극단의 인식(스핑크스 앞에서의 오이디푸스의 "지식")과 결합되어 있다. 따라서 오이디푸스 신화의 고유한 저 특징은 이 신화에게 예외적인 위상을 주는 어떤 특별한 해석을 요구한다. 예를 들어, 그러한 특징은 헤라클레스의 신화가 보유하고 있지 않은 윤리학과 지식의 관계와 관련된 가르침을 포함한다. 그러한 독특성은 철학의 탄생 시기에 오이디푸스 신화가 할 수 있었던 역할을 설명한다. 오이디푸스 신화 안에는 더할 나위 없이 풍부한 지평들과 문제들의 매듭이 유형화될 수 있었는데, 그것은 오늘날까지도 계속해서 우리에게 질문을 던진다.

사실상 오이디푸스 신화의 의미는 규칙적인 영웅적 플롯을 따르는 영웅의 행동을 영웅 자신이 알지 못하는 사이에 세 가지 반역의 도식으로 끌고 가는 일탈 속에 있다. 동일한 문화적 기억 속에서, 서로 대립된다고는 말할 수 없지만 서로 다른 적어도 두 가지의 서술 도식이 약간 물러나서 오이디푸스 신화의 암시(non-dit)와 같은 것을, 오이디푸스의 독특한 형상이 그로부터 생겨나는 그러한 배경과 같은 것을 슬며시 드러낸다. 오이디푸스 신화의 의미, 그것이 주는 생각할 거리는 그러한 두 서술 체계들과 함께 오이디푸스 신화가 갖는 기이한 차이와 기이한 유사성으로부터 튀어나온다. 비록 그러한 관련짓기가 여전히 암묵적이고 잠재적일지라도 말이다. 오이디푸스 신화는 둘의 조합 이상의 것을 구성한다. 즉 오이디푸스 신화의 힘과 책략은 일종의 왜곡을 통해 과오를 범하게 하는 데 있다. 표면상으로 오이디푸스 신화는 규칙적인 왕위 계승 신화를 상기시키지만, 심층적으로 그것은 세 가지 기능적 원죄의 신화다. 그로부터 오이디푸스 신화는 자신의 모든 비극적 잠재성을 끌어낸다. 그러한 애매한 상황으로부터, 그리고 두 가지 중요한 서술 연쇄들 사이에서 그러한 두 서술 연쇄들과 함께 유희하면서, 오이디푸스 신화는 자신의 가르침의 원천 전부를 붙잡는다. 오이디푸스 신화가 그러한 두 서술 연쇄의 교차점에 있다고 말하는 것은 전혀 충분하지 않은데, 왜냐하면 그 둘은 모순적이며 서로를 배제하기 때문이다. 오이디푸스 신화는 서술적 눈속임을 통해 한 가지 서술 연쇄의 외양을 취하지만, 다른 한편으로 심층적으로는 또 다른 서술 연쇄에 의해 구조화되어 있다.[34]

---

34 | 또한 그렇기 때문에 오이디푸스의 잘못들에 대한 이를테면 구조적이거나 생성적인 어떤 질서, 신화적인 연속적 질서와 일치하지 않는 그러한 질서가 존재한다. 3분할적 위계에 따르면 첫 번째 잘못은 스핑크스 앞에서의 태도

오이디푸스의 플롯에 대한 그러한 해석, 오이디푸스 신화를 훨씬 더 엄밀한 신화-의례적 기제—원리상 사람들이 지금까지 의혹을 품었던 것보다 훨씬 더 오래 된 기제—안에 등록시키는 저 해석은 그러한 두 가지 서술 연쇄를 근본적으로 새로운 관점 아래에 재위치시키기 때문에 근대에 행해졌던 오이디푸스 신화에 대한 모든 독해를 혼란에 빠뜨릴 수밖에 없다.

그러한 해독으로부터 개시적 철학자로서의 오이디푸스라는 헤겔의 해석이 획득하는 차원은 어떤 것일까? 헤겔의 해석은 사람들이 생각할 수 있었던 것보다 더 심층적으로 오이디푸스를 정당화하며, 그뿐만 아니라 여전히 해명해야 할 것으로 남아있는 역사적 귀결들과 배경을 가지고 있지 않은가? 프로이트의 건축물 전체의 토대를 이루는 저 유명한 "오이디푸스 콤플렉스"는 어떤가? 오이디푸스의 플롯이 엄밀하게 말해서 실패한 남성 입문의 신화이거나 더 정확히 말해서 회피된 입문의 신화일 때, 오이디푸스 콤플렉스는 어떻게 되는가? 오이디푸스 신화의 일탈된 의미를 발견함으로써, 그리고 신화적 플롯을 낳았던 기제(두 개의 유아적 환상[35]의 효력보다 훨씬 더 복잡한 기제)에 의해서,

─────

에 있을 것이다. 다음으로 부친 살해와 근친상간이 일어날 것이다. 그렇지만 이야기 순서에서 부친 살해는 그 전에 일어난다. 스핑크스를 제거할 수 있는 능력을 가진 영웅이 라이오스를 대체하는 일이 일어나기 위해 라이오스는 [먼저] 죽임을 당해야 했다. 더 나아가 왕의 살해는 규칙 신화의 서술적 논리 안으로 들어올 수 없는데, 왜냐하면 그러한 살해는 왕에 의해 부과된 시련의 부정적[정반대] 국면이기 때문이다. 이처럼 규칙적인 영웅 신화의 외양을 유지하려는 필연성은 연속적인 잘못의 단계를 변형시킬 수밖에 없게 한다.

35 | [역] 부친살해와 어머니와의 근친상간을 가리킨다.

적어도 재검토되어 나타날 수밖에 없는 것은 바로 정신분석 그 자체 혹은 무의식에 관한 일체의 이론과 실천은 아닌가?

그러한 오이디푸스 신화의 근대적 재생들의 가능한 결합에 대해 지금 무엇을 말해야 할까? 오이디푸스의 플롯이 입문 회피의 플롯이라면, 동일하고 유일한 어떤 해명에 의해 다음의 사실이, 즉 오이디푸스가 철학자의 형상, 핵심적 콤플렉스의 시조적 영웅, 또한 파르마코스 (pharmakos)의 전형, 속죄양 등등이 되기 위해 호출될 수 있었다는 사실이 더 잘 이해될 수 있지 않을까? 이러한 이해는 서양 역사 안에서의 주체의 구성에 대한 새로운 사유로 이어지지 않을까?

하지만 입문의 실패라는 오이디푸스 신화의 해석이 이 신화의 근대적 재생들에 대한 우리의 해명을 근본적으로 변형시킬 수밖에 없다면, 그리고 그러한 해석이 다른 어떤 해석보다 서양 남성의 상상계 안에서의 오이디푸스 신화의 집요함을 더 훌륭하게 설명할 수밖에 없다면, 다른 조명 아래에서 그러한 해석은 또한, 세부사항에 있어서나 전체에 있어서, 그리스 문화 안에서의 오이디푸스 신화의 기입을 이해할 수 있게 한다. 우리의 눈앞에서 갑자기 전개되는 것은 소포클레스 비극의 (그리고 비극 전반의) 정치적이고 신성화된 배경은 아닐까?

그리고 우리의 지식의 불법 침입에 의해 가장 깊숙이 숨겨진 자신의 신비를 점차 드러내는 것은 바로 헬레니즘적 이성의 애매하고 숭고한 상징으로서의 "스핑크스 앞의 오이디푸스"가 갖는 비교불가능한 특권은 아닌가?

입문의 회피는 또한 해방이다. 그것은 새로운 지평을 열어준다. 그 것은 어떤 주체를 규정하는데, 이 주체는 자신의 고장이나 과도함 속에 서 다른 가능성들을 살 수 있다. 오이디푸스의 모험은 영웅의 정체성이 전통과 전수에 의해 규정되지 않는 그런 영웅의 시대, 영웅과 함께 어 떤 새로운 주체성의 방식이 출현하는 영웅의 시대를 표시한다.

그것은 근대적 주체, 즉 프로타고라스에서 시작해서 데카르트와 니 체에 이르기까지 자신의 목표를 조금씩 발전시키는 주체인데, 이 목표 는 오이디푸스의 자세에 의해 처음으로 규정되어 나타난다. 근친상간 적 욕망과 부친살해의 메타신화적 전치는 철학적 충동(impulsion)을 가 장 근대적인 형태로 만들어내는 그러한 두 가지 보충적 경향성들과 분 명하게 연결된다. [그 두 경향성들은 이렇다.] 자연, 물질, 대지를 소유 하는 주체로서 자신을 세우는 것, 이러한 것을 그 어떤 권위의 지침에 도 결코 의존하지 않는 역량의 자율적 의지에 의해 행하는 것. 입문적 위기가 파괴해야 했던 두 가지 폭군적인 경향성인 부친 살해의 꿈과 근친상간의 꿈은 격렬함과 생생함 속에서 은밀하게 유지된다. 그것들은 불태워지고 진정되기는커녕 살아남아 지연되고 전치된다. 그리하여 채워지지 않는 어떤 호기심, 가장 심오한 신비들을 보고 드러내고 세속화하려는 욕망, 장막을 걷어 적나라한 진리를 보려는 욕망, 자연이나 물질의 비밀을 꿰뚫어 그것들의 주인이자 소유자가 되려는 욕망이 생겨난다. 그리고 이것은 자기 자신, 다시 말해 모든 전통과 계시를 거부하는 독학자의 반성에 의한다. 그리하여 철학하기의 극단적이며 집요한 경향성은 처음부터 오이디푸스의 정열에 의해 은밀하게 시작되었다. 그리고 다음의 사실은 주목할 만한데, 플라톤이나 아리스토텔레스와 더불어 고대인들이 오이디푸스의 자세가 계획했던 것 이편에 여전히 남아있었던 반면에, 데카르트와 니체의 철학과 같은 근대인들의 철학은 저 이중의 경향성을 극단과 한계로까지 밀고 나갔고, 사후적으로 그러한 집요함의 오이디푸스적 중핵을 드러낼 수 있었다는 것이다.

플라톤은 친모와 혼인하고 친부를 죽이는 타락한 존재로 폭군을 묘사할 때, 그러한 형상을 진정한 철학자-왕의 형상과 대비시킨다. 철학자-왕은 적합한 교육이 양성했던 자, 아버지를 존중하고 이성에 복종하는 자인바, 그의 내부에서, 영혼의 세 부분에 상응하는 세 가지 기능적 덕은 조화 속에서, 정의라고 명명되는 균형 속에서 위계화된다. 권력이 정당성을 갖지 못하는 폭군과는 대조적으로, 철학자-왕은 지상권의 계승의 자격을 평가하는 시련들을 실제로 치러냈다. 왕의 신분으로 입문된 자에 대한 플라톤적 이미지는 이것의 시원적인 기원, 신화적이고 의례적인 추출을 쉽게 드러내 보인다. 플라톤은 여기서 입문적 시련의 3분할적 경제와 세 가지 기능의 종합으로서의 군주의 지위를 전치시킨다. 플라톤은 철학적 충동을 복원했는데, 이는 그러한 충동을, 철학자-왕의 형상을 창조함으로써, 전통적 도식 안으로 곧바로 재투자하기 위해서였으니까 말이다.

하지만 소포클레스에게 보인 오이디푸스는 동일한 3분할적 체계를 따르면서 왕의 기능을 부당한 방식으로 차지하고, 위계화된 덕들의 변칙이 낳은 냉혹한 기제에 의해 부친 살해와 근친상간의 심연으로 떨어질 수밖에 없었던 비(非)입문자, 철학자-폭군이다. 진리에 대한 사제적 시각에 여전히 충실했던 소포클레스에게(결국 비극『오이디푸스 왕』에서 옳았던 것은 테이레시아스다), 철학자는 바로 그 타락한 폭군일 수밖에 없는데, 왜냐하면 그는 지성의 오만함 때문에 공인된 입문을 회피했기 때문이다. 철학자는 플라톤이 원했던 것처럼 기능들의 3분할적 범위 안으로 재진입할 수 없다. 철학자는 위험하게 3분할을 전복시킨 자, 비극적으로 끝날 수밖에 없는 자이다. "소포스(sophos)"[1]인 오이디푸스는 왕의 자리를 오랫동안 차지할 수 없었다. 그는 그 자신을 세 가지 기능의 살아있는 종합으로 만들었어야 할 입문의 시련들을 치르지 않았다. 신성모독적인 대답으로 시련을 타락시키고, 명민함을 과대평가하고, 난폭한 물리적 힘과 성적 유혹의 도전을 회피했던 그는 자신이 무시했던 힘들에게 굴복할 수밖에 없다. 소포클레스는 비극의 상연을 통해, 전통주의적이고 의례주의적인 어떤 관점——3분할적 위계를 문제 삼는 모든 태도를 위험하다고 생각하는 관점——을 제시한다. 신화의 플롯을 재생하고, 아마도 몇몇 지점에서 그것을 세련되게 다듬으면서, 소포클레스는 신화의 내적 구조 안에 기입되어 있는 가르침을

---

1 | [역] 소포스(sophos)는 지혜로운 자를 의미한다.

채택한다. 그가 채택한 가르침은 이렇다. 오이디푸스는 잘못된 왕, 용서받을 수 없는 두 가지 죄와 이 두 가지 죄 그 자체가 세 번째 죄로 이어지는 그런 죄를 저지른 폭군인데, 그러한 죄들은 세 가지 기능적 층위들 하나하나에 체계적으로 일치한다.

하지만 변하지 않는 것은 오이디푸스가 자신의 자세에 의해 그러한 시원적인 체제로부터 탈출하는 상징적 조건들을 표시한 자라는 사실이다. 오이디푸스 신화의 역사적 힘은 그로부터 생겨난다. 오이디푸스 신화 속에는 새로운 주체성, 다시 말해 존재 및 사유의 새로운 형태를 발명하기 위해 위계의 조건들로부터 떨어져 나오는 주체성이 묘사된다. 그렇기 때문에 오이디푸스 신화가 그리스에서 그토록 결정적인 역할을 했던 것이고, 오이디푸스는 헬레니즘적 이성을 가진 영웅의 패러다임인 것이다. 그리스는 3분할의 이데올로기(전사적이고 사제적인 권력 유형에 일치하는 이데올로기)의 지배를 받는 상징화의 전통적인 방식으로부터, 철학, 정치, 개인, 도덕적 판단주체, 자유롭고 평등한 시민들 간의 민주주의적 토의를 발명하기 위해 그러한 시원적 틀을 뒤트는 새로운 방식으로의 이행을 표시한다. 그러한 역사적 이행은 쉽지 않으며, 위험을 감수한다. 그리고 그것은 많은 이들에 의해 마치 언젠가는 신들의 처벌을 받게 될 어떤 신성모독처럼 경험된다. 비극은 그러한 경첩에 위치한다. 오이디푸스는 새로운 주체를, 다시 말해 3분할적 이데올로기를 전복시키고, 전통적인 왕위계승이 아닌 다른 원천으로부터 자신의 권력을 획득한 자를 전형화한다. 아무리 소포클레스가 "반동적인" 두려움 속에서 신화에 부합하도록 그러한 오만에 대해 불행과 파멸만을 예언한다고 할지라도, 오이디푸스는 자신의 역사적 단독성을 서양 문화에 제공함으로써 우리에게까지도 끈기 있게 지속될 철학적 자세를 가진 상징적인 선구자이다. 소포클레스 그 자신은 인생의 황혼 무렵에 아마도 오이디푸스의 위치의 위대함을 알아차렸을 것이며, 결국 비극과 죽음에도 불구하고『콜로노스의 오이디푸스』와 함께 오이디푸스를 미래의 어떤 형상으로 만들었다.

그리스는 인도-유럽어권의 특징적 3분할 이데올로기의 원리들을 재발견하기가 가장 어려운 유럽 사회이다. "그리스의 기적"은 그러한 엄격한 틀의 포기이고, 그러한 이데올로기로부터 벗어나 단독적 일탈로 향하게 만드는 어떤 전개이다. 하지만 그러한 일탈이 기존의 엄격한 틀들을 완전히 해체시킬 수 있는 외적 요소들의 대거 침입이 아니라, 고유한 내적 발전에 상응한다는 사실이 또한 전제되어야 한다.[2] 그러한 관점에서, 우리가 분석했던 오이디푸스의 플롯은 훌륭한 확증을 가져올 것이다. 오이디푸스의 플롯은 그러한 단절에서 경첩의 자리에 있음으로써, 인도-유럽어권의 시원적인 3분할적 체계와 이 체계 바깥으로의 탈출이라는 그리스의 방향성을 동시에 드러낸다. 오이디푸스 신화는 기능적 3분할 이데올로기 바깥으로의 그리스의 탈출 신화이다. 오이디푸스 신화는 어떤 자세에 의해서, 어떤 위험과 함께, 그리고 어떤 긴장과 모순과 함께 저 위계적인 체계의 전복이 일어날 수 있는지를 드러낸다. 그리고 물론, 그러한 탈출이 상징적으로 기입되어 있었다는 것, 그것이 상상적(imaginale)[3] 외형을 통해 이야기될 수 있었고 플롯의 정확하고

---

2 | Cf. B. Sergent, «La mythologie grecque» in *Magazine littéraire: Georges Dumézil*, avril 1986, p. 49. 그리고 더 확장해보자면 «Les trois fonctions des Indo-européens dans la Grèce ancienne: bilan critique», *Annales*, n° 6/1979, pp. 1155-1186.

3 | [역] '상상적(imaginal)'이라는 조어 및 그 의미와 관련해서는 1장의 각주 22에서 이미 설명했다.

엄밀한 톱니바퀴 장치 속에서 제시될 수 있었다는 것이 가장 중요한 의미를 가진다.

여기서 그러한 변화를 낳을 수 있었던 일체의 **역사적 조건**들을 복원하려고 시도하는 것이 문제일 수 없다. 결정적인 역할을 했던 요인들 가운데 사제 계급의 실종은 확실히 본질적이었다.[4] 그리하여 그러한 실종은 두 번째 기능의 다(多)기능성을, 그런 다음 세 번째 기능의 다기능성을 초래했다. 따라서 지상권의 전통적인 개념은 세속화된 것 안에서의 의미로 변형되었다. 그리스인들은 (플라톤과 플루타르코스가 증언하듯이) 이상들과 덕들의 3분할적이고 위계적인 구분을 유지했지만, 가장 상위의 이상(지혜)은 이제 사제의 지상권과의 선조적인 관계로부터 분리되어 나온다. 그리하여 철학이 탄생할 수 있었다. 이것은 한편으로 지혜의 획득이 신성한 것의 전문가들에 의해 충실하게 전수된 전통의 기나긴 연쇄에 더 이상 종속되지 않게 되었음을 함축한다. 하지만 반대로 그것은 그리스인들이 이성을 가장 높은 곳에 위치시키도록 인도했는데, 왜냐하면 철학적 반성이 앞서 존재했던 사제들이 만들어 놓았던 탁월한 자리를 대신 간직했기 때문이다.

"그리스의 기적"은 바로 그러한 이중의 운동 안에 있다(이 운동은 3분할의 어떤 내면화를 포함하는데, 이와 관련해서는 뒤에 설명할 것이다). 그런데 정확하게 말해서, 우리가 오이디푸스 신화에 관해 시도했던 해석이(이것은 소포클레스가 신화에서 끌어냈던 비극 안에서 사실상 더 명백하다) 그 신화를 사제의 권력의 축출 신화처럼 나타나게

---

4 | R. Bodéus, ≪Société athénienne, sagesse grecque et idéal indo-européen≫, *L'antiquité classique* 41, 1972.

한다는 사실은 중요하다. 오이디푸스는 입문되지 않은 채 오로지 자신의 지성에 의해서만, 다시 말해 사제적 제도에 의해 전수된 모든 지식 바깥에서, 모든 임명의 의례 바깥에서 왕이 된 "아무나(n'importe qui)"이다. 오이디푸스는 신성하지 않으며 신성한 것의 시련들을 통과하지 않은 왕이다. 오이디푸스는 테이레시아스에게 동의하지 않고 반대하면서, 자신의 정신적인 권한에 기대어 지배한다. 여기서 테이레시아스는 사실상으로는 이미 오래전에 사라진 사제 기능의 신화적 재현이다. 그리하여 오이디푸스 왕 신화의 역사적이고 이데올로기적인 유일무이한 특권이 나오는바, 이는 그리스의 변혁의 의미를 심층적으로 꿰뚫어보기 위해서, 더 정확히 말해서 그리스 자신이 계승했던 인도-유럽어권의 3분할의 그리스적 수정에 있어서의 해결책의 독창성을 다시금 파악하기 위해서다. 신화와 비극은 우리가 다음과 같은 언어로 옮길 수 있는 불안한 질문을 시작한다. "지도자가 더 이상 입문된 신성한 왕이 아닐 때 무슨 일이 일어나는가?" 혹은 다른 식이지만 연관된 방식으로, "철학자, 이 새롭게 도래한 자가 아폴론의 사제를 밀어내고 그를 대신한다고 주장할 때 무슨 일이 일어나는가?"라는 질문들. 오이디푸스의 이야기에서 실행되고 전개되고 문제화되는 것이 바로 그러한 불확실성들이다. 그러나 오이디푸스 신화가 지닌 심층의 현실 속에서 사람들이 깨닫는 게 사제 신분의 소멸이나 입문에 의한 왕위 계승의 소멸만은 아니다. 시원적인 삶의 방식의 해체와 나란하게 게노스(genos)[5] 제도의 해체도 빠르게 진행되었다. 동일한 선조에 대한 숭배의식을 간직하는

---

5 | [역] 게노스는 類(genre)를 의미하며, 고대 그리스에서 같은 가문을 분배받는 가족들의 집단을 가리킨다.

모든 사람들을 포함하는 게노스는 자신의 수장, 자신의 정신적인 유산, 자신의 의례들, 자신의 정의를 가지고 있었다. 그런데 드라콘(Dracon) 법전이 생기는 순간, 개인적 책임을 판단하기 위해 국가가 게노스를 대체하는데, 이는 다른 세대에 속하는 개인들의 평등성으로 이어진다. 아들의 아버지로부터의 해방은 그러한 그리스의 변화에 본질적인 요인으로서 간주될 수 있었다.[6]

철학적 사유를 본질적으로 특징짓는 독학자적이고 개인주의적인 성향은 아버지 및 아버지들의 권위로부터의 아들들의 해방 안에 잘 새겨져 있다. 개시적으로는 프로타고라스나 소크라테스와 함께, 그런 다음 데카르트나 니체로 대표되는 이후의 시기에, 철학은 아들의 사유가 될 것이다. 더 정확히 말해서, 철학의 프로그램 초기부터 기입되어 있었지만 과제의 고유하게 비극적인 중대함 때문에 절제되어 남아있었던 아이지배적(filiarcal)[7] 사유는 역사 속에서 다만 조금씩 명시적이 되었을 것이며, 이러한 역사 속에서 데카르트는 철학자의 오이디푸스적 전략

---

6 | Raymond de Saussure, *Le miracle grec; étude psychanalytique sur la civilisation hellénique*, éd. Denoël, Paris, 1939. 게다가 "그리스 사고 안에서의 아버지의 이미지"(in *L'image du père dans le mythe et dans l'histoire*, dir H. Tellenbach, P.U.F., 1983, pp. 129-144)에서 가다머(H-G Gadamer)는 그리스의 소피스트들의 시대에서의 "아버지 이미지의 위기"와 5세기 아테나이에서의 "부권적 권위의 혼란"을 환기시킨다. 하지만 그는 우리가 근본적이라고 생각하는 관계, 즉 그러한 위기와 그리스의 변화의 특수성 간의 관계를 부각시키지는 않는다.

7 | [역] filiarcal(영어로는 filiarchal)은 filiarchy(영)의 형용사형이며, filiarchy는 남녀를 불문한 아이가 주도하는 가족 형태를 말한다. 우리는 filiarcal을 "아이지배적"이라고 번역할 것이다. 이것의 특징은 성인으로의 입문을 회피하거나 거부함으로써 청소년기에 해당하는 경계성의 상태를 무한정 지연시킨다는 것이다.

을 가장 잘 노출시켰을 것이고 니체는 비극적 결말과 조우하면서 오이디푸스적 전략을 그 한계까지 끌고 나갔을 것이다.

이러한 해석은 소포클레스 비극의 첫 번째 에피소드를 생생하게 만들었던 오이디푸스와 테이레시아스의 대면에 결정적인 빛을 가져온다. 이 두 인물 사이의 대립은 다른 그 어떤 독해도 필적할 수 없을 입체감을 가진다.

아폴론의 늙은 사제인 테이레시아스는 대표적인 입문통과자이다.[8] 그는 선조의 지혜와, 인간이 아닌 신들이 수여했던 초자연적 통찰력의 재능을 위탁받은 자이다. 그는 예언들과 전조들의 의미를, 그리고 틀림없이 꿈의 의미를 해독할 줄 안다. 요컨대 그는 신들이 보내는 기호들[9]의 해석에 있어서 스승이다. 테이레시아스는 첫 번째 기능의 덕들과 역량들의 최고의 화신이다. 그의 영역은 진리의 영역이고, 그의 권위는 전적으로 영적이다. 그런데 눈은 멀었지만 투시력을 가진 노인, 자신을 예외적인 자리에 있게 하는 고귀한 사제적 지혜로 충만한 노인인 그는 의례적 규칙성이 빠진 수상쩍고 특별한 경로에 의해 왕이 된 무명인인 오이디푸스의 오만함과 부딪친다. 오이디푸스는 전통에 의해 축성되고 오로지 신들에 의해서만 승인되는 과정을 거친 신성한 왕이 아니었다. 자격부여의 시련들, 즉 그를 세 기능의 살아있는 종합으로 만들고, 그에게서 지성, 힘, 풍요의 덕들과 역량들을 결집시킬 수 있었을 그러한

---

8 | 에우리피데스의 「박코스의 여신도들」에서 카드모스는 테이레시아스에게 이렇게 말한다. "노인인 그대가 노인인 나를 인도하시구려, 테이레시아스여! 그대는 지혜로우시니까."(v. 186)(「박코스의 여신도들」, 『에우리피데스 비극 전집』, 천병희 옮김, 458쪽).

9 | [역] 여기서 기호란 신들의 계시를 의미한다.

시련들이 없었다. 오이디푸스는 여자 스핑크스를 정복했다기보다는 그녀를 혼란에 빠뜨렸다. 그는 왕권 입문의 최고의 신비들이 지닌 은밀한 빛을 수용했던 게 아니라 바로 그 신비들이 빛을 잃게 만들었다. 오이디푸스, 그는 왕을 얻고 스핑크스를 없애버리는 데 조급했던 테바이의 시민들을 굴복시켰지만, 그러한 외양에도 불구하고, 그와 함께 신성한 전수는 중단되었다. 신들과 사제들의 요구들의 관점에서, 오이디푸스는 왕위찬탈자이다. 스핑크스가 그의 앞에 세웠던 불안스런 장애물을 상대로 그가 승리를 거두었다면, 이는 신들과의 특권적인 교류 덕분이 아니라 신성모독적인 명민함 덕분이다. 그리고 그것은 자신의 고유한 이성의 원천들에 대한 과도한 신뢰를 보여주는 젊은 독학자의 명민함이다. 그는 전적으로 혼자서, 신성한 가르침도 신의 도움도 요청하지 않으면서, 다시 말해 오로지 입문적 전수만이 그에게 부여한다고 전제된 어떤 것을 자신의 힘으로 획득한다고 주장하면서 승리를 거두었다. 그런 점에서 오이디푸스는 군주(anax)가 아니다. 그는 그리스적 의미에서 폭군(tyrannos)이다.

다른 모든 의례의 수행처럼 전통적인 자격 부여의 시련은 신성한 힘들을 더 이상 동원하지 못하고 유일무이한 반성적 이성에 종속되는 순간 [소년에서 성인으로의, 왕으로의] 변형의 힘을 잃어버린다. 테이레시아스가 보기에 확실히 오이디푸스는 불가역적으로 그를 표지했어야 하는 무시무시한 시련을, 신의 부인에 버금가는 무신앙적 초연함을 가지고 대면했다. 테이레시아스의 시력을 잃게 만들었던 결정적인 접전과 비교해 보았을 때, 오이디푸스의 말(mot)은 사기다. 테이레시아스는 그러한 은밀한 왕위찬탈을 알아보고 그것을 불안해하기에 가장 알맞은 자리에 있다. 그와 오이디푸스 사이에는 두 가지 지식, 두 가지 이성, 그리고 지상권의 양립불가능한 두 가지 방식 간의 거리가 존재한다. 한 사람은 아폴론의 사제, 운명을 아는 자, 신적인 기호들의 해석자, 태곳적 지혜의 계승자, 요컨대 늙은 현자이다. 다른 사람은 자신의 고유한 반성만을 신뢰하고, 인간만을 신뢰하고, 치밀한 조사가 제공할 수 있는 사실만을 확실하다고 고집하는 젊은 철학자이다. 소포클레스는 양립불가능한 그 두 형상들의 격렬한 조우를 통해 그러한 심층의 대립을 우리가 알아 볼 수 있게 한다. 한 사람은 입문된 자이고 다른 사람은 자기반성을 통해 지식에 대한 입문적 방식을 넘어선다고 주장하는 자다.

소포클레스의 텍스트 안에서 전부가 그 점을 보여주기 위해 배치되어 있다. 테이레시아스가 오이디푸스 왕에게 다가왔을 때, 오이디푸스 왕이 했던 첫 번째 말은 아이러니 없이는 발화될 수 없다. 그것은 정확히 어떤 지식의 유형과 관련되는바, 조금 전 코로스 대장은——"사람들 가운데 유일하게 통찰력의 재능을 가지고 있는 자"라고—— 저 신성한 해석자에게서 그러한 지식의 능력을 인정했다. "가르칠 수 있는 것이든(didaktá) 말할 수 없는 것이든(arretá), 하늘의 일이든 지상의 일이든 모든 것을 통찰하는 테이레시아스여, 그대 비록 눈으로 보지 못하지만, 어떤 역병이 이 나라를 덮쳤는지 알 것이오."[10] 한마디로 오이디푸스는 테이레시아스를 현교적인(exoterique) 인식을 지닌 학자, 모두에게 말해지고 소통될 수 있는 인식을 가진 학자로 만들지만, 또한 침묵이 지켜져야 하는 비교적인(ésotérique) 진리의 보유자, 오로지 입문을 통한 전

---

10 | v. 300(「오이디푸스 왕」, 『소포클레스 비극 전집』, 천병희 옮김, 41쪽). 원서에는 비극에서 인용한 문장들의 서지사항을 본문 안에 괄호로 처리했는데, 번역서에서는 그것을 한국어 번역본을 참고해서 각주로 단다.

수의 대상이 될 수 있을 뿐인 그런 신성하고 비의적인 진리의 보유자로 만든다. 바로 뒤에 테이레시아스가 자신이 알고 있는 것을 오이디푸스에게 폭로하기를 거부한다는 사실은 매우 중요하다. "무슨 말을 하는 거요? 알면서도 말하지 않겠다니!"[11]라고 격분해서 소리치는 오이디푸스의 엄청난 초조함에도 불구하고 말이다. 오이디푸스가 격노하고 협박하게 만든 것은 알고 있는 것을 폭로하지 않겠다는 테이레시아스의 거부, **침묵**이다. 테이레시아스가 입장했을 때, 그에게 했던 기분 좋은 환영과 반대되게, 오이디푸스는 저 끓어오르는 분노 속에서, 마음 깊이 테이레시아스에게 가지고 있었던 경멸을 바깥으로 드러낸다. 이제 오이디푸스는 모의죄로 늙은 예언자를 고발할 뿐만 아니라, 예언자의 실명(失明)을, 자신을 살아있는 진리의 전달자라고 선언하는 예언자의 숭고한 항의를 모욕하는 모습을 보인다. "진리? 그건 누구에게 배웠소? 아무래도 그대의 재주는 아니오."[12] 여기서 오이디푸스는 속셈을 드러낸다. 그는 자신이 테이레시아스의 예언의 힘을 믿지 않고 있다는 것을 시인한다. 전반적인 예언(manteia)[13]마저도. 그러므로 오이디푸스는 노인에게 새들이 나는 것을 해독해줄 것을 요구했을 때 그를 조롱하고 있는 것이다. 이제 그는 자신이 신의 기호들의 해석에 대해 회의적이라는 것을 시인한다. 게다가 오이디푸스는 스핑크스 앞에서 거둔 승리를 통해 그러한 불신앙의 이론을 더욱 강화하고 있지 않은가? "새들의 도움도, 신의 계시도"[14] 가장 위대한 예언자를 도울 수 없었다는 것을 강

---

11 | v. 330(「오이디푸스 왕」, 『소포클레스 비극 전집』, 천병희 옮김, 42쪽).

12 | v. 357(「오이디푸스 왕」, 『소포클레스 비극 전집』, 천병희 옮김, 43쪽).

13 | [역] 그리스어 μαντεία의 알파벳 음가. 예언자(μάντις, mantis)가 하는 신의 예언, 신들의 의지를 결정하는 "방식"을 가리킨다.

조하면서, 자신이 오로지 지혜(gnômei)를 가지고 괴물을 해치울 수 있었음을 몇 마디로 상기시키면서 말이다.

오이디푸스가 대화에서 표현한 것은 예언적 지식과 일체의 비의적 진리에 대한 거부이며, 이는 그러한 지식을 육화하는 테이레시아스에 반대하는 것이다. 오이디푸스는 자신의 수훈과——어떤 스승도 양성할 수 없었고 어떤 신도 영감을 불어넣을 수 없었던——비(非)입문자라는 지위를 뽐낸다. 그리고 그는 육신의 눈 너머, 혜안에 도달한다고 주장하는 맹인 예언자를 조롱한다. 지식의 두 형상의 충돌은 지극히 폭력적이다. 그리고 그러한 충돌은 인식의 두 계기적 위치를, 즉 전(前) 철학적이고 성스러운 지혜의 인식과 철학하는 인식이라는 두 계기적 위치를 요약한다.

그러한 대결에서 뚜렷한 것은 우리가 거기서 사제의 권위와 왕의 권력 간의 갈등의 정확한 표현——기능적 분할이라는 용어에 의한 해석으로 철저하게 해명된 표현——을 발견한다는 것이다. 사제의 것들인 첫 번째 기능의 덕들과 능력들을 확실하게 육화하는 테이레시아스는 자신의 탁월함을 내세우거나, 아니면 적어도 왕과 자신의 동등함을 계속해서 내세운다. 자신의 기능의 위대함을 확신하는 그는 일체의 압력으로부터 자신을 보호하며 이를테면 일체의 종속 바깥에 자신을 위치시키는 그러한 도덕적 우월성을 소유한 누군가로서, 항상 오이디푸스에게 말을 건넨다. 오이디푸스가 그의 발언이 뻔뻔하다고 판단했기에 그를 처벌하겠다고 위협할 때, 테이레시아스는 숭고한 대사를 통해 위엄을 갖추어 선언한다. "나는 당신의 위협보다 위에 있소이다. 내 안

---

14 | v. 395(「오이디푸스 왕」, 『소포클레스 비극 전집』, 천병희 옮김, 44쪽).

에 살아있는 진리가 담겨있기 때문이오."[15] 게다가 조금 뒤에 오이디푸스가 테이레시아스에게 그가 아무런 처벌을 받지 않고도 자신을 비난할 수 있다고 믿는지를 질문할 때, 그는 대답한다. "물론이오, 진리에 어떤 힘(aletheia stenos)이 있다면 말이오."[16] 그리하여 테이레시아스는 왕의 강제적이고 처벌하는 권력보다 위에 자기를 놓는다. 그는 진리이다. 그는 영적인 권위를 부여받는데, 왕은 그러한 권위에 대해 정치적 권력을 행사할 수 있는 아무런 정당한 자격도 가지고 있지 않다. 테이레시아스는 사제 기능의 특권을 분명하게 강조하면서 그러한 우위(이러한 우위는 우리가 브라만들, 드루이드 승들, 제관들의 자격과 관련해서 알고 있는 것과 완벽하게 일치한다)를 정당화한다. 그는 오이디푸스에게 이렇게 진술한다. "그대 비록 왕이지만 답변할 권리만은 우리 두 사람에게 똑같이 주어져야 할 것이오. 나도 그럴 권리가 있어요. 나는 그대의 종이 아니라 록시아스[17]의 종으로 살아가니까요."[18] 그렇기 때문에 테이레시아스는 자신의 정당성을 곧바로 자기가 사제로 모시는 신인 아폴론과 연결시킨다. 이것은 군주의 권력에 대한 모든 종속으로부터 그를 해방시킨다. 신의 종으로서 그는 테바이의 폭군에 의한 지상의 재판권의 지배를 받지 않는다. 그러한 발언들 속에서 지상권들의 아주 오래된 분배에 대한 정확한——그리고 아직도 울려퍼지는——반향이, 다시 말해 시대착오 없이도 영적인 권위로서 지시될 수 있는 것과 일시적인 권력 간의 위계적 차이가 이해된다. 지상권들의 갈등은 오이디푸

---

15 | v. 356(「오이디푸스 왕」, 『소포클레스 비극 전집』, 천병희 옮김, 43쪽).

16 | v. 369(「오이디푸스 왕」, 『소포클레스 비극 전집』, 천병희 옮김, 43쪽).

17 | [역] 아폴론의 별명.

18 | v. 408(「오이디푸스 왕」, 『소포클레스 비극 전집』, 천병희 옮김, 48쪽).

144

스와 테이레시아스의 대결 속에서 결정적인 의미를 갖는다. 오이디푸스는 맹인 예언자를 맞이할 때 했던 듣기 좋은 몇 마디 말에도 불구하고 예언자의 전통적인 우월성을 존중하지 않는다. 곧바로 그는 테이레시아스의 침묵을 무력으로 깨려 하고 분노하며, 예언자를 위협하고 처벌하기를 원한다. 테이레시아스는 오이디푸스에게 자신이 육화하고 있는 상위의 힘들을 끊임없이 상기시키도록 인도된다.

오이디푸스가 스핑크스를 정복할 수 있었던 것은 오로지 지성과 자기 자신과 인간에 대한 신뢰라는 강력한 오만함에 의해 고무되었기 때문이며, 그러한 오만함은 예언자가 계승하는 신성한 전통에 대한 모든 종속을 거부한다. 그는 테이레시아스와 테이레시아스가 대표하는 모든 것에 대립하면서 스핑크스를 정복했다——그리고 실제로 그는 신들의 의지에 대한 복종과 선조들에 대한 충실성이라는 입문의 계기를 교묘히 빠져나갔다. 그처럼 두 필멸자를 분리시키는 상호 적대는 더할 나위 없이 강렬하다. 소포클레스가 오이디푸스와 테이레시아스의 불화에 기초해서 첫 번째 에피소드(이것은 프롤로고스 바로 다음에 나온다) 전부를 구성하기로 결정한다면, 이는 그러한 불화에서 극의 가장 뿌리 깊은 핵심이 표현되기 때문이다. 입문 회피에 의한 오이디푸스 신화의 해석은 단순한 언쟁 이상의 것인 그러한 불화에 무게 전체를 싣는다. 테이레시아스는 오이디푸스를 규칙적인 입문에 의해 자격을 부여받지 못했으면서도 지배하는, 다시 말해 신들의 지지 없이 그리고 왕을 축성하는 특권을 가진 입문주도자인 사제에게 행하는 서약 없이 지배하는 신성 모독자, 왕위찬탈자로 여긴다. 그렇기 때문에 테이레시아스의 노여움이 일어난다. 그는 오이디푸스가 자신에게서 어떤 운명을 발견하게 될지를, 아폴론이 직접 그에게 벌을 내리리란 것을 알고 있다. 오이디푸스는 평범한 폭군이 아니다. 그는 물리적 힘에 의해 권력을 쟁취했던 자들의 무리에 속하지 않는다. 그의 정복은 지성 덕분이다. 그러니까 그는 첫 번째 기능의 덕을 왜곡했기 때문에 테이레시아스와 직접적으로 대립한다. 그는 입문을 치르지 않고 통과한 비(非)입문자, 혹은 전사의 고유한 원죄를 짊어진 자에 불과한 것이 아니다. 그는 예언자의 고유한 영역에서, 다시 말해 비밀을 품고 있는 기호들에 대한 지식의 영역에서 예언자와 경쟁하고 예언자를 능가한다고 주장한다. 그는 왕의 기능을 찬탈하기만 한 것이 아니다. 그는 사제의 지혜를 실격시킨다.

따라서 테이레시아스와의 대면은 대비나 대조법을 통해 오이디푸스의 형상에서 가장 두드러진 점이 솟아오르게 한다. 한 사람은 아폴론을 위해 봉사하고, 다른 사람은 아폴론과 힘을 겨룬다. 한 사람은 맹인이지만 투시력이 그의 힘을 형성하고, 다른 사람은 육신의 눈으로 보며 그의 힘은 정치적인 권력의 힘이다. 한 사람은 첫 번째 기능의 명실상부한 덕에 자신의 지상권을 의존하고, 다른 사람은 비밀스럽게 거짓으로 획득한——틀림없이 첫 번째 기능의 죄 자체인 무엇으로부터 획득한——허약한 지상권을 붙잡는다. 한 사람은 자신을 입문된 자로 만드는 시련들을 통과했고——그리고 그는 자신이 감수했던 희생의 표지(시력의 상실)를 가지고 있다——, 다른 사람은 스핑크스의 시련을 무시했고 비입문자로서의 자신의 자질을 공개적으로 과시한다.

사람들은 폭군을 구성하는 과도한 오만(hubris)을 비난하는 코로스의 합창에 종종 놀랐었다. 사람들은 과도함을 규정하는 특징들이 오이디푸스와 아무런 관계가 없는 것처럼 보인다고 말했다. 그런데 입문과 관련된 해석에 의해 명료해진 독해는 사정이 그와 같지 않음을 보여준다. 오이디푸스는(직접 관련이 없는 오이디푸스의 의도와 책임감에 대한 질문은 여기서 제외시킨다고 해도) 신화적 구조에 의하자면 가장 중대한 잘못들을 저지른 영웅, 더 정확히 말해서 기능적 3분할의 목록들 각각에서 가장 심각한 잘못을 저지른 영웅이다. 왜 그런지 반복해 보자. 입문의 비밀을 모독하는 것보다 더 중대한 신성모독의 죄(첫 번째 기능)가 있을 수 있을까? 부친 살해보다 더 중대한 폭력의 죄(두 번째 기능)가 있을 수 있을까? 어머니와의 근친상간보다 더 중대한 성적인 죄(세 번째 기능)가 있을 수 있을까? 그런데 매우 놀랍게도 우리는 소포클레스의 텍스트에서 그러한 3중의 죄에 정확히 일치하는 폭군을 언급하는 구절을 발견한다.

이 구절을 다시 읽어보자. 코로스가 정의의 신 앞에서의 무모함과 신상들을 향한 존경의 결핍을 아무리 강조한다고 할지라도, 코로스는 우선 포괄적인 방식으로 과도함을 저주한다.

"정의의 여신을 두려워하지 않고,
신상들을 어려워하지 않고
행동이나 말에서 교만의 길을
걷는 자가 있다면, 불운한 교만 때문에
사악한 운명이 그를 잡아갈지어다."[19]

하지만, 곧바로 다음의 3행이 두드러진다. 이 행들 각각은 주의 깊게 독해했을 때(이러한 독해는 지금까지 없었던 것처럼 보인다) 3기능적

─────
19 | v. 882-v. 887(「오이디푸스 왕」, 『소포클레스 비극 전집』, 천병희 옮김, 64쪽).

분할에 상응하는 것처럼 보인다.

> "그가 부정행위에 의해 부를 채우고,
>
> 불경한(areptos) 방식으로 행동(erzetai)하고,
>
> 신성한 것들(athikton)에 더러운 손을 없는다면."[20]

세 가지 기능적 죄의 묘사가 여기서 세 번째 기능에서 시작해서 첫 번째 기능으로 끝남으로써 완벽하게 질서지어져 있다. 부를 채우는 부정행위는 향유의 죄, 불경한 행동은 전사의 죄, 신성한 것들에 대한 모독은 사제 죄다! 여기서 환기되는 것은 3분할의 관점에서의 폭군의 패러다임이다.

그리고 오이디푸스 자신이 바로 그러한 폭군이다.

---

20 │ v. 888-v. 890(「오이디푸스 왕」, 『소포클레스 비극 전집』, 천병희 옮김, 64쪽. 본문에 맞게 번역을 일부 수정했음).

　　오이디푸스가 (입문의 실패로서) 젊은 여자와 결혼하는 대신 자신의 어머니와 결혼하는 자라면, 우리는 그가 저 연극 장르의 발전의 정확한 어느 순간에 탁월하게 비극의 영웅이 될 수 있었다는 것을 이해한다. 다시 말해 오이디푸스에게는 가능한 참된 사티로스적 계기가 없다. 그는 젊은 여자의 솟아남과 일치하는, 환희의 디오니소스적인 마지막 단계를 결여한다――혹은 저 결혼의 국면이 [오이디푸스 신화 속에서] 등가물을 가지게 된다면, 이는 재앙을 가져오는 오해를 통해서다…. 하지만 그때부터, 비극과 사티로스극 간의 시원적인 의례적 연결의 점차적인 소멸과 소포클레스에게서의 비극 자체의 체현물로서의 오이디푸스 형상의 승격 사이에 어떤 상관관계가 있지 않을까?

　　그와 동시에 그러한 역할은 철학적 반성의 점점 더 커지는 중요성과 일치하는데, 철학적 반성은 디오니소스적 광기의 순간(죽음의 순간, 부활의 순간)을 지나치게 병리적인 것으로서 평가절하하고 제외시키는 경향이 있으며, 그러한 순간의 본래적 의미를 망각하거나 오인하거나 오해하게 하는 경향이 있다.

그런데 우리는 순수함과 초연함을 전제하는 철학이 아폴론의 후원을 받는다는 사실로 다시 돌아와야 할 것이다. 소포클레스의 비극에서 오이디푸스를 처벌하는 것은 아폴론이다. 그때 하나의 질문이 부과된다: 입문으로부터의 일탈이라는 오이디푸스의 플롯에 대한 해석은 아폴론과 디오니소스 간의 신화적이며 의례적인 연관성에 대해서나 오이디푸스의 운명 안에서의 그 두 신들의 역할에 대해서 어느 정도로 새로운 빛을 가져올 수 있을까? 여기서 우리는 신들과의 그런 혼란스러운 관계 속에서 오이디푸스의 실존을 무겁게 짓누르는 저주의 핵심을 건드리는 것은 아닌가?

우리는 처음부터 결정적인 어떤 지적을 할 수 있다. 아폴론과 디오니소스, 니체가 헬라스의 상상계 안에서 그 구조화 기능을 보여주었던 대립적인 두 신인 아폴론과 디오니소스는 젊은이들의 입문 의례에서 특수한 기능을 갖는다. 그들은 입문과 관련된 의례에서 중요한 두 양육(courotrophos)의 신으로서, 그리고 이행의 의례를 "주관하는" 두 신으로서 연합한다.[1]

교육자 신으로서의 아폴론의 역할, 더 정확히, 남자의 나이에 도달한 소년들의 후견인으로서의 아폴론의 역할은 훌륭하게 증언된다. 헤시오도스는 『신통기』에서 "소년들을 남자가 되도록 키운다."(v. 347)[2]고 말한다. 그리고 플루타르코스는 테세우스의 시대에, "유아기에서 남성으

---

1 | Jane Harrison, *Themis*, op. cit. p. 440. 양육의 신들에 관해서는 Jeanmaire, *Couroi et Courètes*, Lille, 1939을 볼 것.

2 | 헤시오도스, 『신통기』, 김원익 옮김, 민음사, 2003, 50쪽. 번역 일부 수정.

로 이행했던(metabainontas) 자들에게는 델포이로 가서 자신의 머리카락을 첫 제물로서 신에게 바치는 것이 관습이었다."고 상기시킨다. 제인 해리슨은 metabainein이라는 동사가 이행의 의례를 표시한다는 점을 강조한다.[3] 사춘기 이행의 후견인이라는 역할 속에서 아폴론은 디오니소스와 연합한다. 하지만 연합의 방식은 아직까지도 잘 알려져 있지 않다.

지금까지 인지된 적이 없었지만 (우리가 익히 알고 있는 저 통찰력을 가지고 두 신들의 대립과 보완을 묘사했던 니체조차 인지하지 못했던) 입문과 관련된 해독이 명백하게 하는 것, 그것은 아폴론과 디오니소스가 모든 입문의 이행에서 능동적인 측면과 수동적인 측면, 두 측면을 전형화한다는 사실이다. 디오니소스는 (스핑크스처럼 "땅에서 태어난" 존재들에 의해) 조각나고 사지가 절단되고 잘게 찢겼으며, 제우스 덕분에 다시 생을 얻어 부활했던 신이다. 그러니까 그는 모든 입문 시나리오의 **부정적인 주요한 시련**──부활로 이어지는 죽음, 조각나는 극심한 고통 이후의 두 번째 탄생──을 치렀다. 그와 반대로 아폴론은 자신의 통합적 상태를 유지하면서 여자 용을 죽였던 신, 하지만 용의 살해 이후에 왕을 위해 오랫동안 봉사함으로써 자신을 정화시켜야만 했던 신이다. 그러니까 아폴론은 시련의 능동적이고 **긍정적인 측면**이다. 그는 멀리까지 날아가는 은화살로 괴물을 무찌르고 자신의 동일성, 자신의 거리를 온전히 유지한다. 아폴론은 치유와 교육의 신이다. 그의 시련은 그에게 머리와 사지를 잃게 하지 않지만, 중심과 자기 자신──델포이의 배꼽──으로의 길을 열어준다.

──────
3 | Harrison, op. cit. p. 441.

그렇기 때문에 아폴론과 디오니소스는 대립되고 보완적인 두 형상으로서, 모든 입문 시련의 풀어지지 않는 모순어법(oxymoron)——죽이기/죽기, 승리하는 패배/패배하는 승리——안에서 결합하는 두 측면을 전형화한다. 초심자는 괴물의 발톱에 의해 죽어야 할 것이며, 그 괴물을 죽여야 할 것이다. 남성 입문의 두 후견인인 아폴론과 디오니소스, 두 형상의 구분은 그러한 모순이 사고될 수 있도록 만들어진다.

그것을 다른 언어로 다시 이야기해보자. 입문 시련의 가장 강력한 순간이 결합의 절단, 모성적이고 부정적이며 괴물스러운 어두운 차원(여자 용)과 아들의 생명을 묶었던 것을 자르는 희생적 절단이라면, 그때 우리는 그러한 행위가 확실히 꿈이나 의식의 상상계, 더 나아가 신화의 상상계 안에서 모순적인 두 가지 방식으로 굴절되고 있음을 이해한다. 피 흘리는 절단, 잘려진 끈, 이것은 살해인 동시에 살해자에 대한 살해이다. 그것은 아들에 의한 살해이자 아들의 살해이다. 능동적인 관점에서, 죽이고 해방되는 것은 아들이다. 수동적인 관점에서, 그러한 해방은 또한 극도의 고통과 절대적 우울과 같은 것으로서 모든 생명적 원천의 끔찍한 포기이며 내밀한 힘들의 고갈을, 요컨대 죽음을 견뎌내는 것이다. 그것은 마치 욕망과 약동의 생생한 원천이 고갈되는 것, 피를 모조리 잃어버린 수형자의 상태로 초심자를 내버려두는 것과도 같다.

여자 스핑크스는 그런 것이다. 그녀는 목을 자르는 괴물, 치명적인 조르기의 압박으로 초심자의 넋을 빼앗는 괴물이면서 동시에 초심자의 사후의 삶을 보증하는 괴물, 죽어야만 하는 괴물이다.

따라서 어머니-괴물은 죽임을 당하는 어떤 것이면서 동시에 죽이는 어떤 것이다. 그러한 의미나 속성, 그리고 기능의 복합성은 엄밀함의 결여의 결과가 아니며, 정합성을 갖지 않으면서도 만능적인 어떤 상징으로 응축될 수 있는 그런 잡다한 의미들과 다양한 추출들의 역사적 연속의 결과도 아니다. 차라리 그러한 상징은 주름이고, 거기서 연결된 의미작용들의 전적으로 필연적인 얽힘은 유일무이한 하나의 형상 안에서 분절된다. 함께 붙잡아야 하는 건 바로 그러한 연결된 의미작용들인데, 왜냐하면 그것들은 함께 기능하기 때문이다.

그렇다면 오이디푸스의 잘못은 어떻게 해명되는가? (도상들이 해명의 열쇠를 주지 않은 채 계속해서 보여주는) 스핑크스와 디오니소스의 사티로스 무리 사이의 관계 안에서 오이디푸스의 잘못은 어떻게 등록되는가?

오이디푸스는 디오니소스를 무시하고 아폴론을 능가한다는 의미에서 시련을 전복시킨다. 스핑크스의 기분을 상하게 하는 데 충분한 한 단어는 감정적 초연함을 전제하고 신성한 것에 대한 거리를 전제하는데, 이 거리는 디오니소스적인 일체의 참여(이것에 의해 초심자는 동요되고 혼란에 빠지고 사로잡히고 정신을 빼앗기고 넋을 잃지만 또한 신이 그랬듯이 갈기갈기 찢긴다)를 배제시키는 거리이자, 수수께끼를 해명하는 데서 아폴론과 경쟁함으로써 이 신을 능가하는 아폴론적인 자만에 의지하는 거리이다. 오이디푸스는 오로지 명료함과 거리에 의해서, 아무런 희생 없이 시련을 통과한다고 주장한다. 오이디푸스는 죽임을 당하지도 죽이지도 않는다. 그는 부상 없이, 극심한 고통 없이, 절단 없이, 감정들이 제거되고 스핑크스가 문지방을 지키는 그러한 신비가 제거된 순수 지성에 의해서 목표에 도달한다고 주장한다. 따라서 오이디푸스는 아폴론의 영역에서, 다시 말해 거리와 해명하는 빛의 영역에서 아폴론과 경쟁함으로써 디오니소스적인 고통인 신체의 절단을 피해

간다고 주장한다.

그렇게 도달되는 것은 신화의 심층적인 합리성, 신화의 윤리적이고 신학적인 교훈이다.

구조주의적 선별이 다른 것으로 대체될 수 없다면, 이는 그러한 선별이 신화의 내적 일관성을 진지하게 채택하기 때문이다. 신화는 잡다하고 피상적인 영향들에 의해 잘못 가공된 제작물이 그렇듯이, 다양하고 혼성적인 주제들이 거의 우연적으로 모인 집합물처럼 나타나는 것과는 거리가 멀다. 오히려 그것은 내구성이 있는 분절들, 놀랄 만큼 엄밀한 기제를 제시한다. 그런 점에서 오이디푸스 신화를 설명하는 비구조주의적인 시도들은 비록 그것들이 관심을 끌 만한 재료들을 수집한다고 할지라도, 신화의 근원적인 정합성, 신화의 고유한 논리, 더 넓은 의미에서의 신화의 합리성을 늘 저평가하기 때문에 만족스럽지 않은 채로 남아있다. 우리가 신화 속에서 만나게 되는 서로 다른 주제들의 목록을 만들고 이것들을 확대하는 것은 신화의 배치나 신화가 작동시키는 전치의 놀라운 엄밀성을 파악하는 것을 전혀 가능하게 하지 않는다. 오로지 표준적인 형식으로서의 단일신화의 규칙성과의 오이디푸스 신화의 체계적인 비교만이 차별적인 일탈들의 일련의 강제성들을 제시하는 것을 가능하게 하는바, 바로 그것들이 오이디푸스 신화에게 고유한 의미를 제공한다.

그러나 꽤 멀리까지 인도된 그러한 작업은 신화소(mythème)들의 순수하게 논리적인 놀이의 구성——레비-스트로스가 원했던 것처럼 차별화되고 "위치의" 의미만을 가졌으며 오히려 그 어떤 내재적인 의미도 갖지 않은 그러한 신화소들의 순수하게 논리적인 놀이의 구성——을 전혀 따르지 않으며, 그러한 한에서 구조주의적인 방식을 넘어선다.

오이디푸스의 플롯이 실패한 입문으로서 엄밀하게 구성되며, 3기능적 상징론 내부에서 조정된 고장으로 기입되고 있음을 발견하는 것, 이것은 구조주의적 놀이 너머로 나아가는 것이고, 신화의 진지함을 고려한다는 의미에서 더 멀리까지, 즉 신화가 보유한 윤리적 가르침으로까지 나아가는 것이다.

유명한 불구자[4]가 문제가 될 때, 저 시원적인 가르침을 밝히는 것은 바로 이 가르침이 신화와 비극이 연결되는 것을 가능하게 하는 만큼 중요하다. 우리는 오이디푸스 신화의 내적 논리를 지각할 수 있는지 없는지에 따라서, 오이디푸스 비극의 합리성——특히 소포클레스가 제시하는 표현 속에서의 합리성——을 발견할 수 있거나 없을 것이다. 오이디푸스의 플롯이 무대에 오르기도 전에 가정될 수 있는 경제 속에서, 우리가 조금 전 추출했던 차별화된 의미작용을 드러낸다면, 소포클레스의 비극은 암묵적으로 바로 그러한 의미작용을 전개하며, 거기서 오이디푸스의 운명은 어쨌든 신화적 플롯이 보여줄 수 있었던 합리성 못지않게 윤리적이고 신학적인 합리성을 가진다.

그리하여 "비극적 과오(faute tragique)"에 대한 매우 논쟁적인 질문은 전혀 다르게 정립될 수 있으며, 이 질문은 모호하게 도덕주의적이고 모호하게 인간주의적인 인상주의적 독해가 그 질문에게 제시할 수 있다고 믿었던 대답보다 훨씬 더 엄밀한 대답을 얻는다. 우리는 그러한 논란의 가장 큰 특징들을 알고 있는바, 그것의 세부내용들 속으로 들어가는 것은 무용하다. 그리스인의 비극적 영웅 모델인 오이디푸스는 어

---

4 | [역] 발이 부은(pied enflé) 오이디푸스를 가리키며, 오이디푸스를 가리키는 이 명칭은 오이디푸스가 아버지에 의해 발목에 꼬챙이가 끼워져 버림받았던 과거를 상기시킨다.

떤 순간에도 의식적으로 잘못을 저지르지 않는다. 그럼에도 불구하고 그는 가장 중대한 죄를 저질렀다. 그의 책임이 없는데도 불구하고 그는 유죄인가? 어느 단계에 잘못을 위치시켜야 할까? 죄를 저질렀다는 사실을 알지 못한 채 죄를 저지른 자를 내려치는 것은 신들 편에서의 잔인함이 아닐까? 인간의 삶에서 결정의 몫은 무엇이고, 맹목적인 운명의 몫은 무엇인가? 인간이 행동할 때 그는 진정으로 자신의 행동의 주인인가? 인간을 넘어서는 모호하고 환원 불가능한 차원이 있지는 않은가? 인간과 신들에게로 질문들이 쏟아진다. 그리하여 사람들은 비극 안에서 모순에 빠진 광경을 보려고 애쓰게 된다. 그러한 광경은 위와 같은 수많은 질문들을 유도하기 위해, 우리를 혼란스럽게 하고 우리의 확실성을 위협하고 우리를 동요시키기 위해——하지만 무엇보다도 그러한 질문들 가운데 그 무엇에도 확정적으로 대답하지 않기 위해——만들어진다.

그런데 비극이 신화적 서술은 인식하지 못했던 새로운 의문들(행위의 원천으로서의 개인, 인간과 인간 행위의 관계 등등)을 드러낸다고 할지라도, 그리고 비극이 정치적이고 법적이며 철학적인 새로운 주체, 즉 개인적 책임성[5]이라는 아직은 미지의 개념을 전제로 한 주체의 형성과 동시적이라는 게 확실하다고 할지라도, 비극이 선결적인 서술적 논리에 종속된다는 사실, 전통으로부터 빌려온 줄거리 구조에 종속된다는 사실에는 변함이 없다. 요컨대 비극은 아리스토텔레스가 뮈토스(mythos)[6]라고 부르는 것의 지배를 받는바, 뮈토스는 비극에게 강력한

5 | J.-P. Vernant et P. Vidal-Naquet, *Mythe et tragédie en Grèce ancienne*, éd. Maspero, 1972, Paris.

6 | [역] 뮈토스는 플롯의 희랍어 원어이다. 아리스토텔레스는 시학의 여섯 가지

필연성을 부여한다. 비극에 합리성을 보장하는 것은 신화의 논리다. 어떤 이들에게 신화의 중핵은 비극의 비합리적이고 어두우며 이해불가능한 부분처럼, 무대상연과 동시대적인 보다 최신의 합리성의 노력과 모순관계에 있는 부분처럼 나타날 수 있었을 것이다. 하지만 그것은 신화의 고유한 합리성, 그 자체 안에 이미 윤리적이고 신학적인 가르침을 담고 있는 신화의 합리성을 알지 못하거나 과소평가하는 것이다. 따라서 오이디푸스 플롯에 대한 차별화된, 표로 정리된 분석은 오이디푸스의 일탈의 복합적(complexe) 논리가 어떻게 구성되어 있는지를 완벽하게 보여준다. 그러한 분석은 오이디푸스의 플롯이 구성하는 규칙적이면서도 체계적인 비정상성을 정확하게 보여준다. 우리가 근대적 의미에서의 "과오"를 말할 수는 없다고 하더라도, 규범이나 척도와 비교할 때 연쇄적인 일탈들이 오이디푸스의 플롯에 존재하는바, 바로 그것들이 오이디푸스적 영웅주의의 과오와 **방황**을 구성한다. 신화의 가르침이 놓이는 곳은 그러한 규칙적인 비정상성이다. 그것은 진술가능한 교훈의 도덕적 양태에 근거하는 게 아니라 간접적——우리가 뒤에서 이야기할 테지만 원근법적(perspective)이 아닌 **국면적(aspective)**——이라고 할지라도 훨씬 더 강력한 윤리적 형식 아래에 놓이며, 오이디푸스의 여정은 그러한 윤리적 형식의 영향권과 폭을 보여준다.

따라서 우리가 근대적 도덕의 의미에서, 오이디푸스라고 불리는 개

구성요소 가운데 뮈토스(플롯)을 첫 번째 요소로 보았다. 뮈토스는 본래 한 집단의 문화적 형성물로서의 이야기를 의미하며 로고스와 차이를 가진다. 아리스토텔레스는 「시학」에서 뮈토스는 인물이 아닌 인물의 행동들을 모방하는 것이고 사건들의 결합으로 이루어져야 하며, 그러한 결합은 급전과 발견을 담고 있되 강력한 필연성에 의해야 한다고 서술한다.

인의 그 어떤 책임에 대해서도 말할 수 없다고 할지라도, 우리는 신화가 결코 근거 없지도 모호하지도 않다고 말할 수 있으며, 신화가 인간 운명의 논리에 대한 정확한 무언가를 가르치고 있다고, 필멸자들과 신들의 관계에 관해 귀가 밝은 자라면 이해해야 하는 어떤 교훈을 포함하고 있다고 말할 수 있다. 그리스 비극작가들 가운데 가장 똑똑한 시인이었던 에우리피데스는 『바쿠스의 여신도들』에서 아이오스와 이오카스테의 불행한 아들에 대해 테이레시아스가 이렇게 선언하게 한다. "그가 자신의 눈을 망쳐 피투성이가 되게 한 것은, 헬라스에 대한 가르침입니다."[7] 확실히, 말하고 있는 자는 테이레시아스다. 그의 위치가 인간의 운명이 풍부한 가르침을 담고 있는 것으로서 나타나게 만드는 위치라면, 실로 그 위치는 늙은 현자의 자리이다. 그런데 이 가르침은 어떤 것인가? 문제가 되는 것이 그저 예측불가능한 운명의 절망적인 불합리성을 배우고 신들의 헤아릴 길 없는 잔인함을 배우는 것이라면 그러한 가르침은 무의미할 것이다. 가르침이 있다면, 그것은 어떤 초월적인 인과성이 행위들과 행위의 결과들을 연결한다는 것, 그리고 신의 노여움은 변덕스럽고 자의적인 것과는 거리가 멀며 오히려 정반대로 준엄한 합리성, 엄격하고 피할 수 없는 정의로서 드러난다는 것이다.

왜곡하고 경멸하는 영향 아래, 대부분의 근대인들이 생각할 수 있었던 바와는 정반대로, 헤겔이 간파했던 것처럼 신화의 엄정한 합리성이 존재하며, 이러한 합리성은 신적 정의처럼 나타나는 무언가의 작용에

---

7 | 에우리피데스, 「포이니케의 여인들」, 『에우리피데스 비극 전집 2』, 천병희 옮김, 260-261쪽. 번역 일부 수정. [역] 이 문장은 『바쿠스의 여신도들』이 아니라 『포이니케의 여인들』에 나온다. 원본에 명기된 서지사항을 볼 때, 저자는 『바쿠스의 여신도들』과 『포이니케의 여인들』을 혼동한 것 같다.

의해 지속적으로 다시 세워지는 균형——준엄한 천칭 저울——으로서 표명된다. 그런 점에서 신화의 합리성은 (결코 자의적이지 않은) 정확한 기제 안에 놓이며, 신화는 그러한 기제를 따르면서 변신론(théodicée)의 가치를 갖는 에필로그로 완결된다. 영웅의 불행은 신들의 실존에 대한 증명이다. 그러한 관점에서 만약 구조주의 인류학이 고찰의 끝에서 단순한 논리적 놀이나 대수학적 유형의 순수한 조합만을 발견한다면, 신화적 논리들의 복권을 향해 구조주의 인류학이 내딛은 그 한 걸음은 충분치 않을 것이다. 적어도 우리가 말하고 있는 문화적 영역 안에서는 그러한 형식적 변형들 너머에 이 변형들을 (언제나 매우 종합적으로 단번에 심리학적이면서 윤리적이면서 신학적으로) 정초하는 더욱 강력한 어떤 이성이, 그것이 없다면 그러한 변형들이 극단적인 무(無)근거 상태로 남아있게 될 그러한 이성이 존재한다는 게 명백하다. 그런데 상징적이고 상상적인 재생산에서나 실재의 생산에서 신화가 유지하는 중심적 위치를 고려했을 때, 신화가 그러한 형식적 무근거성을 제시한다는 것을 실로 배제해야 한다. 모든 것은 오히려 신화가 어떤 **가르침**의 가장 압축적이고 가장 강력한 형태이며 그러한 가르침의 전수가 세대에서 세대로의 사회적 유대의 재생산을 보장한다는 것을 보여준다.

그런데 비극적 결말로 인도되는 과오, 근본적인 과오는 언제나 신들에 대한 위반이다. 그러한 과오는 이런저런 지방에서 이런저런 순간에 이런저런 언어로 인간들이 공포한 단순한 시민법에 대한 위반이 아니다. 그것은 모든 시대에 그리고 어디에서나 동일한 영원한 법——신에 의한 불문법——에 대한 위반이다. 필멸자들의 법정과 평결들이 성문법에 비추어서 죄가 있는 자를 기소하고 판결을 내리고 처벌할 수 있다면, 불문법을 위반했던 자를 처벌하는 것은 인간들이 아니라 신들이다.[8] 다시 말해서 불문법을 위반한 자는 형벌의 집행을 피할 수 없을 것이다. 신적 정의는 어느 순간에든지, 길거나 짧거나 어느 정도의 시간이 경과한 후에 위반자를 내려칠 것이다.[9] 신적 정의는 준엄하며 피할 수 없다.

비극의 운명을 구성하는 것, 그것은 신적 정의가 집행되는 방식이다. 비극의 기제는 이중의 조건으로 구성된다. a) 과오의 (인간적이고 세속적이 아닌) 초월적 특징; b) 신적 정의의 (알 수 없는) 유예기간.

과오의 초월성은 역설적으로 인간들의 눈에는 무의미하고 심지어 실존하지 않으며 비가시적이 될 수 있는 그런 것이다. 신적 정의의 유예 기간은 비극 특유의 결말을 준비하는 기간이다. 그것은 영웅이 기다리고 있지 않을 때 영웅에게 느닷없이 닥쳐오는 불행이다.

따라서 비극은 인간의 운명에 잠재해 있는 완전한 신학적 합리성을 암시하면서도 그러한 운명의 **명백한 비합리성**(이를테면 무고한 자를 내려치게 될 운명의 타격)을 끌어낸다. 속인이 보기에, 그리고 인간들의 정의를 따를 때 영웅(크레온, 펜테우스, 아이아스)이 필연적으로 죄인은 아니다. 하지만 천상의 정의에 따르면 영웅은 더욱 위중한 죄인이다. 영웅의 위반은 인간적 법제의 단순한 조항들보다 더 근본적인 어떤 것을 침범한다. 따라서 영웅의 추락은 뜻밖일 수 있으며, 끔찍한 것으로 나타날 수 있지만 신적 교정이라는 용어로 영웅의 추락은 그 이유를

---

8 | Xénophone, 소크라테스의 말을 빌려온다, *Les mémorables*, Livre IV, chap. IV, § 19-24. 『소크라테스 회상』, 최혁순 옮김, 범우사, 1998.

9 | Plutarque, «Sur les délais de la justice divine», *Oeuvres Morales* Tome VII, 2e partie, 41, C.U.F. 1974. 또한 Jacqueline de Romilly의 *Le temps dans la tragédie grecque*, Vrin, 1971을 볼 것.

가질 것이다.

비극의 가장 강력한 메시지들 가운데 하나는 신의 법과 인간의 법 사이에서 전적이지는 않지만 부분적인 이질성을 인지하는 것이다. 인간의 법의 용어에서 비난받아야 마땅한 것은 신의 법의 용어에서 비난받아야 하는 것과 정확하게 겹쳐지지 않는다. 하찮고 보잘것없는 선택인 것처럼 보이는 것, 즉 인간적으로 받아들일 만한 삶의 방향은 다른 무대에서, 즉 신들의 무대에서 중대한 과오처럼 간주될 수 있으며, 그 역도 마찬가지이다. 그처럼 비극적 재현은 동요된 관객의 눈을 어떤 초월적이며 은폐된 인과성으로, 불합리한 인간 운명들의 세속적인 겉모습의 배후에서 그 운명들을 엄정하게 움직이는 종교적인(hiératique) 인과성으로 향하게 하기 위해 만들어진다.

"신들에 대한 위반"을 말하는 것은 그럼에도 불구하고 너무나 모호하며, 신화와 비극의 가장 미묘하고 가장 심층적인 가르침을 구성하는 어떤 것을 비껴 지나간다. 영웅에 의해 저질러진 신성모독은 결코 그러한 일반성을 갖지 않는다. 영웅의 행동이나 태도에 의해 노여움을 일으켰던 것은 언제나 매우 명시적인 어떤 신이다. 바로 그 신이 언제나 자신의 정의를 실현한다. 그리스인에게는 유일무이한 신의 법 앞에서 혹은 무차별적인 신들 전체 앞에서의 일반적인 과오는 존재하지 않는다. 잘못된 특정한 행동은 특정한 신을 모욕한다. 따라서 가능한 다수의 죄가 있으며, 그러한 죄들은 매번 위반에 연관된 신의 영역을 통해서 명시된다. 아이아스를 벌 준 것은 여신 아테나인데, 아이아스가 그녀의 도움 없이 전투에서 이길 수 있다고 믿었기 때문이다. 펜테우스를 벌 준 것은 디오니소스인데, 도취의 신성성을 무시했기 때문이다. 히폴리토스의 태도로 인해 모욕감을 느낀 것은 아프로디테인데, 히폴리토스는 사랑의 역량을 알아보지 못했다. 매번, 일방적이고 잘못된 태도는 명시적인 하나의 신의 자존심을 상하게 하며, 신은 인간적 상황에서 보자면 "복수"처럼 나타날 수 있는 어떤 것에 의해, 그리고 균형의 복구, 즉 인간들이 인지하지 못했던 정열들의 평형상태로의 되돌림──때때로 거칠고 파괴적인 되돌림──그 자체에 의해 자신의 역능을 되찾는다.

비극의 합리성은 자존심이 상한 신의 보복에 있으며, 바로 이것이 비극의 가장 은밀한 가르침을 형성한다. 어떤 신은 어떤 망상을 겪게 하는데, 왜일까? 신화──그리고 비극──의 플롯 안에 침전된 지혜는 바로 그러한 질문에 대답하는 것이며, 이 질문이 그러한 지혜를 지식으로──아마도 넘어설 수 없는 지식으로──만든다.

어떤 신은 어떤 처벌을 겪게 하는데, 왜일까? 아무리 별것 없는 대답이라고 할지라도 그러한 질문에 대한 대답을 향해 나아가지 않았다면 우리는 오이디푸스의 플롯을 이해한다고 자신할 수 없다. 그리고 우리는 그리스 비극의 가장 뛰어난 동시대의 몇몇 분석가들이 그러한 근본적인 기제에 전혀 의혹을 품지 않는다는 사실을 현장에서 발견할 때 놀라지 않을 수 없다. 그러면서, 그들, 분석가들은 비극에 대해서──많은 **근대인**들의 생각이 그러했던바──신의 노여움이 전적으로 자의적이라는 피상적인 생각에 머물러 있는데, 이러한 생각은 그리스 신화를 비상식적인 것으로, 비극을 불합리한 것으로 만든다. 오이디푸스의 불행이──아테나나 아프로디테 혹은 디오니소스가 아니라──아폴론의 노여움에서 생겨난다는 사실을 보지 못하는 것은, 오이디푸스 비극의 플롯이 가장 심층적으로나 가장 엄격하게 보존하고 있는 무언가를 비껴가는 것이다. 결국 오이디푸스에게 타격을 가하는 신이 다른 어떤 신이 아닌 아폴론이라는 것[10], 이것은 영웅의 운명의 경제에서 정확한 의미를 가진다. 그것은 오이디푸스의 과오, 그의 근본적인 위반, 그의 나머지 다른 모든 일탈을 허락하고 유도하는 게 아폴론적 유형에 속한다는 것을 의미한다. 저 유명한 불구자의 행동, 그의 실존의 정향성이 분노하게 만들었던 신은 바로 아폴론이다. 우리가 신의 노여움이 갖는 엄격한 합리성의 원리를 인정한다면, 그러한 표시[11]는 오이디푸스의 형상에 대한 가장 심오한 가르침을 보유한다. 아마도 그때 우리는 엄청나고 끔찍하지만 전혀 아폴론적이지 않은 죄인 부친살해와 근친상간이, 더 은밀하거나 더 알아차리기 힘든 어떤 영역 안에서의 더더욱 근본적인 어떤 위반에서 유래하는 끔찍한 불행은 아닌지, 빛의 신의 신성한 권한의 결과로서 나오는 불행은 아닌지를 의심할 것이다.

여기서, 외부에 의한 것처럼, 정신분석학적 해석이 자신의 개념들을 적용할 수 있고 신화의 의미를 결정할 수 있다고 생각하는 것은 헛된 일이다. 정반대로 더욱 깊숙이 뿌리내린 어떤 장치에 의해 결정되고 상황지어진 것으로서 발견되는 게 바로 프로이트의 무의식의 장면이며, 우리는 그러한 장치에서 출발해서 무의식의 계보학을 사고하는 게 가능해졌다고 추측한다.

신이 어떻게 침해당할 수 있는가? 우리는 바로 이러한 시원적인 질문에 의해 병리학의 관점을 바꾸고 그것에 구멍을 뚫어야 한다. 상반된

---

10 | "코로스 끔찍한 일을 저지르신 분이여, 어찌 감히 자기 눈을 멀게 하셨나이까? 어떤 신이 그대를 부추겼나이까?
오이디푸스 친구들이여, 아폴론, 아폴론, 바로 그분이시오."(「오이디푸스 왕」, 『소포클레스 비극 전집』, 천병희 옮김, 82쪽(v. 1327-v. 1330).

11 | [역] 오이디푸스의 행동이 성나게 했던 것이 다름 아닌 아폴론이었다는 사실.

두 태도가 필멸자들에 대한 신의 노여움을 초래하는데, 그것은 몰이해와 경쟁이다. 신의 고유한 역량을 알지 못한다고 주장하는 자, 신성한 권한에 속하는 실존적인 요구들을 이행하지 않으려는 자, 이러한 자들이 신에게서 노여움을 불러일으킨다. 반대로 신의 고유한 역량들을 알면서도 엄청난 오만함 속에서 자신이 신과 동등하다고 주장할 뿐만 아니라 더 나아가 신을 능가할 것이라고 주장하는 자 역시 신의 무시무시한 노여움의 희생물이 될 것이다. 여러 사례들이 신의 "복수들"을 빠뜨리지 않는데, 이 복수들 각각은 보복 기제의 두 가지 측면들 가운데 하나 혹은 또 다른 하나를 예시한다. 사랑의 여신의 역량을 알 수 없다고 믿었던──우리가 조금 전 상기시켰던──히폴리토스는 자신의 말들의 발굽에 짓밟힌다. 포도주의 신의 신성한 역량에 관해 전혀 알려고 하지 않았던 펜테우스는 자신의 어머니에 의해 뜯어 먹힌다. 반대로 기술적인 솜씨에서 아테나 여신을 뛰어넘는다고 주장했던 불행한 아라크네는 여신 아테네에 의해 거미로 변한다. 그리고 음악의 신 아폴론은 아름다운 소리를 내는 데 있어서 자신의 피리가 아폴론의 수금에 필적한다고 주장했던 마르시아스를 벌한다. 이러한 신들의 노여움은 전혀 자의적이지 않다. 필멸자는 실존의 근본적 차원(사랑, 도취)을 알지 못할 수 있고 신에게(다시 말해 그러한 영역에 대해 판단하는 신에게) 제물을 바치기를 거부할 수 있다. 아니면, 필멸자는 무모한 자만심으로 인해 불경한 경쟁을 통해 신성성 자체와 겨룰 수 있으며, 인간의 조건에 주어진 한계들을 넘어설 수 있다고 믿을 수 있다. 이러한 모든 것들은 언제나 균형의 파기이며, (부족함에 의해서건 과도함에 의해서건) 신의 노여운 보복을 초래하는 정상을 벗어난 태도다. 유일무이한 법 앞에서의 완전한 과오가 있는 게 아니라, 삶의 어떤 일방적 정향성이 있다. 이것은 정열들의 균형 상태를 파괴할 위험이 있으며, 실제로, 신적 "분노"의 무시무시하고 파국적인 형태 아래에서, 불가역적 단절의 지점에 이른다. 따라서 고대 그리스인들에게 있어서 인간들이 신들의 잔인하고 전능한 손 안에 있는 꼭두각시들에 불과하다고 말하는 것은 잘못이다. 그런 것이 소포클레스의 종교적인 사고는 확실히 아니다.[12] 디케(Diké) 여신은 최상의 교정 원리를 체현하는데, 이 원리는 신(네메시스)[13]의 처벌 행위라는 고유한 경로를 통해 제우스가 보장하는 초월적 조화의 결과인 전반적인 균형의 회복을 실현한다. 처벌 자체의 함량(teneur)을 강조하는 것은 불필요하다. 이것은 가치들의 공통의 등급(일반적 당량)을 따르면서 측정되는 형벌과 양적으로는 무관하지만, 저질러진 과오와 항상 의미적 관계 속에 있다. 의미적 관계 그 자체가 당연히 어떤 교훈을 미리 결정한다. 부족함과 위반에 의한 과오들은 제각각 고유한 위험을 갖는다.

오이디푸스가 아폴론의 처벌을 받는다면, 이는 그가 아폴론을 성나게 했기 때문이다. 따라서 오이디푸스의 근본적인 위반을 찾아내야 하는 것은 다른 곳이 아닌 바로 아폴론의 권한에 속하는 존재의 영역 안에서이다. 그런데 플롯에 대한 차별화된 해독이 그러한 추측에 확증을 준다. 오이디푸스가, 신화적 구성에 의해, 오로지 자신의 지성을 실행하여 영웅적 입문의 시련에서 성공할 수 있었다고 생각하는 자라면, 그때 아폴론과의 특정적인 갈등이 분명해진다. 오이디푸스의 죄(이 죄

---

12 | 이 점과 관련해서 나는 H.D.F. Kitto의 해석에 동의한다. *Sophocles dramatist and philosopher*, London 1958, Oxford University Press.

13 | 디케(Diké)와 네메시스(Némésis)에 관해서는 다음의 책을 참조할 것. Corman, *L'idée de Némésis chez Eschyle*, éd. Alcan, Paris, 1935.

는 게다가 그의 유일한 어떤 행위로 환원될 수 없으며, 차라리 그의 가장 구성적인 에토스를 이루는바)는 아폴론적인 자기만족이다.

그런데 아폴론이 누구인가? 그는 명료성의 신, 순수과학의 신, 이론가적 인식의 신이다. 사물들과의 거리를 허락하고 지식에 반드시 필요한 비전의 순수성을 허락한 신이 그다. 과학은 정의로운 행위 못지않게 정화를 요구한다. 순수한 인식이 가능해지려면, 그리고 명료한 상태에서 거리를 둔 고요한 관조가 가능해지려면 거친 정열들은 침묵 속에 있거나 승화되어야 한다. 그러한 초연한 비전은, 만일 이것이 세계의 조화, 세계의 아름다움, 세계의 최고의 질서를 인식할 수 있게 한다면, 감정의 제거나 분리——보는 자와 보이는 것 혹은 시선과 바라보인 사물의 선명한 구분을 가능하게 하는 분리——가 필수적으로 있지 않고서는 일어나지 않는다. 그렇기 때문에 아폴론은 언제나 멀리 있는 차가운 신, 지평의 신, 멀리까지 내다보는 시선(혹은 화살)의 신으로 통한다.[14]

오이디푸스는 "아폴론"의 빛나는 형상이 전형화하는 존재의 범위에서의 정향성을 자기 것으로 만든다. 하지만 그는 신성모독으로 빠지는 어떤 배타적인 경향성 속에서, 정도를 벗어나 그러한 정향성을 지나치게 멀리까지 끌고 나간다. 오이디푸스적인 과도함을 구성하는 것은 아폴론적 정열의 일방성이다. 모든 진상을 밝히는 것, 이것이 젊은 오이디푸스를 이끈 유일한 신조이다. 그것은 순수하고 초연한 인식에 대한 적법한 야망의 한계를 넘어서 정복자의 자만이 되어버린 원칙이다. 모

---

14 | Walter Otto, *Les dieux de la Grèce, la figure du divin au miroir de l'esprit grec*, trad. de l'allemand par Cl.-N. Grimbert et A. Morgant, Payot, Paris, 1981.

든 진상을 밝히는 것은 단지 주어진 명료한 빛을 자기 쪽에서 영접하는 것, 정화된 시선에 도달할 수 있는 자가 신이 제공하는 빛을 영접하는 것에 그치는 게 아니라, 자기 자신이, 신의 자리에서, 저 명료한 빛을 발하게 하는 것이며, 신비를 위한 어떤 자리도, 신성한 미지의 것에 대한 어떤 여지도 더 이상 남겨 놓지 않는 무분별한 조사를 통해서 어둠 전체를 향해 빛을 난폭하게 투사하는 것이다.

실제로 두 개의 빛이 있다. 우리가 신적인 근원으로부터 받아들이는 빛, 아침의 태양 광선처럼 비추는 빛이 있다. 그것은 아폴론이 베푸는 선물, 세계와 영혼을 진리와 아름다움의 밝은 빛으로 가득 채우는 순수한 통찰력이라는 선물이다. 하지만 또한 난폭한 찬탈로서의 빛이 있다. 이 빛은 자명성과 투명성만을 인정하고 시선에 주어지지 않은 모든 것을 부인하거나 없애려는 지성의 차가운 오만함과 함께 사람들이 제작하고, 투사하고, 발산한다고 주장하는 빛이다. 이것이 오이디푸스의 정열이다. 오이디푸스의 정열은 한낱 필멸자를 위하여 인간의 능력 이상의 것을 강력하게 요구하면서, 자신의 성스러운 원천을 아폴론에게서 빌린다.

그렇게 이해된 오이디푸스는 펜테우스의 형상과 대조되면서도 유사한 형상이다. 오이디푸스의 형상은 펜테우스의 형상과 교차적(chiasmatique) 관계를 가진다. 펜테우스는 디오니소스를 알려고 하지 않는[15] 반면에 오이디푸스는 아폴론과 경쟁하기를 원한다. 이들 각자는 대조적인 방식으로(한 사람은 몰이해에 의해, 다른 사람은 경쟁에 의해) 신에게 도전하고 신과 충돌한다. 그러나 문제가 되는 것이 대조적인 바로 그 두

---

15 | Charles Segal, *Dionysiac Poetics and Euripides Bacchae*, Princeton, 1982.

신들이기 때문에 비극적 결말은 동일한 의미를 가진다: 지성적 자기만족의 한계들을 표시하는 것. 펜테우스는 디오니소스적 열광에 관심이 없는 상태로 머무르려 하고, 오로지 균형 잡힌 이성을 신뢰하고자 한다. 그래서 그는 그러한 신성모독적인 절도(節度) 때문에 노한 포도주신의 벌을 받는다. 마찬가지로 오이디푸스는 자신의 승리와 권력을 오로지 합리적이고 반성적인 지성의 빛에 근거해서 세우고자 한다. 그는 우리가 필적한다고 주장했다가는 벌을 받을 수밖에 없는 아폴론의 처벌을 야기한다. 입문은 미지의 것, 위기, 광기, 그리고 신의 이해불가능한 역량에게 영혼을 양도하는 것을 전제하는바, 그들[오이디푸스와 펜테우스]은 각자 이런저런 방식으로 입문을 거부한다.[16]

물론, 자기만족이 명시적으로 드러나는 것은, 기막힌 생략법으로 입문의 순간을 압축하는 중심 삽화인 스핑크스와의 대결에서다. 하지만 오이디푸스가 괴물과의 대결을 단축함으로써, 최초의 순간으로 축소된 입문의 시련을 불완전하게만 통과했다고 말하는 것, 반면에 육체적인 전투와 성적 유혹에 대한 저항의 시련은 모면되었다고 말하는 것으로는 충분하지 않다. 차라리 그는 불경스러운 방식으로 지성을 사용함으로써 입문의 적법성 자체를 해체시킨 자이다. 그는 모든 사태를 밝힌다고 주장하는 밝은 빛에 의해 엄숙하고 불안한 시련의 의례를 탈신성화

---

16 | 플라톤은 『파이드로스』에서 단순한 광기와 "신적 광기(démence divine)" 사이의 구분을 확립한다. 그런데 그는 신적 광기를 네 가지로 구분한다. 아폴론이 수호신인 예언의 광기, 디오니소스가 수호신인 입문적이거나 제의적인 광기, 뮤즈들이 불어넣는 시적 광기, 아프로디테와 에로스가 불어넣는 성적 광기가 그것이다. cf. Dodds, *Les Grecs et l'irrationnel*, trad. M. Gibson, Flammarion, 1977(에릭 도즈, 『그리스인들과 비이성적인 것』, 주은영 · 양호영 옮김, 까치, 2002).

하고, 그리하여 입문 내부에서보다는 오히려 입문에 반대해서 승리를 얻는 계몽된 지성, 강한 정신, 자유로운 사상가이다. 그는 문지방을 모독하고, 스핑크스가 수호하는 미지의 것을 향해 관통해 들어가기보다는 그녀를 성나게 한다. 모든 빛을 창조하고 자기 자신이 빛이 된다는 정복자의 욕망은 시련 속에서 어둡게 남아있을 수밖에 없는 것과의 대결과, 필연적으로 전수를——다시 말해 초심자 영웅 그 자신이 원천이 될 수 없는 지혜의 수용을——함축하는 것과의 대결을 회피한다.

또한, 오만(hubris)을 가리키는 그 어떤 특징도 오이디푸스에게서는 발견할 수 없다고 주장하고, 소포클레스 비극의 유명한 코로스 구절, 즉 오만을 비난하는 구절에 대해 놀라는 현대 주석가들[17]의 해석은 오이디푸스 왕의 플롯의 중심을 이루는 어떤 것을 놓치고 있다. 그것은 영웅의 아폴론적인 과도함이다. 그는 오로지 자신의 지성의 명료함에 의해 스핑크스의 수수께끼를 해결하고, 그런 다음 그러한 방향에 부합하도록 체계적이고 합리적인 조사에 의해 왕의 살해에 관해 모든 진상을 밝히려고 하지만, 그러한 밝힘에 의해서, 그리고 그를 파괴하는 자기-인식 속에서, 그 자신만이 폭로될 뿐이다. 여기서 다시 아폴론의 가르침, "너 자신을 알라"는 영웅을 배반한다. 오이디푸스의 일탈의 모든 특징들, 새로운 인식의 형상을 열어주는 사고의 정복들처럼 적법하게 이해될 수 있는 것들을 포함하는 그 모든 특징들은 아폴론적인 자질에 속한다.

그러한 과도함이 현대적 독해에서 주목되지 않고 넘겨질 수 있다면,

---

17 | Suzanne Saïd가 그러한 주석가들 가운데 한 사람이다. Suzanne Saïd, *La faute tragique*, Maspero, 1978.

이는 아주 단순히 그러한 지성의 자기만족이 우리에게 당연한 일이 되었기 때문이다. 그것은 심지어 신을 거스를 수 있는 위험한 지나침으로서도 나타나지 않는다. 그러한 과도함은 우리에게 정당한 것처럼 보인다. 그럼에도 불구하고 분노한 특정 신을 고려하는 것과 같은 차별화된 독해는 오이디푸스의 과오가 아폴론적인 정향성에 대한 파괴적 과장(hyperbole)에 있음을 확실하게 보여준다. 오이디푸스는 경쟁적 야망의 일방성 때문에 아폴론을 노하게 한다.

아폴론이 오이디푸스를 처벌하는 신이라는 사실은 우리의 앞선 모든 분석들이 이미 보여주었던 것—즉 오이디푸스의 죄가 무엇보다도 인식과 관련된다는 것—을 확증한다. 아무리 다른 죄들이 더 분명하다고 할지라도 그것들은 저 첫 번째 죄와 관련해서 이차적이다. 다른 죄들은 플롯의 연쇄구조 안에서의 귀결이 아니라면 적어도 횡단적 인과성 혹은 포괄적인 행렬적 인과성에 의한 귀결들에 불과하다. 이미 우리는 그러한 인과성의 기제를 타당하게 만드는 두 가지 보충적 방식들을 강조했었다. 입문은 원칙적으로 선조들(죽은 아버지들)에 대한 상징적 접근에 의해 아버지 유형의 형상과의 경쟁을 중단, 극복하고, 어머니의 세계에 대한 집착을 중단, 극복하는 것을 목표로 한다. 오로지 (어떤 권위에 의해 명령이 내려진) 여성적 괴물에 대한 영웅적 살해만이 그러한 결과를 가능하게 한다. 오로지 그럼으로써만 약혼녀와 혼인이 이루어질 수 있다. 단지 반성에 의해, 그리고 순수 인식(스핑크스에게 한 대답)의 주장에 의해 극적이고 피 흘리는 이행을 모면하는 것, 그것은 한 걸음을 통과하기 이전 상태에 여전히 머무르는 것이고 부친 살해와 근친상간이라는 두 가지 죄를 저지를 위험에 놓이는 것이다. 입문의 실패에는 이런 형태로건 다른 형태로건 입문의 두 가지 규칙적인 행동——파송자 왕에게 복종하는 것과 여성적 괴물을 죽이는 것——의 정확히 부정적인 이면인 저 두 가지 죄들이 반드시 따라 나오게 되어 있다. 게다가 우리는 입문의 3분할적 상징론이 구조적 기제의 층위에서 스핑크스의 에피소드의 의미와 그 함축들을 얼마나 분명하게 해명하는지를 보여주었다. 시련의 일방성(지성만을 작동시키는 것)과 물리적 시련과 성적 시련 모두의 부재는 부풀려진 두 가지 죄의 자리를 구조적으로 묘사하고 불러오는데, 하나는 폭력적이며 다른 하나는 쾌락적이다. (지팡이질에 의한) 늙은 라이오스의 살해와 이오카스테와의 혼인이 분명하게 의미하는 것이 바로 그것이다.

펜테우스와 오이디푸스는 각자 고유한 방식으로, 한 사람은 가시적으로, 다른 하나는 우리가 신화의 차별화된 논리를 재구성하지 않는 한 감지되지 않는 방식으로, "입문식의 광기"에 자신이 사로잡히도록 내버려 두는 것을 거부한다. 그들은 신에 의한 사로잡힘으로부터 벗어나기를, 그리고 그들을 광란상태에 놓고 내부적으로 분리시키며 그들의 통제력과 동일성과 자율성을 뒤흔드는 감정들로부터 벗어나기를 원한다.

입문의 회피가 그러한 두 모범적인 비극의 중심에 있다는 사실은 비극이라는 장르의 심층적 의미와 일치하지 않는 게 아니다. 비극은 자신의 기원 때문에 디오니소스를 명예롭게 하기 위한 의례로 남아있다면, 변신론(辯神論)과 신의 현현이라는 비극의 가치를 위해 어떤 드라마를 무대에 올릴 것인데, 이것은 시련 속으로의 진입, 극심한 고통, 제의적인 죽음을 피할 수 있다고 믿었지만 그러한 고통의 불가피한 필연성을 실제로 제거하지 못하면서 다만 고통의 순간을 지연시킬 수 있었을 뿐인 자들의 드라마인 것이다.

입문의 회피는 지연된 자의 드라마이다. 신의 역량이 인정받지 못했고 전통들이 조롱당했기 때문에, 규칙적 형식들에 따라서 일어날 수 없었던 무엇이 예상치 못한 순간에 세속적 실존의 현실세계 안으로 난폭하게 회귀한다. 그것은 신성한 것의 보복이다. 새로운 탄생과 축성된 혼인에 의한 결합을 보장하는 죽음 대신에, 신체 훼손이 주인공을 불구로 만들거나 실재적인 죽음에 이르게 한다. 오이디푸스는 스스로 눈을 찔렀고, 펜테우스는 친어머니에 의해 목이 잘린다. 그러한 행동들은 입문에서의 절단의 지연된 변칙적 대체물들이다. 그 두 행동은 모두 타자성이나 초월성에의 도달이 일어난 적이 없었다는 것을 보여준다.

그처럼 펜테우스의 드라마와 오이디푸스의 드라마가 관객으로 하여금 영웅의 가련한 불행을 참관하는 것을 허락한다고 해도, 그 드라마들이 입문의 희생을 재현하는 것은 아니다. 반대로 그것들은 입문의 희생을 회피함으로써 초래된, 지연된 결과들에 의한 재앙을 상연한다. 그리하여 비극이 제공하는 이중적이고 미묘한 가능성이 생겨나게 된다. 그러한 가능성은 제의적인 희생(영웅의 고통)의 반향과 가르침의 가치를 동시에 갖는다. 이아손과 페르세우스가 운명의 매우 중요한 신화적 규칙성 때문에 비극적 자원을 거의 제공하지 못할 때, 펜테우스와 오이디푸스는 그들의 불행 자체를 통해 신적 정의와 시련 회피의 위험을 보여준다.

반성적인 자기만족, 아폴론적인 잘못이 오이디푸스의 운명 전체를 지배한다. 그렇기 때문에 오이디푸스는 어떤 문화적 순간에 철학자의 원형적 이미지, 더 정확히 말해서 철학적 위험의 원형적 이미지가 될 수 있을 것이다.

아폴론과 그리스의 지혜 사이에는 긴밀한 공모관계가 존재한다. 높은 데서 내려오는 빛 아래에 모든 것이 가시적이 되게 하려는 욕망, 인접한 세계의 부침성쇠 너머에 있는 부동의 차원에 도달하려는 갈망, 이 모든 것이 현자를 고무하며, 현자가 성직자로서의 아우라를 잃어버린 후에도, 그것은 철학자의 숭고한 열정이라는 유산으로 남게 될 것이다.

잊지 말아야 하는 것은 아폴론이 철학자들의 수호신으로 숭배되었다는 사실이다. 철학자들의 평신도회를 뮤즈들과 함께 주관하는 신이 바로 아폴론이다.[18] 전통의 정신 속에서, 철학을 한다는 것, 그것은 아폴론을 숭배하는 것이다. 한 철학자가 천상의 기호가 표시되어 있는 것처럼 나타나게 될 때(피타고라스, 플라톤), 전설은 그가 아폴론의 아들이라는 사실을 고집할 것이라는 것을 우리는 알고 있다.

철학자가 빛의 신의 신성한 수호 아래 놓인다면, 그때 철학적 과도함은 그 빛의 신이 가하는 신성한 처벌을 통해 파국적 단절의 지점과 마주하게 될 것이다. 철학적 목표 속에서 정도를 넘어서는 것은 필연적으로 아폴론을 성나게 할 것이며 그의 보복을 초래할 것이다.

이제 소포클레스에게서 오이디푸스의 신화가 가지게 될 의미는 더욱 명백해진다. 신화의 형태 아래, 오이디푸스의 플롯은 이것이 소포클레스에게서 가지게 될 일반적 의미를, 다시 말해 아폴론의 처벌을 받는 인식적 자기만족을, 더 심오하게는 지혜의 자만에 의해 회피된 입문을 틀림없이 이미 가지고 있다. 세 기능적 층위 각각에 속하는 영역들의 결정에서의 전통적 명확성, 그리고 오이디푸스가 성공적으로 극복한

---

18 | P. Boyancé, *Le culte des Muses chez les philosophes grecs*, Paris, 1937.

시련이 오로지 첫 번째 기능(수수께끼)과 관련된다는 사실은 그러한 의미화가 비극의 제작보다 충분히 앞서 존재할 수 있었다는 것을 확인할 수 있게 한다. 하지만 소포클레스는 자신이 보기에 플롯의 효력을 확증하는 것처럼 보이는 새로운 현실——탄생하는 철학적 반성의 신성 모독적인 과도함——에 비추어 플롯에 다시금 현시성을 부여한다. 철학자는 당연히 첫 번째 기능의 활동을 영원히 전승하지만, 전통적인 지혜들을 파괴하고 신들의 역할과 자리에 대한 태고의 믿음들을 혼란에 빠뜨림으로써 첫 번째 기능의 활동을 타락시킨다. 이론(theoria), 거리, 사심을 없앤 지식, 모든 사물들에 대한 위로부터의 예언적 시각 등등, 이러한 것들에 대한 사랑은 이의 없이 아폴론의 신성한 수호 아래 있는 것처럼 나타났던바, 이제 그것은 어떤 불경한 선회에 의해 신들의 존재마저도 부인하는 것처럼 나타나거나, 아니면 그러한 부인에 교묘하게 이르러야 하는 것처럼 나타난다. 반성적 지성이, 자신을 신적인 빛을 향해 열어놓을 줄 알았던 자에게 주어지는 귀중한 선물처럼 나타났다면, 이제 그것은 사유자가 자기 자신의 힘으로 사물들에 대한 시각——어떤 전통도 보장하지 않는 시각, 전통 전부를 모독하는 시각——을 발명하기 위해 무한정하게 작동시키는 파괴적 수단이 된다.

입문은 그 형태가 어떻든지 간에——그리고 입문은 신화가 엄청난 생략법으로 응축하는 형태와는 참으로 다른 형태일 수 있는데——가장 탁월한 전수의 상황이다. 그것은 독학자적인 자기만족의 정반대, 즉 자기만족의 균열이다. 입문의 의례는 정신적인 권위의 수용을 전제한다. 그것은 스승의 자리를 표시하고 창설자 선조들과의 결합을 표지하는 연계 안으로의 편입을 구체화한다. 가장 급진적인 유형의 철학자는 더 이상 입문된 자로 제시되지 않으며, 정반대로 자기 자신의 힘에 의해,

그리고 모든 유산으로부터 해방된 자신의 고유한 반성 덕분에 진리를 발견할 수 있는 자로 제시된다. 신관이나 사제적 지혜를 부여받은 모든 인간과는 반대로, 유래를 찾을 수 없는 오만 그 자체인 단절 때문에 철학자는 입문되지 못한 자이다. 추문적이게도, 그러한 자질은 철학자에게 박탈이 아니다. 그것은 해방과 희망을 의미한다. 가장 극단주의적 유형 안에서의 철학자는 자신의 이성의 자율적 활동을 통해서, 그리고 어떤 신이나 어떤 스승의 도움이 없이 자기반성에 의해 진리에 도달한다고 주장한다.

그렇게 해서 우리는 어떤 점에서 오이디푸스라는 신화적 인물이, 이를테면, 비할 데 없는 깊이를 가지고 철학적 자만을 유형화하기 위해 만들어졌는지를 알게 된다. 오이디푸스는 입문의 문지방에서 경계를 게을리 하지 않는 무시무시한 문지기로서 자리 잡고 있는 스핑크스를, 오로지 지성만을 사용함으로써 물리치기를 원하는 자이다. 그는 입문의 장애물을 통과하지 않을 뿐만 아니라, 입문의 수수께끼를 피해가는 자이다. 급진적인 철학자로서 그는 첫 번째 기능의 활동(이성, 지성)을 전복시키는바, 그는 바로 이 활동을 전통적인 모든 지혜를 실격시키기 위해 사용함으로써 그렇게 한다. 거의 철학자처럼, 오이디푸스는 진리의 정복을 위해 떠나는 것은 자기 자신의 힘에 의해서이지 자신에게 적법성을 부여하는 스승이나 유산의 권위를 빌리면서가 아니라고 이해한다.

따라서 소포클레스가 오이디푸스에게 어떤 얼굴을 부여한다면, 이는 우연이 아니다. 그 얼굴은 철학적 반성이 선조적 신앙의 기초를 이미 깊이 동요시켰고 그 어느 때보다도 더 강력하게 계속해서 동요시키고 있는 시대와 문화 속에서 그의 비극이 우리에게 남겨놓았던 얼굴이다. 크세노폰, 헤라클레이토스, 파르메니데스, 아낙사고라스, 엠페도클레스, 프로타고라스, 데모크리토스 등은 신들에게 바치는 숭배를 적법하게 했던 신화적 해명들과 단절하고, 세계에 대한 새로운 해명 체계들을 창안했다. "물리학자"로서 공기나 물이나 불에서 근본적인 실체를 찾으려고 애쓰든지, 존재나 원자에 관해서, 혹은 기본적인 물체들의 혼합에 관해서, 혹은 주관하는 지성에 관해서 사색하든지, 어쨌거나 그들은 자신들 고유의 모험적인 학설을 사제적인 전통의 가르침들에 대립시키고 어느 정도는 자신들의 민족 신을 직접적으로 거부한다.

개인이 인간, 신들, 천상계의 현상들, 대기의 현상들 등등의 것에 대해 자신의 고유한 개념을 형성한다는 것, 이것이 구성적으로 개인주의적인 철학의 출발점이다. 태어나는 중인 철학에 의해 개인의 정초를 추구해야 하는 것이 명시적인 내용 안에서, 즉 근대적 의미에서의 어떤 가설적 "주체"에게 주어진 자리에 대한 고찰 안에서만은 아니다. 고려해야 하는 것은 세계에 관한 단독적이지만 일관된 관점들의 놀라운 증식이며, 이러한 증식은 선조들이나 앞선 스승들에 의해 전수된 전통에 대한 비(非)반성적 밀착에 비해서 지식의 전례 없는 해방(désenchaînement)을 증언한다. 자율적 사고의 돌연한 출현, 자기-혼자에 의한 지식의 열정으로 인해, 철학은 원리상으로나 구조상으로 개인의 탄생, 주체의 반란인 것이다. 사람들은 헤라클레이토스에 대해 이렇게 말한다. "그는 어느 누구의 제자도 아니다. 그는 전적으로 혼자 힘으로 탐구했고 모든 것을 배웠다."[19] 이러한 전설은 중요하다. 크세노폰과 관련해서도 이미

19 | Diogène Laerce, *Vie, doctrine et sentences des philosphies illustres*, Livre neuvième.

그러한 전설이 퍼져 있다. 그리고 우리는 헤라클레이토스에 대한 그러한 전설이 소크라테스의 주체적 위치 및 모든 철학적 발전과 갖는 깊은 관계를 보여줄 수 있을 것이다——헤라클레이토스가 정식화한 것이, 여전히 신탁에 의한 것과 같은 양식을 가지기에 소크라테스의 논증적 언어와는 거의 관계가 없다고 할지라도 말이다.

자기 자신의 힘으로 모든 것을 배운다. 이러한 독학자적 주장은 어쩌면 가장 극단주의적인 계보 속에 있는 철학적 과정의 개시적이며 본질적인 핵심이다. 그리고 우리는 근대의 철학, 특히 데카르트의 철학이 사실상 건축술에 있어서(그리고 자세에 있어서) 그러한 야망 속에서 주어진다는 것을 어렵지 않게 주장할 수 있다. 데카르트적 주체는 다만 그러한 요청의 결과들이 분명해지기에 이르고 사유 전부를 조직할 수 있게 되는 순간을 사후적인 방식으로 표시할 것이다.

그렇기 때문에 철학은 그리스의 담론 내부에서 시작될 때부터 이중적으로 비(非)신화적이다. 우주의 탈신성화를 전제하는 개념들과 설명적 도식들에 의해서(비록 우리가 다른 관점에서 아낙시만드로스의 추상적 사변과 신화적 전통 간에 어떤 계통을 발견할 수 있었다고 할지라도[20]), 하지만 또한——그리고 어쩌면 무엇보다도——모든 개념적 내용 너머에서, 사유하는 자는 보증도 선례도 없이 인간들과 신들, 천체들, 동물들, 대지를 포함하는 일체의 사물들에 대한 새롭고 일관적인 설명 방식을 제안하는바, 이러한 사고하는 자의 전적으로 새로운 자세에 의해서. 혼자의 힘만으로 사물들의 근거를 발견하고자 하는 무례하고 해

20 | J.-P. Vernant, *Mythe et pensée chez les Grecs*, Maspero, 1969(장 피에르 베르낭, 『그리스인들의 신화와 사유』, 박희영 옮김, 아카넷, 2005).

명적인 저 조사 속에는 신성모독적인 어떤 것이 있다. 신성성 자체, 가장 신성한 것들, 절대로 건드릴 수 없는 것들도 그러한 독학자적 호기심을 피할 수 없을 것이다.

실제로 우리가 철학자의 탄생과 자유로운 시민의 도래 사이에서 원리상의 어떤 상호의존관계를 주장할 수 있다고 할지라도, 그리고 각자 자신의 고유한 관점을 표현하는 것을 허락하는 민주주의 공간의 형성과 철학의 기원 간에 명백한 상관관계가 존재한다고 할지라도, 그렇다고 해도 때때로 격렬한 모순이 철학자와 의견을 대립시켰다. 우리는 콜로폰의 크세노폰이 조국으로부터 추방되었다는 사실을 안다. 아낙사고라스는 태양이 빛을 내는 거대한 덩어리라고 주장했기 때문에 불경스럽다는 이유로 고발당했고, 페리클레스의 도움에도 불구하고 추방당하는 처벌을 받았다. 마찬가지로 불경죄를 선고 받은 프로타고라스는 신이 존재하는지 아닌지의 가능성에 대해 의혹을 제기했다는 이유로 아테나이에서 쫓겨났다. 마지막으로 언급한 두 철학자나, 더 나중에 (고대 그리스에서 최고의 불경건한 행위인) 신들의 존재를 부인하고 신비를 모독하고 누설했다는 이유로 처벌받은 "무신론자" 디아고라스는 소포클레스와 동시대인이다.[21]

저 철학자들이 전통의 관점에서 그들을 유죄로 만들었던 신성모독 때문에 국가로부터 난폭하게 추방당하는 처벌을 받았다는 사실은 오이디푸스의 형상과의 반박할 수 없는 어떤 동류성을 그들에게 제공한다.

---

21 | Decharme, *La critique des traditions religieuses chez les Grecs des origines au temps de Plutarque*, Paris, 1904와 E. Derenne, *Les procès d'impiété intentés aux philosophes à Athènes au Ve et VIe siècles av. J.C.*, éd. Champion, 1930, Paris, Liège를 참고할 것.

그렇지만 소포클레스가 어떤 전략에 의해, 앞서 존재했던 신화적 형상과 철학자의 동시대적인 분명한 특징들 간의 결합을 실행하는 데 성공했었는지를 우리가 잘 볼 수 없었다면, 그러한 동류성은 막연하고 모호했을 것이다. 이는 소포클레스의 비극을 단지 당시 아테나이의 상황으로 환원시켜야 하기 때문이 아니라, 오히려 그러한 상황에서 어떤 근본적인 갈등을, 즉 정치적인 일상성의 긴장들과 사건들 너머에서, 어마어마한 인류학적 기반을 위태롭게 했던 갈등을 보아야 하기 때문이다.

베르나르 녹스(Bernard Knox)의 업적은 소포클레스의 시대 안으로 그의 비극을 다시 가져다 놓은 연구에서, 페리클레스의 아테나이에서의 『오이디푸스 왕』의 논쟁적 의미를 강조했다는 데 있다. 문헌학적이면서 동시에 주제적인 그의 분석은 어떻게 소포클레스의 비극이 5세기의 철학자들과 소피스트들의 새로운 개념들에 대한 거부의 선언으로, 그리고 신성하게 질서지어진 우주에 대한 종교적인 생각들의 재확인으로 읽힐 수 있는지를 보여준다. 녹스는 "극에서의 오이디푸스와 이오카스테의 지성적인 발전"(테이레시아스에 대한 매우 형식적이지만 강한 존경으로부터 신의 기호들에 대한 총체적 불신에 이르는)이 "5세기의 합리성에 대한 일종의 상징적 역사"[22]라고 주장하기에 이른다. 오이디푸스는 새로운 인간의 형상이다. 그는 자신의 고유한 지성만을 믿는다. 그는 인간을 중심에 놓는다. 그는 폭군이면서 동시에 민주주의적인 정신이다.[23] 신들과 실존과 마주하는 그의 태도처럼 그의 언어는 오래

---

22 | B. Knox, *Œdipus at Thèbes, Sophocles' Tragic Hero and his Time*, Yale University Press, 1957, Edition citée: Norton Library, New York, 1971, p. 48.

23 | *Ibid.* p. 25와 p. 60.

된 신앙으로부터 해방된 "계몽된", "인본주의적인" 아테나이인의 언어다. 오이디푸스는 인식과 완전한 명료성을 원한다. 그는 테이레시아스와 이오카스테와는 반대로 완전한 이해를 획득하려고 애쓴다. 그는 세부적인 모든 내용들을 알기를 원하며, 사건들을 모호함의 흔적 없이 객관적인 이야기로 재구성하기를 원한다. 녹스는 동사 zêtein(추구하다, 조사를 이끌다)과 과학적이면서(의학, 철학) 동시에 법적인(심문) 내포를 갖는 동일한 동사의 파생어들의 중요성을 제시한다. 새로운 소포스들의 토론 양식을 상기시키기 위해서 소포클레스는 skopein(관조하다, 검토하다), historein(탐구하다, 심문하다), tekmairesthai(명증성에 따라 판단하다, 추론하다)와 같은 단어들을 특별히 선택한 것처럼 보인다.[24]

요컨대 "오이디푸스의 태도와 활동은 아티카 정신의 이미지이자 소피스트들, 과학자들, 철학자들 세대의 위대한 지성적 완성의 이미지이다."[25] 따라서 소포클레스의 의도는 명백하게 그리고 직접적으로 논쟁적일 수 있다. 소포클레스가 비극을 통해 그러한 태도의 신성모독적인 의미와 그 치명적인 결과를 재확인함으로써 비난한 것은 바로 오이디푸스가 전형화한 모든 것(우리가 도즈(E. R. Dodds)와 함께 아테나이의 "빛들"이라고 명명할 수 있는 것)이다. 오이디푸스의 파국적 운명은 무신론적이고 불손한 아테나이의 정신에 가해진 신의 위협을 전형화한다. 오이디푸스 비극의 기제는 이성과 개인과 인간의 자만에 대한 "반동적" 의식을 위해서만 전적인 의미를 얻을 수 있다.

우리의 의혹을 확증하는 그러한 분석들은, 역사적인 두 순간의 경첩

---

24 | *Ibid.* p. 120.

25 | *Ibid.* p. 117. [역] 아티카는 아테나이가 중심도시인 지방의 이름이다.

에 있으면서 이번에는 자신의 형식 자체를 통해 그러한 두 가지 에토스의 충돌을 증언하는 비극이라는 장르 자체에 대한 성찰에 의해 완성되어야 할 것이다.[26] 『안티고네』가 문제든 『바쿠스의 여신도들』이 문제든지 간에 그리스의 비극은 본질상으로나 비극의 구성 자체에 의해 어떤 동일한 논쟁적 기반을 늘 가지고 있으며, 이러한 기반은 비극이 합리주의와 인본주의를 공격하는 항구적 가르침이 되도록 만든다: 신들의 불문법은 인간들의 자만에게 승리를 거둔다는 가르침. 그러나 사정이 그와 같다고 해도 『오이디푸스 왕』이 우연히 그리스 비극의 전형이 된 것은 아니다. 플롯이 그러한 갈등 형식에 틀림없이 가장 충실하고 가장 정확하게 적용된 비극이 『오이디푸스 왕』인 것이다. 다른 어떤 비극에서도(우리가 다른 비극들 안에 숨겨진 신화적이며 의례적인 기제를 해독할 수 있다면), 신성모독적이며 자유로운 사고에 의한 철학적 정신은——방법적인 여러 갈래의 결과들과 더불어——아버지들의 전통과 그렇게 직접적으로 충돌하지는 않는다. 『오이디푸스 왕』이 새로운 이성의 제시인 동시에 비판으로 구성되었던 한에서, 그 안에서 드러나는 것은 어쩌면 그리스 비극 형식의 본질이다.

우리는 철학이 고대 그리스에서 탄생할 때 애매한 위치에 있었다는 것을 이미 강조했다. 철학은 자신의 어떤 절차들에서처럼 궁극적 목표들에 있어서 불가해한 것으로 향하는 종교적 입문들과 유사하지만, 철학은 또한 아고라의 논쟁들에 참가한다. 철학은 공적 토론의 규범들을 채택하며 정치적인 능력 수행의 직접적인 준비과정으로 제시된다.[27] 그

---

26 | Vernant et Vidal-Naquet, *Mythe et tragédie en Grèce ancienne.*

27 | J.-P. Vernant, *Les origines de la pensée grecque*, P.U.F. Paris, 1962(장-피에르 베르낭, 『그리스 사유의 기원』, 김재홍 옮김, 길, 2006).

렇게 해서 철학은 지혜가 입문적 전개와 여전히 동일시되었던 과거 속에서 소재를 얻지만, 또한 그러한 전통적 측면을 완전히 전치시켜 알아볼 수 없게 만들고, 결국 상징주의적 차원을 배제시킨 개념적 합리주의에 도달한다. 토론, 논증술, 평등한 자들 간의 논쟁, 의견의 불일치를 인정하기에 이르거나 특히 합의(homologia)의 가능성에 이르는 개인들의 관점의 대립 등등, 이러한 것들은 정치적인 게임과 마찬가지로 지성적인 게임의 규칙이 될 것이다. 따라서 비의적인 지혜의 자리에 어떤 새로운 형태의 지혜가 나타난다. 전자의 지혜는 오랜 내적 여정을 함축하는바, 이것은 일련의 단계적인 시련들을 통과해서 공통으로 접근불가능한 어떤 **진리**의 시각에, 즉 그 자체가 다양한 단계의 상징적 표현과 이해를 제시하는 그러한 진리의 시각에 도달하기 위한 것이다. 후자의 지혜는 이제 공공의 장소에서, 의회와 시장에서, 평등한 대화상대자들 간의 분명한 토론의 상황에서, 그리고 각자가 차례로 자신의 관점을 드러내고 방어할 수 있는 자유로운 대화 속에서 실행되고 발산된다.

그러한 민주주의적 지혜를 가장 잘 체현하게 될 자가 바로 소크라테스다. 우리는 그가 (지혜를 추구했던 모든 사람들과는 상반되게) 엘레우시스의 신비로 입문된 적이 없었다고만 말했다. 알다시피 피타고라스는 철학과 입문의 긴밀한 관계를 보존했고 만들어내기까지 했다. 그와 반대로 소크라테스는 평등한 상대자들 간의 대화의 형식으로 진리에 대한 토론을 공공 장소에 도입함으로써 그러한 신성한 관계를 해체하고, 그러므로 필연적으로——지나치게 근대적인 언어로 말해보자면——진리를 상징의 편이 아니라 개념의 편에 놓는다. 개념의 협상가능하고 즉각적인 투명성이 상징주의적 심층성의 점진적이고 힘겨운 시련을 대체한다. 정치적이고 사회적인 실천 속에서, 합법적으로 평등한 관점들 간의 상호적이며 가역적인 관계가 권위, 위계, 다수의 단계들을 함축했던 비가역적인 관계를 대체한다. 진리는 오로지 인간의 시점일 뿐이며, 의례화된 경험 속에서 초심자를 타격하고 표식하는 계시나 비전이 더 이상 아니다. 진리에 대한 희생제의적인 어떤 개념(입문에 의해 신들과 아버지들과 결합되어 있는 폭력적인 상처나 각인)이 해체된다.

하지만 오이디푸스가 그 순간 "아테나이의 지성의 이상적인 전형"[28]으로서 세워지게 된다면, 오이디푸스가 철학자의 모범적 형상으로서 판독되는 것이 헤겔과 니체, 궁극적으로 하이데거와 더불어 유럽적 사고의 역사 속에서 사후적으로 일어나는 것은 아닐 것이다. 소포클레스에게 있어서 이미(소포클레스가 교육받았을 전통이 사유하게 허락했어야만 하는 어떤 이유들을 따른다면), 철학적인 것의 새로운 과도함과 같은 어떤 것이 오이디푸스 왕의 인격에 의해 전형화되어 나타났다.[29] 철학적 이성의 자만은, 아무리 전에 없던 방식이었을지라도, 전통이 이미 플롯의 형태로 완성시켰던 어떤 방황 속에, 즉 겉모습과는 달리 입

---

28 | B. Knox, *The heroic temper, studies in sophoclean tragedy*, Berkeley et Los Angeles, 1964, p. 143.

29 | 오이디푸스가 나중에서야(헤겔), 다시 말해 철학이 절정에 도달하고 정체의 신호들을 드러내는 것처럼 보이는 순간에서야, 철학자의 명백한 형상이 될 수 있었다는 점에서, 우리는 오이디푸스를 "최후의 철학자"라고 말할 수 있다(또한 니체가 자기 자신에게 적용시켰던 표현을 따르면서도. cf. Ph. Lacoue-Labarthe, «Le dernier philosophe», in *L'imitation des Modernes*, éd. Galilée, Paris, 1986). 그렇지만 나의 소포클레스 독해는 오이디푸스가 그리스 극에서 이미 "최초의 철학자"를 확실하게 전형화했음을 보여준다. 또한 나의 분석은 철학의 오이디푸스적 구성이, (헤겔이나 니체에게서의) 오이디푸스에 대한 명시적인 언급들이 생각하게 할 수 있는 내용보다 훨씬 더 심층적인 방식으로, 데카르트로부터 니체에 이르는 근대철학에 기입되어 있다는 것을 보여줄 것이다.

문의 3중의 시련들을 교묘히 빠져나가 어쨌든 왕이 되었지만 은밀하게 이루어진 왕권의 찬탈이 어느 날 발각되고야 마는 그러한 왕의 방황 속에 기입되어 있었다.

7

국면적인 것에서 원근법적인 것으로[1]

오이디푸스는 철학이 소지하고 있는 어떤 새로운 자세에 대한 극작법적 전형화이다. "인간중심주의(anthropocentrisme)"라는 단어가 야기할 수도 있을 오해를 피하기 위해 우리는 그것을 "인간중심화(anthropocentrement)"라고 말할 것이다. 왜냐하면 문제가 되는 것은, 부지불식간에, 인간적 성질들을 세계에 부여하거나, 영혼에만 속하는 동기들, 정서들, 의도들을 존재에 투사하는 게 아니고, 오히려 정반대로 그러한 투사가 이전에 행해졌음을 깨닫고 그것들을 다시 자기에게로 가

I | [역] 여기서 저자는 뒤에서 언급하게 될 엠마 브루너-트라우트(Emma Brunner- Traut)의 aspective라는 개념어를 도입하면서 이 단어가 persepctive 와 갖는 시점적 차이를 설명한다. perspective가 시점의 기준을 단독적 인간으로 삼았다면 aspective는 인간 중심적 관점을 벗어나 모든 사람들에게 공통적으로 면면이 보인 것에 대한 시각을 가리킨다고 말할 수 있다. 우리는 aspective가 aspect[국면]에서 유래한 단어이므로 '국면적'으로, perspective를 '원근법적' 혹은 '원근법'으로 옮긴다.

져오기 위해 이번에는 인간의 파토스로 부당하게 우주를 채웠던 투자들을 철회하는 것이기 때문이다. 따라서 "인간중심화"는 "인간중심주의"의 반대 그 자체이다.

그러한 몸짓에 대한 가장 빠른 증언은 콜로폰의 크세노폰에 의한 인정인데, (어쨌든 민족이 상상하는 바로서의) 신들이란 인간이 그 기원에 있는 투사들에 불과하다는 것이다. 신들은 자신의 특징들을 이 특징들을 생각해냈던 자들에게서 빌리기만 할 뿐이다. "이디오피아인들은 그들의 신에 대해 코가 납작하고 피부가 검다고 말한다. 트라키아인들은 그들의 신이 푸른 눈과 붉은 머리카락을 가지고 있다고 말한다."[2] 투사들의 철회는 앞서 초자연적인 것으로서 간주되었던 존재들을 인간의 상상력의 산물들로서 인식하도록 이끈다. 그런데 포이어바흐와 니체에 이르기까지 멈추지 않고 지속될 그러한 철학적 혁명이 바로 오이디푸스가 수행한 혁명이다. 스핑크스에게 했던 "인간"이라는 대답이 날개 달린 숫처녀에게 (유혈적이지는 않더라도) 치명적이라면, 이는 그러한 대답이 인간중심화의 몸짓을 전형화하기 때문이다. 그러한 몸짓에 의해 악마건 다른 어떤 괴물들이건 모든 신들은 인간의 상상력의 단순한 산물들로 인지되고 인간과 결부되며, 결국 고유한 능력을 가진 독립적인 존재들로 인정되지 않는다. 여자 스핑크스를 죽인 것은 오이디푸스의 불신앙이다. 그녀는 벨레로폰이 키마이라를 죽인 것처럼 혹은 페르세우스가 메두사를 죽인 것처럼 육체 대 육체의 피 흘리는 전투에서 살해당할 필요가 없다. 스핑크스를 눈앞에서 사라지게 하기

---

2 | Plutarque, *Traité 42*, «Le démon de Socrate», 589 E, éd. C.U.F.(플루타르코스, 『플루타르코스의 모랄리아』, 허승일 옮김, 서울대학교출판문화원, 2012)

위해, 오이디푸스는 모든 수수께끼를, 유일무이한 원천이자 동인(動因)으로서, 인간에게로 되돌리면서 자신의 투사적 믿음을 철회하기만 하면 된다. 오이디푸스가 자기 자신을 가리키는(질문을 자기 쪽으로 가져오는) 단순한 손짓은 곧바로 괴물을 사라지게 한다.

그런 의미에서 입문의 시련들의 3분할적 장치가 전제하는 것과는 반대로 오로지 지성만이 스핑크스를 제거할 수 있다는 것은 사실이다. 적어도 그것이 철학이 생각하는 바이고, 헤겔이 생각하는 바이다. 자기-반성, 자기의식은 괴물을 심연 속으로 떨어뜨린다. 따라서 오이디푸스는 입문의 대결을 단 한 가지 시련으로 부당하게 환원시키면서 대결을 회피하는 왕위 찬탈자나 자만한 초심자에 그치지 아니다. 실로 입문식 유형의 모든 대결이 전제하는 밀교적인(cryptophorique) 상징화 방식을 이론적인 불신앙에 의해 파괴한 자가 바로 그다. 초자연적인 존재들이 인간 상상력의 산물들에 불과하다면, 그리고 성스러운 상징들이 환영으로 인한 심오함에 불과하거나 자기 자신에 대해 무지한 인간 영혼의 심오함에 불과하다면, 그러한 환영의 인정은 입문 자체를 쓸모없는 것으로 만들어 버린다. 수수께끼를 품은 여가수의 단조로운 음조의(psalmodique) 모호한 질문에 대한 오이디푸스의 자기-중심화된(auto-centrée) 대답은 다만 세 가지 시련들 가운데 첫 번째 시련에 대한 성공이 아니며, 그것은 또한 신성모독적인 부정에 의해 대결을 중단시킨다. 독학자적 지성은 자기반성 작용에 의해, 모든 순진한 믿음으로부터, 대결해야만 하는 환원불가능한 타자성으로서의 입문식의 동물의 존재에 대한 믿음으로부터 벗어났다.

따라서 오이디푸스는 인간이 중심이 되는 문화로의 이행에 대한 상징으로 간주될 수 있다. 그는 그리스인들이 행한 매우 중대한 변화를 전형화한다.

신화에서 이성으로의 이행, 자율적인 주동자이자 법적인 주체로서의 개인의 탄생, 관점들의 합의의 추구, 정치의 토대를 세우는 민주주의적 토론[3] 등등. 역사적 혁신에 대한 이러한 수많은 접근이 존재하는데, 사람들은 그러한 혁신을 이데올로기적이거나 제도적인 차원에서 이해하려고 노력한다. 하지만 우리에게 상상력의 장 안에서 오이디푸스의 형상은 그러한 변화의 가장 중층결정된(surdéterminé) 가공물처럼 보인다. 헤겔이 그 내용과 귀결을 탐지할 수는 없었지만 그럼에도 불구하고 잘 알아보았던 것처럼, 오이디푸스의 형상은 이를테면 그러한 결정적인 이행을 떠받치는 구성적인 상상적 장치의 가장 풍요로운 증거다.

오이디푸스가 상징하는 것은 어떤 활동인데, 이러한 활동에 의해 인간 주체는 자신을 원천과 작인으로 인지하면서 외부 세계로부터 자신이 투사했던 것을 철회한다. 그 결과 상관적인 두 측면에서의 탈-투사(dé-projection)라는 동일한 작용을 통해, 오이디푸스는 세계를 대상으로서 발견하고(이제 세계는 기호로서 발견되지 않는다), 스스로 주체로서 자리 잡는다. 그런데 문제가 되는 것이 철학이건 정치건, 아니면 미학적 재현이건 "그리스의 기적"의 특징짓는 모든 본원적인 특성들이 그러한 작용과 어떻든지 간에 관련된다는 것을 보여주는 게 불가능하지는 않을 것이다. 주체(사유하거나 지각하거나 의지(意志)하는 주체)의 단독적 관점이 고려되며, 문제가 되는 것이 소크라테스의 대화나 민주

───── 3 | 핀리(M. I. Finley), 베르낭(J.-P. Vernant), 카스토리아디스(Castoriadis)의 연구들을 보라.

주의적 토론일 때, 하지만 문제가 되는 것이 또한 더욱 섬세하게는 회화에서의 단축법이나 건축에서의 "광학적 교정(correction optique)"[4]일 때, 장치를 결정하는 것은 바로 시점들의 단독성이다. 시점의 단독성이 만들어냈던 유럽적 사고의 모든 주장과 형식적 장치는 바로 그러한 변화와 맞물려 있다.

철학적 장에서 하이데거는 (주체와 대상 간의 근대적인 명백한 대립보다 앞서서) 인간과 존재자의 어떤 관계가 그리스 철학에서부터 시작되었으며, 근대인들과 동일한 의미에서는 아니지만, 프로타고라스는 인간을 모든 사물의 척도로 삼음으로써 이미 인간과 존재자의 새로운 관계, 다시 말해 서구 형이상학을 창설하는 새로운 관계를 지시한다는 것을 충분히 보여주었다. 그러나 하이데거는 전적으로 철학적 담론에 만족했기 때문에 고대 그리스인들이 설치한 의미작용적 장치들이 드러내는 것을 통해 자신이 분석한 결정들을 보충하거나 보강할 수 없었다. 그런데 그러한 장치들은 전반적인 확증을 가져올 뿐만 아니라, 헬라스인의 "인간중심화" 몸짓에 대한 연구, 그리고 시작점에 있는 그러한 인간중심화와 데카르트의 사상이 반복하고 완성시키는 인간중심화의 차이에 대한 더욱 심화된 연구를 가져온다.

회화적 재현의 사례는, 확실히 결정적이지는 않다고 할지라도, 신기하게 그러한 시각(optique)의 변화를 드러낸다. 그리스 화가들은 처음으로 인간의 발을 (더 이상 측면이 아닌) 정면으로 그리거나, 비스듬하게

---

4 | [역] 광학적 교정은 자연적인 시선이 가져오는 오류를 교정하는 헬레니즘 건축의 기술이다. 가령 신전의 기둥들의 중간 부분을 바깥쪽으로 불룩하게 만들어 결과적으로 곧게 보이도록 만들거나, 기둥들을 건물 안쪽으로 약간 기울게 세워서 건물이 바깥쪽으로 쏠리게 보이는 것을 막는다.

보인 전차의 바퀴를 길쭉하게 그린다. 그것은 원근법에 의한 단축법[5]이다. 더 이상 화가는 익명의 상상력이 영원히 형상화했듯이 그렇게 대상의 표준적인 형태를 제시하는 것을 자신의 목표로 삼지 않는다. 그는 단독적 눈에 대해 대상이 지각되는 각도를 고려한다. 대상의 형태는 광경의 각도에 따라 다양하게 변화한다.

"정면" 유형의 고전적인 이집트 형상과 대조를 이루는 회화에서의 단축법의 발견은 대수롭지 않은 혁신처럼 보일 수 있다. 그럼에도 불구하고 그것은 재현에 있어서 훨씬 더 전반적인 혁명과 동시대적이다. 그 시대는 디오니소스를 찬양하는 시원적인 제의들에 의거해서 연극의 무대 장치가 발달되는 시대이다. 그러한 새로운 시각이 만들어지는 그리스의 도시국가들은 어떤 정치적 제도들을 가지고 있었고, 이 제도들 안에서 평등한 시민들 간의 관점의 대결이, 민주주의적 유형의 정치적 재현이 고안되기 시작했다. 회화, 철학, 연극, 민주주의, 그리고 화폐에서의 단축법 등, 이 모든 재현적 장치들 간에는 긴밀하고도 주목할 만한 상호의존적 관계가 존재한다. 그것들은 동일한 순간에 속하며, 그러한 재현적 장치들과 함께 주체의 원근법이 세워지기 시작한다.

그리스의 단축법과 르네상스의 일점원근법 간의 차이는 고대 그리스인들의 자기중심화된 주체성의 시초와, 정초하고 구축하는 역할을 이번에는 사유 주체의 자신에 대한 확실성에게 부여하는 사고인 데카르트의 사고 간의 간극과 정확히 일치한다. 따라서 프로타고라스와 데

———— 5 | [역] 바라보이는 사물을 그것을 바라보는 시점에 맞춰서 실제의 크기보다 줄어들어 보이게 만드는 회화기법을 말한다. 가령 누워있는 신체를 경사지게 표현하거나 직교로서 표현할 때 단축법을 사용한다. 그랬을 때 돌출, 후퇴 등의 양감의 효과를 얻을 수 있게 된다.

카르트 간의 차이와 관련된, 그리고 이 두 철학 안에서의 "subjectum"[6]의 의미와 관련된 하이데거의 모든 분석들은 시각적 재현의 측면에서 정확한 대응물을 발견하게 될 것이다. 고대 그리스인들은 이미 단독적 주체의 시점에 대한 고려를 전제하는 단축법에 접근해 있었다. 하지만 그들은, 르네상스 시대의 경우에서와 같이 시점의 유일성에 근거해서 세워진 원근법을 기하학적으로 체계화하는 데는 이르지 못했다.

마찬가지로, 그리스 건축에서의 광학적 교정 원리는 건축물들의 단순한 건축 과정을 넘어서는 어떤 의미를 가진다. 관건이 되는 것은 주체의 새로운 지위, 즉 그로부터 출발해서 건축물의 형태가 구상되어야 하는 시각의 중심으로서의 주체의 지위이다. 우리는 파르테논 건축이 수직축과 수평축을 정확하게 따르지 않는다는 것을 안다. 우리가 철저하게 수평적이고 철저하게 수직적인 선들을 사용함으로써 아주 높이 올라간 건물을 짓는다면, 외부에 있는 관찰자에게 그 건물은 위로 향할수록 바깥으로 벌어지고 아래로 향할수록 좁아지는 것처럼 보일 것이다. 그러한 광학적 착각을 교정하기 위해서, 그리스의 건축가는 계산된 변형들을 실행했다. 아키트레이브(architrave), 코니스(corniche)[7]와 같은

---

6 | [역] subjectum은 그리스어 hypokeimenon(아래에 놓인 것)의 라틴어 번역으로 아래에 던져진 것이라는 의미를 가진다. 근대 이전에 subjectum은 어원 그대로 다양한 성질의 근저에 놓여 그것들을 떠받치는 '기체'라는 존재론적인 의미를(그리고 명제 중에서 다양한 성질에 의해 술어가 부가되는 '주어'라는 논리적인 의미도) 지니고 있었다. 이러한 subjectum은 오늘날의 의미와는 정반대로, 정신이나 의식에서 독립하여 존재하는 실체, 의식 바깥에 그 자체로서 존재하는 것을 가리키는바, 오늘날의 '객관적인 것'에 오히려 더 가깝다.

7 | [역] 신전의 기둥들이 받치고 있는 상단의 수평 부분을 가리킨다. 기둥 바로 위에 아키트레이브가 있고 이것 위에 부조조각들로 장식된 프리즈가, 프리즈와 삼각 아치형의 지붕인 프롱통 사이에 코니스가 자리한다.

긴 수평물들은 감지할 수 없을 정도로 볼록한 형태를 지니고 있다. 눈에는 직선처럼 보이기 위해 그것들은 중앙 부분이 활 모양으로 휘어져 있으며 약간 내려가 있다. 파르테논의 최상층 기단(stylobate)[8]은 중심부에서 약간 볼록한 형태를 가지고 있다. 마찬가지로 기둥들 사이의 수직적인 주간(株間)들[9]은 위로 올라갈수록 안쪽으로 기울어져 있는데, 이것은 바깥쪽으로 기울어지는 광학적 착각을 교정하기 위해서이다. 다른 한편 ("엔타시스"라고 불리는) 기둥의 부풀린 부분은 직선으로 된 기둥의 둘레가 점점 줄어드는 것처럼 보이게 하는 광학적 착각을 교정한다. 이처럼 건축가는 관찰자의 눈을 출발점으로 삼아 시각적 보정을 적용했다. 건축가가 세운 것은 위치시킬 수 없는 신의 시선에게 제공된 건물 그 자체가 아니라, 그것을 바라보는 인간에 대한 건물이다. 오이디푸스의 대답과 파르테논의 광학적 교정은 상징의 역사의 동일한 순간에 속한다. 즉 그것은 원근법적 주체의 설립이다.

따라서 그리스의 인간은 형상에 대한 매혹으로부터 벗어나는데, 이는 형상의 제거에 의해서가 아니라 새로운 장치의 고안에 의해서이다. 그는 외관을 관찰자 주체의 "시점"에 종속시킴으로써 대상에 대한 주체의 지배를 구현한다. 그처럼 외관을 생산하고 (제욱시스의 새들을 제외하고는 아무도 속지 않았다고 할지라도) "눈속임"을 목표로 하는 광학적 착각의 기발한 제조인이 됨으로써, 그리스의 인간은 감각적인 것을 지배하기에 이른다. 이미지는 더 이상 자체적으로 인정받지도 못하고, 거대한 조각상들로도 세워지지 않는다. 그것은 언제나 어떤 사람에

---

8 | [역] 아래에서 기둥을 떠받치고 있는 삼면석 가운데 가장 위에 있는 받침돌을 가리킨다.

9 | [역] 주간은 기둥과 기둥 사이의 수직적인 간격을 가리킨다.

대해서 배치된 이미지이다.

보는 자의 시점을 무시하는 거대하고 영원한 말없는 현전으로서 존재하는 대신, 그것은 관찰자 주체가 점유하는 특정한 위치를 선-시각(pré-vision)의 자격으로서 형식적 구성 안에 포함하는 재현이 된다. 주체에 대한 대상의 회화. 이러한 회화는 대상 그 자체로서도 아니고 상상력 일반에 대해서도 아닌, 공간 안에 정확히 위치한 어떤 사람의 단독적 눈에 대해 주어지는 바로서, 대상의 광학적(optique) 외관을 기술적으로 만들어낸다. 그러한 회화 안에서, 세계 광경의 초점으로서──단독적 주체로서──존재한다는 의식은 이미지를 구성하는 장치 자체의 일부가 된다. 단축법의 기술은 회화의 장에서 대상에 대한 우연적이고 유일한 시점이 고려되고 있음을 증언한다. 형상화되는 것은 대상 그 자체, 불변의 모델, 즉 그 어떤 단독적 지각도 변형하고 변조하지 못하는 절대적 형태, 항상 반복될 수 있는 형태가 아니다. 오히려 그것은 시점에 의해 상대화된 대상, 공간 안에서 주체가 자신의 고유한 위치로부터 구성하는 대상이다.

단축법을 도입하고 돋을새김이나 명암법과 같은 또 다른 공간적 깊이의 효과들을 도입한 그리스의 광학적 사실주의는 이미 객관성과 주관성 간에 존재하는 상호의존적 관계를 완벽하게 드러내고 있다. 주체가 사물을 독립적인 객관성 속에서 정립할 수 있는 것은 또한 바로 그 주체가 스스로를 단독적인 시점의 원천으로서 인정하는 순간이다. 따라서 모방 예술은 이집트인들의 상징주의적이고 마술적인 예술과는 반대로, 그리스적인 인식 체계(épistémé)의 노력이 추출하려고 애쓰는 유형의 객관적 진리──자유로운 개체성으로 향하고 합의에 도달하기까지의 단독적 시점들의 민주주의적 대결로 향하는 윤리적이고 정치적인 경향들로서의 객관적 진리——와 일치한다.

그리스인들이 (우리가 알고 있듯이 르네상스 때에야 획득되었던) 일점원근법의 체계적이고 수학적인 설립에 도달하지 못했다고 할지라도 그들은 광학적(optique) 사실주의에 근거한 회화와 조각의 시각을 공들여 만들었으며, 바로 이것이 세계에 대한 원근법적 개념화의 시작이다. 그런 의미에서 우리는 회화 속에 이미 함축되어 있는 것을 포함해서 "원근법"에 대해 말할 수 있다. 그런데 철학이 사고의 영역에서 그리스적 단절을 도입한 것처럼 원근법은 회화의 역사에서의 단절이다.

그것이 메소포타미아에서건 고대 중국에서건 콜럼버스 발견 이전의 미국에서건 혹은 파라오의 이집트에서건, 그 모든 원시 민족들에게 공통적인 "선-그리스적(pré-grec)" 형상화의 양식을 묘사하기 위한 여러 용어들이 제시되었고, "정면성(frontalité)"(줄리우스 랑게)[10]이나 "정면 이미지들에 기초한 것"(하인리히 샤퍼)[11]이라는 용어들이 오랫동안 지배적이었다. 또한 보는 것이 아니라 본다고 생각하는 것을 그린다는 점을 강조하기 위해서 사람들은 "관념조형적(idéoplastique)"(헨리 프랭크포트)[12] 혹은 "관념생성적(idéogène)" 예술에 대해 말했다. 곰브리치가 이야기하듯이, "이집트인들은 실존한다고 알고 있었던 것을 그렸고, 그리스인들은 보았던 것을 그린다."[13] 마치 선-그리스적 회화가 언제나

---

10 | [역] 줄리우스 랑게(Julius Lange 1838-1896)는 덴마크의 예술학자로서 처음으로 정면성이라는 개념을 만들어냈고, 특히 콜럼버스 이전의 아메리카와 선-그리적 예술에서의 인간의 재현과 대상에 대해 연구했다.

11 | [역] 하인리히 샤퍼(Heinrich Schäfer 1868-1957)는 독일 출신의 이집트 학자이다.

12 | [역] 헨리 프랭크포트(Henri Frankfort 1898-1954)는 덴마크 출신의 이집트 학자이다.

"기억 속에 있는" 그림, 동일한 유형의 대상들(나무(*l'arbre*), 새(*l'oi-seau*), 물고기(*le* poisson)[14])에 의해 정신에 남겨져 있는 종합적이며 단순화된 정신적 이미지를 따르는 그림이라면, 반면에 그리스의 데생은 그리는 자가 보는 각도에서 출발해서 그 나무의 형태를 포착하는 "있는 그대로(*d'après nature*)"의 그림인 듯하다. 그렇기 때문에 원시시대의 재현물과 아이의 데생 간에 종종 행해졌던 비교는 근거가 없지만은 않다. 다만 원시시대 회화에서 전통에 의해 정해진 규준들, 특히 가장 정교하고 가장 훌륭하게 형상화의 양식이 탐구된 경우인 이집트 회화의 규준들이 훨씬 더 제약적인 중요성을 강조한다는 사실을 제외한다면 말이다.

그런데 우리가 채택하게 될 용어는——셰퍼의 기초 저작에 대한 발문에서 엠마 브루너-트라우트(Emma Brunner-Traut)가 제안했던 것으로——국면적(aspective)이라는 용어다. 이 용어는 그 구성에 의해 두 가지 양식의 형상화들 간의, 더 나아가, 두 가지 유형의 문화들 간의 분명한 대비를 잘 드러낸다.[15] 형상화의 방법에서, 국면적인 것과 원근법적

---

13 | E. H. Gombrich, *L'art et son histoire*, trad. E. Combe, Paris, 1967, t. I, p. 191(에른스트 H. 곰브리치, 『서양미술사』, 백승길·이종숭 옮김, 예경, 2013). 언급한 다른 저자들은 다음과 같다. Julius Lange, *Darstellung des Menschen in der älteren griechischen Kunst*, Strasbourg, 1899; Frankfort et Verwon, *Ideoplstische Kunst*, Iena, 1914; H. Shäfer, *Von ägyptischer Kunst*, Leipzig, 1919, trad. anglaise: *Principles of Egyptian art*, Clarendon Press, Oxford, 1974.

14 | [역] 여기서 저자는 나무, 새, 물고기의 프랑스어 앞에 이탤릭체로 정관사(le, la)를 놓는다. 따라서 이때 나무, 새, 물고기는 개체적 사물들이 아닌 일반적인 대표 사물을 의미한다.

15 | Emma Brunner-Traut, «Aspective», épilogue de *Principes de l'art Egyptian*

인 것의 차이는 어떤 단절과 확실하게 일치하는데, 이러한 단절의 미학적이고 문화적인 의미는 재현의 역사 안에서 다른 어떤 구분과도 등치될 수 없다(더욱 문제적인 추상 예술의 경우를 별도로 한다면 말이다).

이집트 회화에서는 색에 의하거나 선들의 구성에 의한 깊이 효과가 존재하지 않는다. 모든 것이 평평하게, 같은 수준에 배치된 것처럼 나타난다. 인간 신체나 동물 신체의 모든 부분들이 앞면이나 옆면이나 모두 정면적인 투사로 제시되며, 그 어떤 "비스듬한" 광경도 없다. 발들은 기본선 위에 옆으로 놓인다. 동일한 이미지 안에서 여러 시야각들이 단일 시점에 대한 염려 없이 조합된다. 수영장은 푸른 사각형으로 형상화될 것이고(수평적으로 상승한 상태에서 보인 수영장), 반면에 물고기들은 옆면으로, 나무들은 수영장 사각형의 선들 옆에 "눕혀져서" 형상화될 것이다. 대상 각각에 대한 일반적인 원칙은 최적의 가시성의 원리이다. 대상은 가장 빠르게 그것을 알아볼 수 있게 하는 옆면으로 형상화된다. 그리하여 형태들이 정형화된다. 동일한 대상이 어떤 규준적인 제시에 의해 늘 같은 방식으로 그려지는데, 그러한 규준적인 제시는 대상에 대한 관찰자 주체의 다양한 상황과 무관한 것처럼 보인다. 그 모든 것은 "고정되고", "정지된" 특징을 이집트 회화에게 부여하는데, 이러한 공식적이며 종교적인 특징이 바로 이집트 회화의 재현 양식의 특징이다. 이집트인들은 사람들이(on) 보는 것(판타즘이나 신성성의 확고부동한 시대 이래 그것이(ça) 보는 것)을 그리는 반면에 그리스인들은 내가 보는 것을 그린다. 그리스인들은 단수 1인칭으로서의 재현 양식에 접근한다.

———— *art*, Clarendon Press, Oxford, 1974.

우리가 그러한 장치 안에서 "인간"이 점유하는 새로운 자리를 고려하지 않고서 원근법에 의해 도입된 혁신을 기술할 수 없다는 점은 중요하다. 원근법에 의한 구성은 자기 자신에 대한 의식적인 관점으로서, 원천과 목표와 결과로서 "인간"을 중심에 위치시킨다. 이집트인들이 마치 대상이 독립적으로 존재하는 것처럼 그것을 "앞쪽에 세워" 놓는 반면에, "그리스인들은 그렇게 인간중심적으로 행동하면서, 자신이 중심점에 자리 잡고 대상에서 발사되는 모든 광학적 선들을 자신의 눈안으로 모은다."[16] 이것은 자기중심화 장치에 대한 타당한 묘사이나, 차라리 이렇게 말해야 했을 것이다. 그것은 대상에 도달하기 위해 그의 눈에서 발사하는 광학적 선들이라고. 그리스의 광학에서 광선은 대상에서 발사되는 게 아니라 눈에서 발사된다고 여겨졌으니까 말이다.[17] 이러한 개념은 게다가 관찰자, 인간의 "시점"에 부여된 능동적이며 중심적인 역할을 더 잘 부각시킨다. 광학적 선을 "방사하는" 그러한 눈의 이론을 이끌어내었던 것, 그리고 광물리학 이론으로서는 거짓이라고 할지라도 시각의 원근법적 구성으로서는 참인 것이 바로 그러한 개시적인 원근법적 장치의 힘임을 우리는 가정할 수 있을 것이다.

그러한 구성은, 지각의 영역 안에서, 세계에 생명을 불어넣고 마법적인 심오함을 주었던 무의식적 투사들을 단번에 철회함으로써 주체가 자신을 스스로 광경의 원천이자 주동자로서 식별하게 되는 작용에 형태를 제공한다. 지각된 세계는 고갈되지 않는 의미들로 넘쳐났던 모호한 상징으로부터 이제 하나의 사실, 하나의 대상이 된다. 따라서 회화

---

16 | Op. cit. édition anglaise, p. 42.

17 | cf. Gérard Simon, *Le regard, l'être et l'apparence dans l'optique de l'Antiquité*, éd. du Seuil. 1987.

에서 국면적인 것에서 원근법적인 것으로의 이행은 제도들 전체에 영향을 끼침으로써 보다 일반적인 어떤 변화의 지표가 될 수 있는바, 저 용어들[국면적인 것과 원근법적인 것]은 그러한 제도들을 개괄함으로써 그것들의 특징을 지시할 수 있을 정도까지 이른다.

민주주의, 연극, 철학적 대화, 그리고 회화에서의 단축법에 화폐와 관련된 그리스인의 발명을 추가해야 하는데, 이 마지막 것은 문제가 되는 장치의 변화를 정확히 표시한다.[18] 이집트인들은 명목 화폐(monnaie de compte)를 사용하고 있었다. 명목 화폐는 상품들의 평가를 위한 준거 단위를 제공하는 이상적 본위(本位)였다. 하지만 상품들은 시장에서 뚜렷한 물물교환의 형태로 계속해서 교환되고 있었다. 그리스의 혁신은 국가가 관리하는 화폐 주조를 통해 척도의 이상적 기능과 교환의 일상적 도구 기능을 하나의 통화체(corps monétaire)로 결합한다는 데 있다. 그리스의 화폐는 값비싼 금속체 안에 표시된 가치의 일반적 척도만이 아니다. 그것은 또한 시장으로 하강해서 교환자들의 상업적 거래에 참여한다. 보편적인 척도의 초월성은 이제 시장 외부 너머 어딘가에서 유지되지 않으며 교환하는 주동자의 특정 시점과 일치하게 된다. 개인 각각은 보편적인 척도의 소지자이며, 이 척도는 동시적으로 교환을 실행하는 수단이 된다. 그 기원에서까지 확실하게 "민중선동적인 (démagogique)"(귀족제에 반대하는 민중을 만족시키려고 애쓰는 "폭

---

18 | cf. E. Will, «De l'aspect éthique de l'origine grecque de la monnaie», *Revue historique*, 212, 1954, p. 209와 이후; J.-P. Vernant, *Les origines de la pensée grecque*, P.U.F.(『그리스 사유의 기원』, 김재홍 옮김, 길, 2005) *Mythe et pensée chez les Grecs*, Maspero, 1965(『그리스인들의 신화와 사유』, 박희영 옮김, 아카넷, 2005).

군"의 결정)[19] 그러한 **유통 화폐**의 장치는, 태어나는 중인 민주주의건 혹은 원근법의 시초건, 그리스 세계의 제도적인 독특성을 궁극적으로 만들어내게 될 어떤 것과 완벽하게 일치한다.

우리는 이집트의 이상적인 화폐와 국면적인 것을 결합하는 상관관계를——마찬가지로 유통 화폐와 원근법적인 것을 결합하는 상관관계를——분명하게 본다. 이집트 회화가 단독적 관찰자의 가변적인 시점을 전혀 포함하지 않는 규준적인 형태를 따름으로써 늘 같은 측면으로 대상을 제시하는 일련의 조망(vue)으로 구성되는 것과 마찬가지로, 이집트의 화폐는 이상적인 본위로, 즉 교환자들에 대해 초월적인 어떤 장소에서부터 가치를 매기는 불변적인 원형으로 남아있다. 반면에, 원근법이 객관적 광경에 도달하기 위한 것임에도 불구하고 구성상 주체의 단독적이고 우연적인 시점을 전제하는 것처럼 유통 화폐는 개별적인 교환 주동자의 내재성을 보편적인 척도와 일치시킨다.[20]

오이디푸스의 플롯은 국면적인 것이 지배하는 세계에서 원근법적인 것이 지배하는 세계로의 이행의 상상적(imaginal) 조건들의 흔적을 간직하고 있는바, 우리에게 남겨진, 가장 다원적으로 결정되어 있고 가장 풍부한 기념비적 작품이다. 오이디푸스의 신화는 국면적인 것에서 원근법적인 것으로의 이행을 예시하고 드러낸다. 스핑크스는 오이디푸스의 대답과 자세 때문에 소멸된다. 상상적 혹은 상징적 존재인 스핑크스는

---

19 | cf. E. Will, «Réflexion et hypothèses sur les origines du monnayage», *Revue numismatique* 17. 1955. pp. 5-23.

20 | J.-J. Goux, *Les monnayeurs du langage*, éd. Galilée, 1984, et *Encyclopédie philosophique*. Tome 1, P.U.F., article: «Catégories de l'échange: idéalité, symbolicité, réalité».

주체가 스스로를 가시적인 것의 중심으로 파악하지 않을 때만, 그리고 인간 영혼의 내부적인 차원이 외부를 향해 비(非)의식적 투사를 계속할 때만 진리를 보유한다. 따라서 스핑크스에 대한 승리는 세계에 대한 원근법적 시각의 새로운 출현이다.

그러나 바로 그러한 움직임에 의해, 태곳적 전통에서부터 받아들여 졌던 어두운 투사 이미지들과의 의례적 대결에 근거해서 세워진 입문의 시련은 대상이 없어진다(혹은 대상이 없는 것처럼 나타난다). 입문의 시련은 자기의식에게, 그리고 인간 주체의 자율적 인식의 직접적이고 사변적인 투명성에게 자리를 양보한다. 왜냐하면 스핑크스나 신들이나 꿈들처럼 입문은 국면적인 것 안에서만 존재하기 때문이다. 우리는 여기서 오이디푸스 신화의 잠재적 힘을 포착한다. 이 신화 안에서 어떤 변화(mutation)가 제시되는바, 이 변화를 인간학적이라고 말하는 것으로는 부족한데, 왜냐하면 세계에 대한 인간-논리학적(anthropo-logique) 시각의 가능적 조건들이 그 신화 안에서 결정되기 때문이다. 오이디푸스의 자세는 모든 인간학의 상상적 토대이다.

중요한 한 에피소드가 페리클레스의 그리스가 그러한 가능성이 성취되는 장소와 시대로서 간주될 수 있다는 것을 보여준다. 어떤 면에서 그것은 오이디푸스의 해결과 근접해 있다. 그것은 플루타르코스가 묘사하는 페리클레스의 외투에 관한 일화이다. 갑자기 일식이 일어나 배의 키잡이가 겁을 먹자 페리클레스는 자신의 외투로 그의 눈을 덮어 씌워 가린다. 그리고 그는 키잡이에게 일식의 원인은 자신의 외투처럼 불투명한 물체에 불과하며 다른 아무것도 아니라고 설명한다. 그리하여 아테나이의 지도자는 원근법적인 것을 시연함으로써 미신에 사로잡힌 선원을 일식 앞에서의 성스러운 공포로부터 해방시킨다. 따라서 천체들을 신의 기호들처럼, 신적인 것에 대한 해석적 지혜(sapience)에 종속되는 의미를 가진 천상의 상형문자들처럼 지각하는 대신에, 아낙사고라스와 교류했던 페리클레스는 광학의 기본 법칙들을 따르는 현상들만을 본다. 사제들과 신들의 지혜에 대립되는 새로운 지혜에 의해 그는 신성한 어둠의 공포로부터 승리를 거둔다. 그렇기 때문에 무시무시한 일식 앞에서의 페리클레스의 승리는 스핑크스 앞에서의 오이디푸스의 승리와 동일한 의미를 지닌다. 그것은, 이 단어의 모든 의미에서, 국면적인 것에 대한 원근법적인 것——혹은 인간의 합리적인 관점——의 승리다. 인간은 자신을 세계에 대한 시점으로, 모든 것에 대한 유일하고 중심적인 척도로 위치시킴으로써 단번에 객관적인 시각을 획득하며, 이러한 시각은 모든 수수께끼를 해결하고 공포를 달래며 스핑크스들 일체를 심연 속으로 떼밀어 버린다. 이러한 것이 인간중심화의 순간이 탄생시키고 유지하는 자신감이다. 원근법적으로 세계를 지각하기 위해 국면적으로 보기를 멈추는 것, 그것은 신들의 언어로 소곤거리는 사물들에게서 불가사의한 깊이를 단번에 제거하는 것이다. 달, 태양, 별들은 이제 심오한 의미를 지나치게 적재한 기호들, 전조들처럼 해독해야 하는 기호들이 아니다. 그것들은 대상들, 물리적 현상들이다. 인간은 기도와 공포 사이에 걸쳐 있으면서, 언제나 상위의 힘들에 의존하고, 애매하고 변덕스러운——늘 간접적인 기호들 안에서 인간이 해독하려고 노력하는——신적 법령들에게 자신의 행위를 종속시키는 저 두려움과 기다림의 존재가 더 이상 아니다. 신들의 힘의 위협과 신들의 도움 모두로부터 해방되어, 다른 누구도 아닌 오로지 자기 자신으로부터만 배우고 오로지 자신의 명료한 이성에만 의지하면서, 인간은 현상들 한가운데에 우뚝 서서 홀로 자기를 지배한다. 오이디푸스는 혼자 힘으로 성공하고, "인간"이라는 단어를 말함으로써 프로타고라스의 철학적 야심 전부를 한 놀라운 표의문자 안에 압축시킨다! "인간은 만물의 척도다." 소포클레스가 그러한 새로운 야심을 진정한 반란으로서 알아보았다는 것, 위대함으로 넘쳐나지만 또한 신성모독의 위험으로 충만한 그러한 야심을 알아보았다는 것, 이것이 『안티고네』의 유명한 코로스 합창이 증언하는 내용이다. "세상에 놀라운 것이 많다 하여도, 가장 놀라운 것은 사람이라네."[21] "또한 언어와 날랜 생각과 도시에 질서를 부여하는 심성, 그는 스승이 없이 혼자서 배웠다네."[22] 그런데 인간은 독학자적이고 전제적인 동일한 움직임을 통해 "뻔뻔스러운 죄인"이 되어 "법에 대항해 반란을 일으킬" 수도 있지 않을까?

그리스인들에게 단일적인 중심화는 무엇보다도 인간의 시점처럼 산출된다. 그렇기 때문에 신의 단일성이나 다수성은 그들에게 본질적인 문제도 아니고 토대적인 문제도 아닌 것이다. 투사적인 마법으로부터, 그리고 세계를 의미로 가득 채운 의미론적 부여로부터 빠져나오게 한 것은 일신론적인 단호한 결심이 아니라 인간학적인 결심이다. 밀교적 상징주의(인간 존재를 무한한 해석들과 대면시키는 상징주의)의 해체와 어두운 힘들이 살지 않는 사실의 세계로의 접근은 형상화할 수 없는 유일무이한 신과의 분리를 통해서가 아니라 인간중심화의 활동과 자기의식을 통해서 얻어진다. 세계의 마법풀기를 완성하는 것은 (회화적 기술에만 제한되지 않는 확장된 의미에서의) 원근법이다. 그렇기

---

21 | 소포클레스, 「안티고네」, v. 332-v. 333(『소포클레스 비극 전집』, 108쪽. 번역 일부 수정).

22 | 소포클레스, 「안티고네」, v. 353-v. 355(『소포클레스 비극 전집』, 109쪽. 번역 일부 수정).

때문에 우상들을 파괴하고 형상화 일체를 거부할 필요는 없다. 사실주의적 광학, 일점원근법을 따르는 재현은 이미지의 폐지가 아닌 다른 경로를 통해 투사적 환영들을 제거한다. 그리스인들은 기술적으로 환영을 구축하고, 눈속임의 합리적 조건들을 계산하면서 재-현시 그 자체에 의해 세계의 "마법을 푼다." 다시 한 번 말하는데, 그렇기 때문에 일신론과 다신론 사이의 선택이 그리스인들에게 단 한 번도 결정적인 질문으로서 제기되지 않았던 것이다. 그들이 유일무이하고 배타적인 **신**(Dieu)보다는 단수로서의 신(divin)을 생각했다면,[23] 이는 그들에게 통일적인 중심화가 **신**으로부터 시작되지 않고 인간으로부터 시작되었기 때문이다. "너 자신을 알라"는 그런 점에서 대단히 중요하다. 철학은 자기로의 회귀와 자기-반성을 통해 출발점을 획득한다. 탈-신화화의 운동에서 지탱점이 되는 것은 자기 자신이다. 그러한 자기 인식의 결정이 신과의 관계를 변화시키고 일자에의 접근을 가능하게 한다는 사실, 이것은 최초의 명령이라기보다는 오히려 초월론적(transcendantal) 상관물이다. 심지어 유일신(Dieu)은 절대적인 반성의 양태에서 이해될 것이다: 아리스토텔레스에게서 신은 "스스로 자기를 사유하는 사유"[24]다.

---

23 | François, *Le polythéisme et l'emploi du singulier des mots Theos et Daimon dans la littérature grecque d'Homère à Platon*, ≪Les Belles Lettres≫, Paris, 1957.

24 | [역] 원서에는 인용 출처가 밝혀져 있지 않다. 이 문장은 아리스토텔레스, 『형이상학』, 9장에 나오는 것으로서 신적인 이성의 존재방식을 의미한다. "신적인 사유가 가장 좋은 것이라면 그것은 자기 자신을 사유하며, 사유는 사유에 대한 사유이다."(『형이상학』, 김진성 역주, 527쪽. 불어 원문에 맞춰서 번역을 일부 수정했음)

소포클레스는 확실히 비할 데 없는 궁극적인 심오함을 가지고 여전히 신화의 눈으로 철학자를 보고 있다. 신앙과 조상 전래의 의례들에 충실한 낡은 그리스의 인간인 그는 지금 지혜로운 자라고 자처하는 자들의 자기만족에서 어떤 대담성을 알아보는데, 오이디푸스의 이야기는 그것을 치명적인 결말과 함께 예견하고 있다. 철학자들은 신화적 이성과 결별하는 것을 임무로 갖는 어떤 새로운 이성을 공들여 만드는 반면에——그리고 아마도 그럼으로써 철학자들은 신화가 플롯 안에 설치한 윤리적 구속들의 놀이 안에 있는 그들 자신의 고유한 위치를 보지 못한다——, 극작가는 신화적인 현명함의 눈을 통해서 철학자의 젊은 형상이 출현하는 것을 본다. 그렇기 때문에 소포클레스의 비극은 일종의 앎으로 풍부하며, 오늘날까지도 그러한 앎의 효과들이 고갈되지 않는 것이다. 철학자는 신화를 이해하지 못하고 신화의 영향력을 평가절하하고 신화의 역량과 논리를 인식하지 못한다. 투사적인 옛 신앙들로부터 분리되려는 적법하고 영웅적인 노력을 통해 철학자는 일관성 없는 우화들과 이 우화들에게 양분을 제공하는 완고한 미신들의 육중한 덩어리를 한데 모아 내쳐버린다. 하지만 극작가는 철학적 이성을 이해하며 그것에게 자리를 마련해 주고 어떤 영역을 제공한다. 비록 그가 이런저런 편파성 내지는 고의적인 침묵과 함께 철학적 이성에게 끔찍한 저주의 운명을 가차없이 예정 지을지라도 말이다.

그렇지만 소포클레스가 테바이 왕의 비극을 통해 철학적 장면을 전형화한다면, 그는 예시나 알레고리로서 그렇게 한 것이 결코 아니다. 아테나이의 아고라에서의 새로운 소포스[25]의 모범적 형상을 완전하게 해독하기 위해서는 그러한 무대의 약호를 갖는 것만으로는 충분하지 않다. 비극은 철학이 자기 자신에 대해 알지 못하는 것, 철학이 자신의 용어들 속에서 심지어 어렴풋하게도 볼 수 없었던 것을 밝히면서 철학의 무대를 파고들고 뒤흔든다. 소포클레스는 철학이 여전히 눈먼 채로 남아있을 수밖에 없는 한계들을 추적하면서, 그리고 철학을 설립하는 자세——그 자체가 사유되지 않은 자세——를 폭로하면서 강한 의미에서 비판론을 내놓는다. 비극에 의한 비판——헤겔처럼 오이디푸스의 지성이 철학적 의식을 창시했다고 인정했던 철학자들마저도 알아차리지 못한 비판——은 요컨대 하이데거가 존재에 대한 성찰을 통해 시도했던 비판보다 더 강력하다. 오이디푸스의 플롯이 폭로하는 것은 데카르트와 니체로까지 이어지는 철학자의 정복자적 방향성을 낳은 원(原)-철학적 자세이다. 근대인들의 개념성들과 관련해서 그러한 자세에서 대단히 흥미로운 점은 그것이 철학자의 위치의 상상적 선-조건들(pré-conditions)을 완전히 없애버리지 못한다는 것이다. 그것은 철학적 자세의 망각된 기반과 환원불가능한 맥(脈)을 드러낸다. 그것은 철학 자체 안에서는 알려지지 않은 철학하는 태도의 경계선들을 긋는 것을 가능하게 한다——경계선들을 건너기 위해서, 그리고 하이데거의 숙고가 그 윤곽을 그음으로써 남김없이 드러냈던 영토(enclos)의 이편이나 저편으로 벗어나기 위해서. 세부적으로 더 들어가기 전에, 지금 그것을 이야기해 보자. 빛의 시대 이후, 서양적 사유가 반성적 주체에게는 낯선 또 다른 무대처럼 인식할 수밖에 없었던 무엇, 그것은——자기의식으로서의 주체를 정초하는——오이디푸스의 자세가 배제시켰고 부인했던 바로 그것이다. 입문의 문지방을 지키는 문지기이자 "수수께끼를

---

25 | [역] 지혜로운 자.

지닌 암캐"에게 대답하는 위치에 자신을 놓고 자기 입문이라는 자만심 속에서 "인간"이라는 단어로 여자 괴물을 제거할 수 있다고 믿는 것, 바로 이러한 것들이, 그 여파로서, 의식이라고 불리게 될 것과 무의식이라고 불리게 될 것 간의 차이를 설립한다. 헤겔은 그것을 어렴풋하게 알아보았지만, 어떤 정당한 이유 때문에 그로부터 가르침을 끌어낼 수는 없었다.

오이디푸스의 자세는 자기 자신을 알라고 명령하는 아폴론의 가르침의 타락한 형태다. 마치 스핑크스의 정복자가 잘못된 자기 인식의 길——신을 숭배하는 대신 신에게 상처를 입히는 길——로 빠져드는 것처럼 모든 일이 일어난다.

델포이 신전의 "너 자신을 알라"라는 문구가 잘못 해석될 수 있다는 것에 대한 한 예를 나르시스의 신화가 제공한다. 테이레시아스가 예언자적 발언을 통해 경계하는 것은 바로 나르시스다. "더 잘 살아가기 위해서 자기를 알아서는 안 되오." 우리는 어째서 나르시스의 자기 인식이 잘못된 자기 인식인지를 금방 이해한다. 그것은 겉모습, 거울 이미지, 상상적 반사를 경유하고, 자신의 얼굴에 대한 치명적인 사랑에 이르게 된다. 델포이의 명령은 겉모습의 나보다는 은폐된 비가시적인 자기(soi)를 가리킨다. 대지의 중심, 배꼽에서 나오는 명령인 델포이의 "너 자신을 알라"는 필멸적인 자신의 얼굴의 반사된 모습과 관련되는 게 아니라 영혼의 내부에 있는 신적인 자신을 향한 힘겨운 접근과 관련된다. 그러나 아폴론의 가르침에 대한 가능한 또 다른 타락한 판본이 있는데, 이것은 더욱 정교하고 은밀하며 기나긴 운명이 예정되어 있다. 이 판본은 나르시스의 거울반사적(spéculaire) 호감에서 나오는 자신의 이미지에 대한 직접적인 매혹 속에서 성립되는 것이 아니다. 그것은 감성적이기보다는 오히려 지성적인 사변적(spéculative) 방향정립 속에서 성립된다. 그것은 오이디푸스의 타락——그리고 철학의 타락——이다. 따라서 아폴론의 사제이자 늙은 맹인, 입문된 자인 테이레시아스는 적어도 델포이의 말에 대한 두 가지 잘못된 해석을 경계한다. 아폴론적인 것에 고유한 자기 인식은 나르시스의 자기 인식도 아니고 오이디푸스의 자기 인식도 아니다. 그것은 거울 속에 비친 자신의 이미지에 대한 매혹이 아니다. 그것은 또한 추상적인 성찰성도 아니고, 사유하는 집약체로 영혼을 축소하고 "나"나 유적 인간으로 모든 진리를 환원시키는 그러한 자기에 의한 자기 인식도 아니다. 지성의 과도한 사용과 자아의 자기만족이 강화되는 자아중심화는 신들에 대한 부정과 모든 가르침의 거부로 이어진다.

그러한 것들이 오이디푸스의 오만(hubris)이다. 그는 인간의 시점을 원근법의 유일한 중심으로, 자기의식을 가진 반성하는 "나"를 만물을 비추고 해명할 수 있는 유일무이한 빛으로 만든다. 스핑크스에게 한 대답은 인간을 만물의 척도로 만듦으로써 신성한 것의 어두움을 화나게 하고 신들의 기호를 부정하는바, 이러한 대답에서 시작해서 모든 진상을 밝히기 위한 조사에 이르기까지 오이디푸스는, 그 어떤 초(超)-개인적인 타자성이 없이, "너 자신을 알라"라는 문구를 자아의 총체적인 지배나 자기반성적인 의식으로 향하게 하는 자이다.

소포클레스의 언어들은 중요한 의미를 갖는다. "나"의 놀라운 어휘적 중요성은 『오이디푸스 왕』에서 이미 강조되었었다.[26] 오이디푸스가 했던 언술의 첫 150행들 가운데 14행은 "나는(je)" 혹은 "나의(mon)"라

---

26 | B. Knox, *Œdipus at Thebes*, op. cit. p. 21.

는 유형의 몇몇 어휘 형식으로 끝을 맺으며, 15행도 같은 방식으로 시작된다.[27] "나(moi)"라는 단어도 여러 차례 나타난다. "설사 내 혈통이 미천하다 하더라도, 나(moi), 나는 그것을 알아내기로 결심했소이다."[28] 조금 뒤에 같은 독백에서 "나는 나(moi), 나를 행운의 여신의 아들로 여기는 터라."[29] 존재 안에 자기를 위치시키는, 그리고 준거의 중심으로서의 자기에서 출발해서 사고하는 결정적인 방식을 매우 잘 표시하는 자기 자신에 대한 고집이 바로 "나, 오이디푸스는"이다. 이러한 것들이, 연극의 시작부터 끝까지 이어지는 영웅의 존재론적 자세이다. 그리고 바로 그러한 내(moi)가 모든 진상을 밝히는 일을 맡은 예외적인 자이다. 라이오스를 죽인 장본인을 찾아내겠다는 오이디푸스의 결심이 표현되는 방식보다 더 의미심장한 것은 없다. "나, 내가 밝히겠소(egó phano)."[30] 이중적인 의미에서 읽히도록 만들어진 저 표현의 애매성에 사람들이 주목했던 것은 당연하다. 그것의 의미는 '나 자신이 수수께끼(라이오스의 죽음의 불가사의)를 밝힐 것이다.'이지만 또한 '내가 나 자신을 밝게 만들 것이고, 내가 나를 발견할 것이고, 내가 나를 빛 속에 놓을 것이다.'이기도 하다.[31]

하지만 더 나아가, 오이디푸스가 새로운 방식으로 규정되는 것은 플롯의 전체적 구조에 의해서이며, 우리는 그것을 임시적으로 자기논리

---

27 | [역] 불어에서 je, mon, moi는 각각 1인칭 주어 나의 주격, 소유격, 여격에 해당된다.

28 | v. 1076, 「오이디푸스 왕」, 『소포클레스 비극 전집』, 71쪽.

29 | v. 1076, 「오이디푸스 왕」, 『소포클레스 비극 전집』, 72쪽.

30 | v. 132, 「오이디푸스 왕」, 『소포클레스 비극 전집』, 34쪽(번역 일부 수정).

31 | J.-P. Vernant, P. Vidal-Naquet, *Mythe et tragédie en Grèce ancienne*, op. cit. p. 107.

(autologique)라고 부를 수 있을 것이다(우리는 이것의 의미를 조금씩 분명하게 밝힐 것이다). 오이디푸스는 자기 자신에 준거해서, 자기-반성적이고 자기-준거적이며 자기-논리적인 방식으로 스스로를 규정하는 어떤 실존이다. 오이디푸스 신화의 이본에 따르면, 오이디푸스는 스핑크스에게 "나 자신"이라고 대답했는데, 이러한 지시는 가장 흥미로운 지점을 구성한다. 사람들은 수수께끼 장면을 재현하는 바티칸의 유명한 접시 그림에서, 마치 오이디푸스가 대답 대신 자신을 가리키는 것처럼 손가락을 자기 쪽으로 향하고 있는 것에 주목한다. 그러나 그러한 신화적 이본과 도상학적인 세부 내용을 신뢰하지 않는다고 할지라도, 오이디푸스의 운명을 규정하는 폭넓은 자기논리적인 장치를 보여주는 것이 가능하다.

극의 흐름은 몇 가지 단어들로 요약될 수 있는데, 이 단어들에서의 어떤 고집이 동일한 특징에 걸려든다. 자기-준거적(auto-référentielle) 대답에 의해 자기-지배자(auto-crate)가 된 독학자(autodidacte)인 오이디푸스는 점점 더 자전적(autobiographique)으로 변하는 조사를 진행한다. 거기서 그는 죄지은 자인 자기 자신을 발견할 것이고 그러한 발견의 결과로 자신에게 자기-처벌(auto-chatiment)을 내릴 것이다. 세부적인 데에 이르기까지 오이디푸스의 모든 줄거리는 그러한 자기논리적인(autologique) 움직임에 의해 표시된다. 그러한 순간들 각각에 집중하면서 전개시켜 보자. 오이디푸스는 신들의 도움도, 필멸자의 가르침도 받지 않으면서 혼자 힘으로 테바이의 구원자가 된다. 대답은(이 대답은, 상기해보자면, 자신을 죽이는 행위――자살――에 의해 스핑크스를 그녀가 앉았던 바위에서 아래로 떼밀었는데) "간단한 반성"에 의해 찾아졌다. 대답 그 자체가 내용에 있어서 자기-반성적이다. 스핑크스에게 한 대답은 "나 자신" 혹은 "인간"이다. 그리고 수수께끼는 바로 그러한 공식화 속에서 발(pous)의 수를 세는 것과 관련된다. 이 단어(pous)는 바로 오이디푸스의 이름(Oidipous, 부은 발)의 기초가 되며 그것은 그의 정체성의 지표이기도 하다. 따라서 오이디푸스가 날개 달린 숫처녀의 수수께끼를 푼 것은(혹은 풀었다고 믿었던 것은) 자기-인식과 자기-정체성의 확인 중에 자기 자신으로 되돌려진 데서 나온다. 그는 왕위 계승의 과정 없이 자기지배자(autocrate), "폭군"이 되는데, 폭군은 적법한 계보에 의해서가 아니라 혼자 힘으로 권력을 장악한 군주이다. 이어서 그는 새로운 수수께끼, 즉 라이오스의 죽음이라는 수수께끼 앞에서 자신이 모든 빛을 가져올 수 있다고 장담하고("나, 내가 밝히겠소."), 따라서 사실을 미리 알지 못한 채 자기 자신에 대한 조사——자신의 출생, 출신, 진정한 정체성——를 수행하기만 할 뿐이다. 그러므로 그가 발견한 근친상간의 죄는 그 자체가 이를테면 자기논리적이다. 그는 말한다. 자기를 잉태했던 품속에서 자신의 씨앗이 나게 했던 것이라고. 오이디푸스는 자기 자신에 대해서, 번역불가능한 단어로, homogenés[32]라고 말하는데, 이것은 자기 자신과 동일한 자식들을 가진 자를 의미한다.[33] 더 확실하게, 우리는 "근친상간자"를 의미하는 그리스 단어 가운데 하나가 autogennetos라는 사실을 지적하지 않을 수 없다. 이 단어가 소포클레스에 의해 사용되지 않았다고 할지라도, 소포클레스는 "자기"나 "자기 자신"이라는 개념이——설령 문제가 되는 것이 부모라고 할 때

32 | v. 1360. [역] 「오이디푸스 왕」의 천병희 번역본에는 "그 자신이 자신을 낳아준 어머니의 아이들을 가진" 자라고 묘사되어 있다.

33 | 이 단어의 번역어에 달린 주석을 P. Mazon, *Sophocle*, Tome II, C.U.F. 1958, p. 122에서 볼 수 있다.

조차——근친상간의 이념 안에 현전해 있음을 입증한다. 그것은 타자와의 성적 관계가 아니라 "자기들 간의" 성적 관계이다. 모든 것은 마치 오이디푸스의 근친상간이 극단적인 지점이었던 것처럼——자신의 운명의 자폐증적이거나 자기지배적인(어쨌든 자기논리적인) 방향 정립의 극단적이고 파괴적인 결과에까지 이른 것처럼——일어난다.

결국 오이디푸스는 자기를 판단하고 자기를 지옥에 떨어뜨리고 자기를 처벌한다. 그런 다음 자기에게서 시력을 없애기 위해 스스로 자기 눈을 찌른다. 그는 자기-절단의(처벌의) 지점에까지 이르는 그러한 자기논리적 운명을 재촉한다. 이러한 행위를 특징짓기 위해 소포클레스가 사용한 용어는 더욱 놀랍다. autokeir, "자기 자신의 손으로"[34]. 이 단어는 "자기를 스스로 죽이는 자"를 의미하기 위해 종종 사용되는 단어이다. 이처럼 냉혹한 엄밀함과 모범적인 일관성의 움직임을 통해, 오이디푸스의 운명은 자기 자신에 의한(par soi-même)이라는 기호 아래 온전하게 놓인다.

우리는 여기서 (여전히 신화적인 형태로서) 새로운 주체의 출현을 보지 않을 수 없다. 최초의 단독적 개인, 자율적인 주체. 신들의 도움 없이 스핑크스 앞에서 거둔 성공의 순간에서부터, 신에 의해 박탈되었거나 신에게 버림받은(atheos라는 단어는 소포클레스의 텍스트 v. 1360에 나온다[35]) 자신을 발견하는 재앙에 이르기까지 오이디푸스의 비극적 여정은 자기-반성, 자기-인식, 개인화의 운동처럼 기입되는바, 이 운동은 우선은——친아버지를 대체함으로써 친어머니를 소유하는, 자기

---

34 | v. 1331. 이 단어는 "손수"라고 번역되어 있다. 「오이디푸스 왕」, 82쪽.

35 | [역] "신들에게 버림받아", 「오이디푸스 왕」, 83쪽.

자신도 알지 못하는 극단적이며 한계를 벗어난 힘을 포함하는——힘의 쟁취와 일치하며, 결국 자립(autonomisation)과 자기-애착(auto-affec-tion)의 과정을 자기-실명(auto-aveuglement)의 행위로 만드는 급변에까지 이른다. 오이디푸스가 주파했던 것은 자기 자신에 의함의 온전한 일주(一週)이다.

게다가 극의 관점에서 자기논리적 급변은 오이디푸스가 시작부터 내뱉은 최초의 저주, 즉 테바이를 휩쓴 역병의 책임자를 향해 내뱉은 저주를 통해 나타난다. 관객은 바로 그가 책임자라는 사실을 이미 알고 있다——그리고 심지어 문제가 되는 것이 자기-처벌 이전의 자기-저주라는 것을 알고 있다. 따라서 소포클레스의 극 전체는 눈먼 오이디푸스를 절대적인 자율의 비극적 원환 안에 가두면서 극을 일련의 자폐증들로 묶는 그러한 방식으로 플롯을 한데 모은다. 소포클레스에게 절대적인 자율이란 오이디푸스의 "무신론" 이외에 다른 것이 아니다.

그런데 참으로 명백한 것은 비극이 궁극적 급변과 함께 진술한 "자기 자신에 의한" 행동의 실패는 입문의 이행을 피해가려는 시도가 만들어낸 곤경의 발전된 완벽한 표현이라는 사실이며, 이러한 곤경은 우리가 이미 보여주었듯이 오이디푸스 신화의 내적 구조를 특징짓는다. 오이디푸스는 지나치게 급진적이고 전복적인 새로운 의미에서 독학자이며, 그리하여 그는 입문과 전수의 장치, 다시 말해 상징적 재생산의 장치를 문제시한다. 이행의 의례(왕권 자격의 부여)는 가르침의 수용을 전제하는 신성한 교수법이다. 스승이 없는 초심자의 양성이란 없다. 스승의 말은 존경받으며 스승의 지혜는 인정받고 숭배된다. 오이디푸스는 희생이 없이 반성만으로 지식을 요구하는 자, 자기 자신의 힘으로 사고하기를 원하고, 세대에서 세대로 전수되는 전통을 타자로부터 수용하고자 하지 않는 자이다. 그는 신들의 도움만이 아니라 아버지들과 현자들의 지식(le patrios logos)도 거부한다. 모든 권위에 대한 그러한 거부는 부친살해라는 신화적인 표의문자를 통해 표현된다. 모든 것이 연관되어 연쇄적으로 일어난다. 아버지의 살해는 자율적이려는 오이디푸스의 결정(모든 상층의 권위에 대한 도전)을 난폭하게 개시하고, 스핑크스에게 했던 대답은 그러한 결정의 귀결로서, 순수한 지식과 '나'의 역능이 승리하게 만드는 신성모독이다. 마지막으로 근친상간은 그러한 자기논리적 방향정립의 가장 유보된, 그리고 가장 어두운──그렇다고 해서 덜 필연적이거나 덜 급진적이지는 않은──결과이다. 죄들의 서사적 질서 자체 안에 냉혹한 "자폐증적" 논리가 있다. 부친살해, [스핑크스에게 한] 대답, 근친상간은 난폭한 자율화가 낳은 연속적인 죄들이다. 오이디푸스는 환원불가능한 타자성(왕의 권위, 신성한 것의 불가사의함, 여성적인 것의 타자성)이 인정되어야 하는 모든 풍요로운 순간들을 피해간다. 타자성과의 만남을 매번 자기논리적인 결단에 의해 지워버리면서 말이다.

"시련"이 자신의 원리 안에서 의미하는 것은 무엇인가? 유아기 아들의 죽음에 의해 세속적 가족에 대한 의존이 중단되지만 그러한 고통스러운 죽음 이후에 신들과 아버지들에 대한 더욱 심오하고 내적인 새로운 의존이 인정되는 그런 순간이 아니라면 말이다. 입문은 난폭한 절단의 순간이다. 그때 주체는 신성한 법에 자기를 예속시키기 위해서, 영혼들의 공동체의 일원이 되기 위해서, 더 이상 육체적인 것이 아닌──그를 죽은 선조들의 계열과 신적인 초월성과 결합시키는──상징적인 계보 속에 자기를 등록시키기 위해서 세속적인 끈들로부터 해방된다. 그렇게 해서 새로운 정체성이 획득된다. 시련은 심지어 가장 시원적인 형태에서조차 다양할지언정 수렴적인 상징화들을 거치면서 그러한 본질적인 구조를 드러낸다. 사춘기 이행 의례나 비의적인 이행 의례는 초심자를 반성적 의식의 절대적 자율성으로 도입하는 게 아니라, (실제적 어머니와 아버지의 지배를 받는) 최초의 유아기적 타율성으로부터, 공포스러운 괴물살해 이후 신들과 죽은 아버지들의 불문법에 대한 충성이라고 할 수 있는 보다 상위의 타율성으로 이행시킨다. 영웅 신화들이나 왕위와 관련된 신화들에서 상급에 대한 새로운 타율성은 "부과된 시련"의 에피소드에 의해서보다 힘겹게 시련을 통과하는 동안 신들과 현자들에게 요청하는 원조에 의해 플롯으로 만들어진다. 영웅이——오이디푸스처럼——자신의 실제적 부모에 의해 종종 버림받는다는 것은 또한 영웅이 맞닥뜨려야 할 상황 내지는 영웅을 기다리는 임무——멀어지는 것, 단절하는 것, 고통스럽게 절단된 부모의 계보와의 끈을 신성화된 입회로 대체하는 것——에 대한 가장 적절한 형상화이다. 그러한 대체의 실패는 입문의 실패다. 오이디푸스는 어떤 순간으로의 회귀운동에 의해 그 자신은 알지 못한 채로 자신의 친부와 친모를 다시 만나는데, 이 순간은 규칙적인 입문의 논리에 따르면 (그리고 그러한 논리를 플롯으로 만드는 단일신화에 따르면) 오이디푸스가 친부가 아닌 어떤 남자를, 친모가 아닌 어떤 여자를 만나야 하는 순간인 것이다. 자기로 향하고 자기 집으로 향하는 타락한 회귀는 그 어떤 상급의 타율성도 정착하지 못하게 만드는, 입문을 교묘히 회피하는 운동이다. 그것은 미지의 것으로의 열림——이러한 열림에 의해 신들의 도움과 현자들의 매개가 불문법에 대한 의존성을 새롭게 만들어내는바——이 도래하지 않은 그런 존재 안에서의 정향성의 결과이다. 소포클레스의 비극에서 (자초지종을 알지 못하는 자기-저주에서 의도적인 자기-실명에 이르기까지) 놀라울 정도로 일관성을 갖는 자기논리적인 일탈이 이미 신화의 서사 구조 안에서 단일신화와의 규칙적인 차이를 통해 나타나고 있다는 사실은 중요하다. 그러한 일탈은 소포클레스와 함께 어떤 새로운 의미를 획득한다. 입문되지 못한 채 해방된 철학자는 자기논리적 원환 속에 갇히고, 재앙을, 신과 모든 빛의 비극적인 상실을 약속받는다.

8
철학 1

독학자적 결정에 비추어 보아, "선소크라테스의" 철학자들과 소크라테스 이후에 나타나는 철학자들 간의 구분, 더 나아가 이들의 대립은 이차적이며 파생적이다. 니체는 소크라테스 안에서 독학자를 잘 알아보았다. 하지만 이는 그러한 특징을 통해 민주주의적 인간을 논쟁적으로 고발하기 위해서인데, 그는 선소크라테스의 철학자들, 즉 헤라클레이토스나 크세노폰에게서 독학자적 야망이 이미 주장되었으며 그 가치를 인정받았고, 거의 전설적이 되었음을 망각하고 있었다. 따라서 그러한 정향이 여전히 빠져 있는 철학의 시작을 간직한다는 것은 불가능할 것이다. 독학자적 결정이 본질적이고 강한 의미에서 철학의 발명의 중대한 특징, 어쩌면 유일하게 중대한 특징이라면, 이것이 의미하는 바는 이렇다. 어떻게 해서든지 "자기 자신에 의해 사유하기"를 방식으로 권장하는 데카르트나 칸트는 시작에서부터 이미 작동하고 있는 정언명령을, 혹은 더 나아가 철학하기의 개시적 결정인 정언명령을 심화시키기만 할 뿐인데, 왜냐하면 철학하기를 구성하는 반성적 야망은 저 정언명령의 대가이기 때문이다.

모든 서양 철학이 똑같이 오이디푸스적이라고 주장하는 것은 잘못이라고 할지라도 철학은 오이디푸스가 전형화한 몸짓이 열어놓은 균열에 의해 규정된 채로 남아있을 것이고, 철학의 과제는 극단론적 방식이건(데카르트나 포이어바흐나 니체), 그러한 몸짓이 야기했던 추문을 극복하고 오이디푸스가 전형화한 주체의 반란을 진정시키는 시도로서건(무엇보다도 플라톤), 그 다양성 속에서, 언제나 오이디푸스를 고려할 것이다.

소크라테스의 형상은 다른 누구의 형상보다도 철학적 사유의 개별자적이고 독학자적인 경향을 매우 잘 나타낸다. 사람들이 그를 진정한 시작으로 삼는 것은 바로 그런 자격에서다. 소크라테스는 전형적으로 아무런 가르침을 받지 않은 자, 자기 안에서 그리고 자기에 의해 진리를 발견하는 자이다. 이러한 태도(attitude)가 부성적 권위의 후퇴와 연결된다는 것, 이러한 것이 소크라테스의 아버지와 관련해서 거의 드러난 전설이 이야기하고 있는 바이다.

플루타르코스는 다음의 사실을 우리에게 알려준다. 소크라테스의 아버지를 방문한 예언자는 "그에게 아이의 머릿속에 떠오르는 모든 것을 아이가 하도록 내버려 두기를, 아이의 충동들을 곡해하지도 억압하지도 말며 그것들을 자유롭게 내버려 두기를 권했다. (…) 왜냐하면 아이는 삶 속에서 자기를 인도하기 위한 안내자, 천 명의 스승이나 천 명의 가정교사보다 더 가치있는 안내자를 틀림없이 자기 안에(en aùtò) 가지고 있었기 때문이다."

따라서 모든 스승과 모든 교사보다 더 가치있는 내부의 지도자에게로의 접근을 가능하게 하는 것이 실재적 아버지의 결핍이라고는 말하지 않더라도, 그것은 그러한 아버지의 후퇴, 생략, 소멸이다. 아이 소크라테스는 그 자신에게로 내맡겨졌다. 그의 아버지는 그에게 아무런 억압도 행사하지 않았다. 그의 아버지는 소크라테스에게 어떤 권위의 속박도 부과하지 않았다. 아이는 혼자 힘으로, 자기 안에서, 외부의 권위를 대체할 지도적 원리를 발견할 것이다. 그러므로 아버지의 후퇴 장면, 외부로부터 행사되었을 일체의 감시로부터 해방된 아들의 장면은 철학적 사유가 형성되는 시작지점에 있다. 철학이 탄생하는 것은 바로 아들의 자율성으로부터다. 그러한 새로운 사유의 세계가 그리스적 단절의 중대한 요소들 가운데 하나라면, 이는 그러한 단절이──민주주의의 창설을 포함한──또 다른 독특한 특징들에서도 알아 볼 수 있는 반(反)부계적 위기와 일치하기 때문이다.[1]

소크라테스가 내면만을 스승으로서 가지고 있다면, 이제 그의 가르침은 비(非)-지배의 위치──그의 것이자, 그의 말의 독창성을 만들었던 "비어 있는(en creux)" 자리──에서부터 산출될 것이다. 선재하는 아무런 지식도 아무런 교의도 부과하지 않는 것, 자신은 아무것도 알지 못한다고 말하는 것, 대화상대자에게 그 자신 안에서 진리를 발견하라고 명령하는 데 만족하는 것. 소크라테스가 아버지의 독재에 의해 양육되지 않았다면, 그는 부성적 스승이나 사제(hiérophante)의 자리를 차지하지 않을 것이지만, 이러한 역설적 자리, 비(非)-자리에서부터 그는 주장이 아닌 질문을 통해 대화상대자가 자기 자신에 의해 사고하도록 자극할 것이고, 일체의 강요된 전통이나 교의의 바깥에서, 즉 자신 안에

---

1 | Plutarque, *Traité* 42, «Le démon de Socrate», 589 E, éd. C.U.F.

서 진리를 발견하도록 자극할 것이다. 소크라테스의 단독성, 그를 철학적 대화의 주창자로 만든 그러한 단독성은 곧 아버지의 생략인데, 이것이 담화 및 타자들과의 새로운 관계를 만들어내고 진리를 추구하는 대화적 절차를 결정한다.

이 점과 관련해서, 『메논』의 유명한 대화보다 더 의미심장한 것은 없다. 이 대화에서 경험적인 이중적 열등성에 의해 규정된 한 대화상대자(그는 아이이며 노예 상태에 있다)와 마주한 소크라테스는 사람들이 그가 갖기를 기대하는 아버지나 스승의 자리를 취하지 않는다. 그는 자신의 질문을 통해서, 그것이 누구이든지, 그의 외양상의 열등성이 어떻든지 간에 모든 인간 존재는 자기 자신 안에서 가장 고귀하고 가장 어려운 진리를 발견할 수 있다는 것을 증명하는 데 성공한다. 그가 있는 위치를 완전히 개시적인 단독성으로 만든 어떤 역설에 의해, 소크라테스는 독학주의의 주창자가 된다. 그는 심지어 노예 아이에게 단 한 가지만을 가르치는데, 그것은 스승 없이 지내라는 것이다.[2] 이는 어떤 주목할 만한 전복의 잠재성을 은폐하지 않는바, 여기에는 정치도 포함된다.

그런데 소크라테스가 내부의 지도자를 가지고 있었기 때문에 그의 아버지가 그에게 아무것도 부과하지 않았다는 것이 전설이 말하고자 하는 것이라면, 헤겔이 상기시키는[3] 또 다른 전설이 덜 중요한 것은

2 | 플라톤, 『메논』, 소크라테스는 소년에게 말한다. "그러니까 그는 간단한 질문들을 통해 자기 안에 자신의 과학을 되찾았으므로 어떤 스승도 없이 알게 될 것이라네."(85d)

3 | Hegel, Leçons sur l'histoire de la philosophie 1, trad. Gibelin, éd. N.R.F. col. Idées, Paris 1970, p. 74.

아니다. 즉 아테네인들 가운데 주목할 만한 단독자인 소크라테스는 **엘레우시스 신들의 신비**에 입문된 적이 결코 없었을 것이다. 그리스인들 가운데 최고의 현자인 소크라테스는 **신비**로 인도되지 못했고 **신비**의 계시를 받지 못했던 유일한 자이다….

이 모든 특징들은 완전한 일치를 이룬다. 소크라테스가 행동의 원리들과 진리의 원리들을 발견했던 것은 자기 자신에 의해서 그리고 자기 자신 안에서이다. 아버지도 스승도 사제도 그에게 아무것도 가르쳐주지 않았다. 적어도 그 점과 관련해서, 오이디푸스의 형상과의 유사성은 이상하게 계시적이다.

입문의 과정을 통과하지 않은 자인 소크라테스는 그럼에도 불구하고 새로운 입문의 형식을 도입한다. 그것은 자기에 대한 자기의 관계, 자기 자신에 의한 자기 자신의 인식에 기초한다. 물론 문제가 되는 것은 "자기 자신"의 고립적인 자아(ego)로의 환원이 아니다. 소크라테스는 자신 안에서 지도자를 발견한다. 그렇지만 그는 그 지도자를 자기와는 다른 어떤 신적인 타자처럼 생각한다. 철학자는 자신의 신, 자신의 "다이몬"——인간과 관계를 갖지 않은 채 남아 있는 가장 상위의 신이 개체화되고 인격화된 전령——을 숭배한다.[4] 소크라테스와 그의 고유한 신의 내적인 대결, 이것이 새로운 도덕이다. 소크라테스가 도시국가의 신들을 더 이상 믿지 않았기 때문에 처벌을 받는다면, 이는 그가 주어진 신들을 숭배하는 대신 우선 자신의 고유한 "다이몬(démon)"을 숭배하기 때문이고, 아풀레이우스가 강력하게 말하는 것처럼, 그것은

---

4 | Apulée, «De deo Socratis», V. 132, éd. C.U.F. [역] 고대 그리스의 철학자이자 수사학자인 루키우스 아풀레이우스의 『소크라테스의 신에 대하여』를 가리킨다.

"철학의 신비로의 입문 이외의 다른 것이 아니기 때문이다."[5] 그것은
철학이라는 학문이 낳은, 자기-입문(auto-initiation)을 가능하게 하는 내
면화 운동이다. "너 자신을 알라"는 그러한 운동을 단적으로 보여준다.
철학은 자격을 갖춘 사제에 의해 자기에게 외부적이며 사회화된 신의
신비들로 입문하는 것이 더 이상 아니라, 자기 내부에 있는 개인화된
신에 대한 인정이다. 이것은 여전히 인격화된 도덕적 의식 형태이지만
그럼에도 불구하고 타율성이 더 이상 아닌 자율성의 윤리적 상황 속에
인간을 위치시킨다. 소크라테스는 최초의 개인이다. 다른 의미에서 그
는 또한 최초의 자유-사상가이다. 그는 전통적인 타자-입문(hétéro-ini-
tiation)을 철학적 자기-입문으로 대체했다.

　이 모든 점에서 소크라테스와 오이디푸스의 유사성이 존재한다.
그들 둘은 모두 우선적으로 외부 현실에게로 돌려졌던 것이나 의례들
의 완수에서 기다려졌던 것을 주체에게로 다시 가져오는 탈-투사
(dé-projection)의 순간에 자신들을 위치시킨다. 세계는 신들의 다수적
현전을 증언하는 밀교적인(cryptophorique) 기호들로 채워지기를 그쳤
다. 모든 의미들의 토대가 발견되는 곳은 바로 인간 자신 안, 오로지
인간 안에서이다. 헤겔이 스핑크스에 대한 오이디푸스의 신화적 대답
을 소크라테스적 출발점 안에서 철학을 개시하는 "너 자신을 알라"와
동일시할 수 있었을 때 매우 훌륭하게 지적했던 것이 바로 소크라테스
와 오이디푸스의 저 유사성이다.

　그렇지만 만일 수수께끼를 혼자 힘으로 풀 수 있었던 "현자"[6]와의

---

5 | Apulée, *Ibid.* XXII, 171.
6 | [역] 오이디푸스를 가리킨다.

유사성을 소크라테스가 보여준다면, 플라톤의 철학은 우리가 알고 있는 자리를 소크라테스에게 제공하면서도 오이디푸스적 급진성에 대비하는 어떤 보호 장치를 또한 제시한다.

오이디푸스적 위험은 암묵적 발화내용(non-dit)처럼 플라톤의 생각을 사로잡는다. 그가 정의하려고 애쓰는 철학자-왕의 형상은 참된 철학자를 폭군 오이디푸스의 반명제로 만들기 위한 하나의 방법적 시도로서 읽힐 수 있을 정도이다. "오이디푸스적일 수 없는 철학자의 형상에 관해서", 이것이 우리가 『국가』를 장식할 수 있을 부제인바, 정의에 관한 저 대화를——아마도 결과들에 대해 깊이 생각하지 않은 채로 테바이의 신화적 영웅을 철학자의 원형으로 만드는 데 주저하지 않은——헤겔의 과감한 몸짓에 대한 2천년 이상 앞선 대답으로 만든다.

플라톤의 반-오이디푸스적 계획을 그토록 일관성 있게 만드는 것은 그가 자신의 생각을, 신화의 상징적 기제——기능적 3분할의 위계——를 설명하는 이데올로기적 틀 자체를 통해 표현한다는 점이다. 플라톤의 기획을 움직이는 지상권의 개념화는 그리스적 단일신화 및 이 단일신화의 오이디푸스적 변형을 생산했던 지상권에 대한 시원적 상상물과 완전하게 동질적이다. 오이디푸스 신화가 변칙적인 왕위 계승 및 그러한 변칙성과 연결된 기능적 죄의 용어들을 통해 이해될 수 있다면, 플라톤은 바로 그러한 용어들을 통해서 또한 악한 왕(폭군)을 정의하려고 애썼고, (전치되고 개정된) 바로 그러한 용어들을 통해서 또한 진정한 왕——철인왕——을 정의하려고 애썼다.

우리는 플라톤이 가장 체계적으로 삼분할의 그림을——그 다양한 결과들을 전개함으로써——작성했고 성찰했던 자라는 사실을 기억해야 한다. 영혼과 신체의 부분들, 덕, 쾌락, 결함, 사회적 계급과 기능,

이 모든 것이 3원적 위계에 의해 학자적 방식으로 조직된다. 도시국가 안과 개인의 영혼 안에는 수적으로 같고 기능상으로 유사한 부분들이 존재한다. 도시국가가 인간의 세 계급을, 다시 말해 부의 생산과 교환을 책임지는 자, 국가의 방위를 위해 싸우는 자, 도시국가를 토의하고 관리하는 자를 포함하듯이, 영혼은 세 부분——색욕, 분노, 지성——으로 구성되어 있다. 이 부분들 각각에서, 색욕의 덕은 절제이고 분노의 덕은 용기이며 지성의 덕은 신중함이다. 그리고 이 세 가지 덕에 네 번째가 추가되는데, 이번에 그것은 그러한 덕들 사이에서 유지되는 관계——위계적 조화를 보장하는 정의의 덕——와 관련된다.

정치적 구조들의 차이, 즉 정의로운 구조와 정의롭지 못한 구조 간의 차이는 영혼의 [하위] 종(種)들 안에서의 세 가지 심급들의 평행성과 함께 그러한 세 가지 심급들의 놀이 내지는 그것들의 조화적 관계나 부조화적 관계로부터 엄격하게 추론될 것이다. 최상의 정치적·심리적 구성이 기능들의 위계가 완벽하게 조정된 군주제라면, 최악의 구성은 영혼과 마찬가지로 국가에서도 열등한 부분들이 우세해지면서 일탈이 절정에 달한 참주제일 것이다. 그로부터 철인왕의 자리가 생겨난다. 진정으로 왕답고 철학적인 영혼은 그 안에서 가장 완벽한 정의가 지배하는 영혼이자, 합리적인 요소의 지배를 받는 부분들의 조화로운 위계적 구성이다. 동일한 원리가 국가 안에서 지배할 수 있게 하는 유일한 자는 철인왕일 것이다. 반대로 참주적인 영혼은 우리가 알고 있듯이 가장 일탈된 영혼이며, 살인적인 분노와 고삐풀린 색욕은 참된 도리를 이기는데, 그러한 일탈된 영혼에 상응하는 것은 마찬가지로 가장 일탈된 사회적 구성, 이 구성에 길을 열었던 민주주의적 구성보다 한층 더 나쁜 그러한 구성이다. 혹은 그것은 플라톤에게 있어서, 미끄러운 비탈

길[7]이다.

그런데 위계적인 종속관계의 조화로운 유지로서의 정의라는 플라톤적 개념의 배후에서, 그리고 자신의 영혼의 구성에 의해 완전한 조화의 이미지를 자기 안에 담지한 자로서의 철인왕 형상의 배후에서, 인도유럽어권의 군주에 대한 원리의 개념적 연장 내지는 세 가지 기능의 생생한 종합을 알아보는 것은 어렵지 않다. 플라톤은 새로운 형상의 철학자를 위해서, 그리고 매우 풍요로운 개념적 가공에 의해서 지상권에 대한 전통적인 옛 원리를 전치시킨다. 철학적 영혼을 형성하는 데 이르게 할 힘든 교육적 과정은 그 자체가 하나의 입문과 비교될 수 있어야 할 것인바, 시원적 입문처럼 3중성을 인지하고 통과해서 그 정점에 도달해야 하고 그것들을 위계적으로 조화시켜야 한다. 그러므로 플라톤의 철학은 전통을 영속시켰던 사회적 틀――특히 사제들과 입문된 왕의 틀――의 실종 이후에, 그러한 태고의 전통에 대한 새로운 차원에서의 구원처럼 나타난다.

게다가 플라톤의 동시대인들이 "세 가지 기능의 종합"이 의미하는 것에 대한 분명한 관념을 간직하고 있었다는 데에는 의심의 여지가 없다. 플라톤이 그러한 개념을 철학적으로 활용했던 유일한 자일지라도 말이다. 세 기능적 영역에 속하는 덕들과 관련해서, 횡단적이면서 겹쳐지는 왕의 자리에 대한 반박불가능한 증언이 크세노폰에 의해, 스파르타의 왕인 아게실라오스[8]의 찬양 속에서 전해진다. 크세노폰은 세부적

---

7 | [역] 한 번 들어선 이상 그 추락을 멈출 수 없는 상태를 비유적으로 표현한 것이다.

8 | [역] 아게실라오스(B.C. 444 ~ B.C. 360)는 스파르타의 왕으로 페르시아와의 전쟁을 성공적으로 치르면서 소아시아로 진출했다.

으로 (그러나 전통적인 의도에 상응하는 것처럼 보이지는 않는 순서로) 왕의 신앙심, 신의, 무사무욕, 절도와 절제, 용기, 애국심, 법에의 복종, 예의바름과 솔직함을 찬양한 후에 군주의 모든 자질들의 대차대조표를 제시할 준비를 하는데, 이는 군주를 일체의 덕들의 진정한 모델 및 전형적인 군주로 만든다.

그런데 그때 크세노폰은 그 3기능적 가치가 첫눈에 보기에도 명백한 그러한 정식화를 만들어낸다. "힘들게 일해야 하는(ponein) 순간이 올 때 인내력(karteria)에서, 전투가 용기(andreia)를 요구할 때 용맹함(alke)에서, 평의회(boulès)에서 숙고 후에 결정을 내려야 할 때 지성(gnomé)에서 첫 번째인 자, 내 생각에, 이러한 자가 완전하게 성취된 남자(aner agathos pantelos)로서 간주될 자격이 있다."[9] 그리고 그러한 자가 아게실라오스다. 그것들[3기능]과 일치하는 세 가지 활동 영역과 세 가지 덕은 저 뛰어난 정식화에서 뚜렷하게 구분되고 정리된다. 인내심을 요구하는 일. 용맹함이 필수적인 전투, 지성을 요구하는 숙고 후의 결정. 이 이상으로 명료하고 간결할 수는 없다. 완전하게 성취된 남자는 그러한 활동 영역들 각각에 참여할 수 있고 매번 거기서 최상을 보여줄 수 있다. 만일 그가 위계화된 세 영역들 가운데 오로지 한 영역에 대한 예속상태를 자신의 방식으로 초월한다면, 이는 그가 지위상 그러한 영역들에 대해 완전하게 이질적이어서가 아니라 자신의 예외적인 덕에 의해 그러한 활동들 각각에서 최상일 수 있기 때문이다. 그는 3분할과 관련해서도 새로운 통일을 형성한다. 그것들의 고유한 덕과 기능이 한

---

9 | Xénophon, *Œuvres complètes* 1, Agésilas, chap. X. trad. Chambry, éd. Garnier-Flammarion, 1967, p. 461.

계를 정하는 각각의 것들과는 반대로, 그는 통합적이고 완전하며 총체적인 인간인데, 왜냐하면 그는 일종의 겹침과 종합에 의해 영역들 각각에 속하며 그 영역들 각각에서 탁월하기 때문이다. 그에게서, 영혼의 모든 원천들과 덕들의 펼침이 전개될 수 있을 것이다. 그는 단계들 가운데 어느 하나의 편파성으로 인해 미치지 않을 것이다.

크세노폰의 저작에서, 그러한 인간을 가리키는 표현은 주목할 만하다. 플라톤이 덕을 갖춘 인간을 가리키기 위해서 "좋은 사람"이라고 일반적으로 번역되는 agathos aner[10]라는 표현을 거침없이 그리고 흔쾌하게 사용한다면, 크세노폰은 그것의 과장 같은 표현을, 즉 "완전하게 성취된 남자"가 아닌 다른 식으로는 좀처럼 번역할 수 없는 aner agathos pantelos를 사용한다. 여기서 우리의 주의를 끄는 단어는 pan(완전하게, 전적으로, 통틀어서, 완전히)과 완수, 성취, 실현의 이념을 나타내며 사람들이 입문 용어들과 관련된 수많은 합성어들 가운데 근본적인 것으로 발견하는 telos로 이루어진 pantelos이다. 게다가 명사인 panteleia는 "완전한 성취", "완벽한 입문"을 의미한다.

그러므로 크세노폰이 사용한 표현은 놀라울 정도로 암시적이고 계시적이다. 크세노폰이 찬양한 모범적인 왕은 기능들 내지는 그에 상응하는 덕들의 종합을 자신의 인격 안에서 확실하게 실현한다. 하지만 그뿐만이 아니라, 크세노폰이 사용한 용어들은 다소 직접적으로 입문적 임명의 암시를 포함하는 것처럼 보인다. 이러한 암시는 더 명시적일 수는 없었는데, 왜냐하면 아게실라오스의 덕을 축소시킬 위험이 있기

───────
10 | [역] agathos는 덕에 의한 선함을 의미하고 aner는 남자를 의미하는 그리스어이다.

때문이다. 크세노폰이 찬양을 통해 명예롭게 만든 스파르타의 왕은 현실 자체에서도 예외적인 덕들을 보여주었던 것처럼 보인다. 소크라테스 학파를 거쳤던 작가에게 문제가 되는 것은 더 이상 단순한 왕위 계승 의례가—그가 보기에 그저 상징적 가치만을 제공할 위험이 있는 그런 것이—아닌 것이다. 하지만 크세노폰이 윤리적 귀감의 자격을 갖기 위해 왕에게 요구했던 것이 다름 아닌 낡은 전통에 의해 계승된 예외적이고 힘든 이상(idéal), 세 가지 기능적 자질들이 하나의 동일한 인물 안에서 합치되는 이상에 부합한다는 사실은 매우 의미심장하다.

그런데 플라톤에게는 규칙적 위계 안에서 기능적 덕들을 종합하고 조화시키는 왕의 정반대항이 있는데, 그것이 바로 폭군이다. 왕의 본성에서라면 최상의 욕망들 덕분에, 그리고 이성의 도움을 받아 복종 상태로 유지되고 약화되며 더 나아가 근절되는 끔찍하고 야만적인 욕망들의 열렬한 무리를 진압하기는커녕, 폭군은 에로스의 지휘를 받는 셀 수 없을 만큼 많은 정열의 무리를 풀어놓듯이 가장 격렬한 자신의 충동들을 자유롭게 풀어놓는다. 그는 욕망들을 이성에 복종시키기는커녕 가장 비합법적인 자신의 쾌락들을 위해서 욕망들의 노예가 된다.

그런데 플라톤으로 하여금 꿈의 이론을 스케치할 기회를 제공하는 그러한 이상적인 묘사(다른 사람들이 자신의 영혼이 나쁜 욕망들로 인해 동요될 때 잠 속에서 꿈꾸기만 할 뿐인 것을 폭군은 현실 속에서 살아내려고 한다)는 우리가 뒤메질의 언어로 폭군의 두 가지 죄라고 명명해야 했던 것을 정확히 지시하도록 이끈다. 왜냐하면 폭군은 분노를 일으키기 쉬운 성마름(두 번째 기능의 정열) 속에서 망설이지 않고 자신의 아버지를 죽일 것이며(569c), 제어받지 않는 에로스적 충동(세 번째 기능의 정열) 속에서, 다른 사람들은 다만 꿈에서만(혹은 예외적

228

으로만) 행할 것——즉 자신의 어머니와 혼인하는 것(571c)[11]——을 행하게 될 테니까 말이다.

플라톤의 그러한 이중의 단언, 명료성에 있어서 놀라운 저 단언은 우리가 여간해서는 더 이상 회피할 수 없는 결론들을 가능하게 한다. 전형적인 폭군의 죄들은 오이디푸스의 죄들이다. 혹은 반대로 오이디푸스의 죄들은 전형적인 폭군의 죄들이다. 이것이 오이디푸스 "왕"(폭군 오이디푸스Œdipos tyrannos)을 플라톤이 규정한 바로서의 철인왕의 완벽히 조정된 정반대 편에 놓는다. 플라톤에 따르면 철학자는 엄밀하게 말해서 반-오이디푸스적이다. 그리고 우리는 이를 단순한 윤리적 혐오감 때문이 아니라——3분할의 기능적 기제가 그만큼 엄격하다고 말할 수 있으므로——신화적 건축 때문이라고 말할 수 있을 것이다. 3기능의 덕들을 가장 상위의 통일성 안에서 겹쳐놓고 조합하는 신성한 왕의 시원적인 형상에 입각해서 철인왕이 구성되는 한, 완전하게 입문된 자인 그러한 철인왕은 논리적으로 3기능의 범죄들에 바쳐진 입문되지 못한 왕의 가장 일관적인 형상들 가운데 하나를 반명제로서 갖는다. 부친 살해와 근친상간이라는 두 가지 죄를 전형적 폭군의 속성으로 만듦으로써 플라톤은 그러한 두 가지 죄의 기능적 의미를 확언하고(그는 영혼의 정열들의 3분할적 장소론 속에 그러한 두 가지 죄를 완벽하게 위치시킨다), 또한 동시에 자신의 모든 철학적 기획의 단호한 반-오이

---

11 | [역] 구는 『국가』의 첫 번째 인용문의 출처에서 569c를 596c로 표기했는데, 이는 실수처럼 보인다. 박종현의 번역본에는 해당 구절이 다음과 같이 번역되어 있다. "자네는 참주를 친부 살해자(patraloias)로, (⋯) 말하고 있는 걸세."(『국가』, 박종현 옮김, 561쪽) "그것은 상상하게 되는 데 따라 어머니와도, (⋯) 교접하기를 주저하지 않으며 (⋯)."(같은 책, 565쪽)

디푸스적 정향성을 확언한다.

　따라서 플라톤은 오이디푸스의 신화적 형상을 탈구되고 결함이 있는 형태로(하지만 재구성이 가능한 형태로) 자신의 텍스트에 기입하기 위해, 오이디푸스적 논리에 따라 전개되는 어떤 철학적 진로의 위험을 의도적으로 피해갈 필요는 없었다. 상징적이고 이데올로기적인 배치형상의 힘 자체에 의해(이러한 형상 안에 플라톤의 사유가 기입되어 나타나고 오이디푸스 신화가 그려지는바), 플라톤이 기술하는 전형적 폭군은 이미 오이디푸스적 특징들을 가진다.

　그렇지만 플라톤이 묘사하는 폭군과 오이디푸스 간에는 차이가 있다. 오이디푸스의 행동들에서 나타나는 무의지적 특징이 그것이다. 이러한 구별은 오이디푸스적 장치에 내재적인 어떤 의미를 갖는다. 재앙으로 이르게 하는 것은 오이디푸스에게서 합리적인 요소들의 고양(따라서 철학적 과도함)이다. 정반대로 극악무도한 폭군에게서 욕망들의 위계를 뒤엎고 격노한 색욕의 짐승을 풀어놓는 것은 강력하게 요구된 합리적인 요소들의 전적인 부재이다. 타락한 폭군은 부친 살해를 저지를 정도까지 자기 안에서 분노와 살해의 충동을 과도하게 고양시키며, 어떤 사람들은 잠든 동안 꿈꾸기만 할 뿐인 어머니와의 결합을 깨어 있는 상태에서 실현할 정도까지 자기 안에서 성적 흥분들을 제어 없이 고조시킨다. 그러므로 타락한 폭군은 오이디푸스이기는 하나 의지적인 오이디푸스이다. 테바이의 영웅, 즉 알지도 못하고 원하지도 않으면서 저 두 가지 극단적 죄를 저지른 계몽된 폭군과는 반대로 타락한 폭군은 계획적인 방식으로, 자신의 행위를 충분히 의식하면서 의도를 가지고서 그러한 죄들을 실행한다. 그의 운명은 비극적 영웅의 운명이 아니라 극악무도한 자의 운명이다.

비극의 가르침이 거기에 있다. 입문들과 신들과 접해 있는 전통의 모호한(obscure)[12] 지혜와 미신적인 두려움들을 던져 버리면서 인간적 이성에 대한 전적인 신뢰를 행하는 자인 계몽된(éclairé) 폭군은 놀라운 일주(一周)를 통해 타락한 폭군과 합류한다. 외부적으로 그 둘은 대척점에 있는 것처럼 보인다. 하나는 지성의 위엄을 가장 높은 자리에 놓고, 다른 하나는 가장 낮은 향락의 치욕에 자신을 내맡긴다. 그렇지만 계몽된 폭군은 어느 날 갑작스러운 급변에 의해 자신이 타락한 폭군과 동일한 죄를 저질렀다는 사실을 발견한다. 비극은 상반되게 나타났던 것이 결국 동일하게 끝마쳐지는 그런 일주이다.

그러므로 오이디푸스의 일탈을 해명하는 것은 두 극이 아닌 세 극의 대립의 놀이다. 어떤 관계(고장 난 3분할적 위계)의 관점에서 폭군과 오이디푸스는 같은 쪽에 있다. 그들은 모두 규칙적이고 정의로운 왕에 반대된다. 다른 관계(이성의 특권적 사용)의 관점에서 철인왕과 오이디푸스는 같은 쪽을 점유한다. 이들은 극악하고 한계 없는 향락을 위해서 분노와 음탕함이라는 나쁜 정열들이 커지도록 내버려두었던 전형적인 폭군과 대립된다. 오이디푸스의 잘못은 폭군의 난폭한 전제정치와 같은 것이 아니다. 오이디푸스 그리고 철인왕은 지혜에 의해 통치권을 획득했다.

철인왕과 오이디푸스의 위험한 근접성은 플라톤을 걱정스럽게 만들었을 것이다. 그는 위험으로부터 멀어지기 위해 전통에 자신을 정박시켜야 했다. 급진성(이것의 결과는 오로지 데카르트와 더불어서만 완전

---

12 | [역] 저자는 인간의 합리성을 밀어붙인 왕을 éclairé로, 입문과 신들의 전통에 의한 지혜를 obscur로 표현함으로써 철학과 전통의 지혜를 대비시킨다. éc- lairé는 빛이 비춰진 상태이며 obscur는 어두운 상태이다.

하게 가시적이 될 것이다)에 반대하여, 플라톤의 철학은 어떤 타협적 대응, 즉 단절을 완화하고 조절하려는 웅대한 시도 내지는 새로운 일주를 통해 단절의 결실들을 바로 그 단절이 해체하고 넘어선 전통 안에 다시 등록시키려는 시도일 것이다. 철학적 이성의 민주주의적이고 청년적인 출현은 플라톤의 지혜에 의해 회수되고 동시에 비판된다.

그런데 오이디푸스와 진정으로 현명한 왕 간의 철학적 구별의 중심에 놓이는 것은 플라톤의 도그마이다. 『국가』의 우회로에서, 더 정확히, 정의에 관한 광대한 대화의 끝으로 향하면서, 문제가 되는 것이 정의로운 인간과 부정한 인간의 차이에 대한 궁극적 결론에 도달하는 것일 때, 플라톤은 인간 영혼의 특별한 이미지에 호소한다. 이 이미지의 자리는 플라톤이 그것에게 부여한 심오한 교육적 가치를 의심할 수 없게 만들 것이다. 그것은 이론보다 신화를 훨씬 더 많이 건드린다. 그것은 플라톤이 궁극적 지평에 도달할 때, 그가 어떤 위대한 진리를 제안하고 담론적 사고를 넘어서 그것의 반향을 소통하기를 원할 때 요청했던 훌륭한 이미지들 가운데 하나로 고려되어야 한다. 그리고 문제가 되는 것이 행복한 운명이나 불행한 운명과 관련된 영혼의 이미지이기 때문에, 우리는 이렇게 가정할 수 있다. 플라톤은 영혼이 이해할 수 있는 언어로 영혼에게 말하기를 선택했다고, 영혼의 동의를 이끌어낼 수 있을 정도로 그 반향이 충분히 강력한——그리하여 윤리적 목표를 달성하는——그런 비전에 의해 영혼을 자기 자신에게로 입문시키기를 선택했다고.

플라톤이 사유를 통해 형성하라고 요구한 영혼의 이미지는 무엇인가? 놀랍게도 그것은 "옛날에 있었던 것들로 (신화가) 이야기하는 저 생물들 중의 어떤 것이며, 키마이라와 스킬레, 케르베로스, 그리고 그

밖의 수많은 여러 형상이 합쳐서 하나로 된 것"이다.[13] 그런데 키마이라는 (벨레로폰이 마주쳤던 키마이라와 같이) 세 부분을 가지고 있을 것이다. 첫 번째 부분이자 가장 큰 부분은 그 자체가 다형적(multiforme)이며 머리가 여럿인(polycéphale) 짐승 종인데, 이것은 유순한 동물들의 머리와 사나운 동물들의 머리를 하고 있을 것이다. 두 번째 부분은 더 단순하게 사자의 형상을 하고 있을 것이다. 마지막으로 세 번째 부분은 다른 두 부분보다 작은데, 그것은 인간의 형상을 하고 있을 것이다. 이러한 세 형상들은 하나의 전체만을 이루는 식으로, 유일한 어떤 것 안에서 결합될 것이고, 유일한 어떤 존재, 즉 인간의 형태로 외부적으로 감싸일 것이다. 그리하여 내부를 볼 수 없으며 껍데기만을 포착하는 자의 눈에 그러한 전체는 유일한 어떤 존재로, 즉 인간으로 나타난다. 이러한 것이 플라톤의 이미지이다. (세속적 인간이 볼 수 있는 유일한 것인) 인간의 겉모습의 안쪽에 내부의 인간이 있으며, 이 내부의 인간은 괴물 이미지를 하고 있다. 상대적으로 자율적인 세 부분들(이 부분들의 공상적 외양은 밀랍으로 형태를 뜨는 것보다 사유를 통해 상상하는 것이 더 쉽다)은 유일한 단일체를 형성하기 위해서만 서로 결합된다. 플라톤과 함께 3중의 괴물은 내면화되었다.

머리가 여럿인 짐승은 관능적이고 한계가 없는 다수의 욕망들의 거처인 영혼의 부분이다. 그것은 음탕한 요소다. 사자는 격노의 부분, 거칠고 과감하여 지배와 승리에의 갈망을 멈추지 않는 부분이다. 인간은 영혼의 지혜롭고 합리적인 요소, 자신의 향락을 오로지 진리의 인식에

---

13 | 플라톤, 『국가』, 박종현 옮김, 600쪽(588c). [인용문을 삽입하기 위해 번역을 일부 수정했다.]

만 위치시키는 요소를 의미한다.

　영혼의 무시무시한 이미지의 호출, 즉 천계 전체를 순례하는 『파이드로스』의 날개 달린 한 쌍의 말 이미지와는 전혀 다른 이미지의 호출은 벨레로폰이 대결한 키마이라와 오이디푸스가 대결한 스핑크스의 의미에 관해 우리가 이미 짐작할 수 있었던 내용에 대해서 가장 설득력 있는 빛을 던져준다.

　물론 플라톤이 기술한 반인반수적(théranthropique)[14] 존재, 3분할적 영혼의 이미지에 따라 체계적으로 구성된 존재는 키마이라와도, 스핑크스와도, 케르베로스와도 완전히 유사하지 않으며, 그리스 신화의 알려진 괴물들 가운데 어떤 것과도 유사하지 않다. 하지만 고려해야 하는 것은 정확한 유사성이 아니다. 주목할 만한 사실은 우리가 바람직한 모든 명료성과 함께 플라톤에게서 하나의 관념을, 즉 가공의 존재는 단 하나의 육체 안에서의 잡다한 형상들의 조합이며 이 형상들은 그럼에도 불구하고 분리되어 취해졌을 때 하나하나가 매우 분명한 의미를 갖는다는 관념을 발견한다는 것이다. 더 나아가 플라톤은 모든 예상을 뒤엎고 기능적 3분할의 상징에 엄격하게 일치하는 주된 세 부분들로의 괴물의 분할 원리를 확증하는바, 『국가』에서 그는 그러한 기능적 3분할의 상징의 모든 유발(誘發)성들과 일치들을 매우 세심하고 완벽하게 전개한다. 베일이 벗겨진 저 상상적 존재들의 구성의 토대에 있는 것이 바로 구조적 원리이다. 플라톤은 그러한 창조물들에게 3분할적 의미를

────────
14 | [역] 반인반수적은 반인반수(théranthropie)에서 유래한 형용사로서 야수를 의미하는 그리스어 thér와 인간을 의미하는 anthropos의 합성어이다. 이 용어는 주로 인류학자들에 의해 모든 대륙의 선사시대 예술에서 재현된 형상을 가리키기 위해 사용된다.

부여하는 다소 명시적인 가르침에 대한 기억을 간직하고 있지 않았다면, 분명 키마이라와 유사한 3분할적 이미지(혹은 그러한 종류의 신화적 창조물들)를 만들어내느라고 쓸데없이 시간을 보내지 않았을 것이다. 그가 실제 신화 속에서 알려진 괴물이 아니라 약간 가공된 유사한 사례를 택했다는 사실은 완전히 이해할 만한 것으로 생각된다. 그가 제공하는 묘사는 원리적이다. 그것은 특정 신화에 대한 일체의 참조를 넘어선다. 그리고 플라톤은 당연히 우리가 그 고유한 에피소드들과 함께 우리의 환기를 유일한 어떤 특정 신화로 환원시킬 수 있기를 바라지 않았을 것이다.[15]

왕의 영혼을 정의하고 만들어내기 위해 마련된 플라톤의 가르침은 왕권의 결정을 세 기능의 종합으로서 엄격하게 연장한다. 철인왕의 영혼은 영혼을 구성하는 이질적인 세 요소의 조화롭고 위계적인 균형을 자기 자신 안에서 실현하는 영혼이다. 그것은 세 기능적 층위를 모으고 조합하며 그것들을 예외적인 단 하나의 개인이라는 존재 안에서 통일시키는 의례적 힘과 일치한다. 플라톤에게서 이성적 요소(내부적 인간)는 영혼 안에 있는 사자의 힘과 과감함을 파괴할 줄 알아야 하는 것이

---

[15] | 따라서 우리가 플라톤이 묘사한 가공의 존재와 스핑크스를 하나하나 동일시할 수는 없다고 할지라도, 기능적 구성 때문에 그 둘이 동일한 계통에 속한다는 것은 명백하다. 사자 부분은 그 둘에게 공통적이다. 그럼에도 불구하고 스핑크스의 가장 인간적인 요소, 즉 여자의 머리는 분명히 성적으로 유혹하는 색욕적인 부분이다. 반면에 독수리의 날개는 영혼에서 가장 신적인 것, 지상의 무게를 벗어나 하늘을 향해 잡아당겨지는 것을 상징하는 것으로 나타난다. 만일 우리가 지금 여성적 괴물과 조우하면서 초심자가 영혼의 이미지와 조우한다고, 즉 그 자신이 대결해야 하는, 자신의 수수께끼 같은 영혼의 끔찍한 이미지와 조우한다고 말한다면, 우리는 플라톤이 말하는 것으로부터 연역되는 모든 것을 제시할 수 있을 것이다.

아니다——이는 위험하고 동시에 불가능하다. 그러한 이성적 요소는 영혼의 가장 모호하고 변화무쌍하고 탐욕스러운 부분들——머리가 여럿인 이상하면서도 우려스러운 짐승——에 대한 지배를 유지하기 위해서 공격성과 분노의 자원을 한 방향으로 유도해야 한다. 사자(고귀한 분노)에 의존할 줄 모르고 그것을 자기에게 유리하게 놓지 못하고 이성의 정의로운 대의와도 연결시킬 줄 모르는 자는 이제 방향성 없이 자신의 강력한 힘에 압도당할 위험에 처할 것이다. 더 안 좋은 것은 그러한 자가 사납고 열렬하며 삼엄한 감시가 부재할 때 언제라도 튀어나와 이성적 요소를 제압할 준비가 되어 있는 머리가 여럿인 짐승에 대한 일체의 지배력을 갑자기 박탈당할 수 있다는 점이다. 사자적인 부분과의 연합이 없다면 지혜로우며 고유하게 인간적인 요소는 지하의 힘들에 의해 이중으로 위협받게 될 것이다. 그것은 법이 부재함으로써 흉포해져버린 사자의 방향 잃은 힘에 의해, 그리고 동시에 제어와 감시에서 풀려난 머리가 여럿인 짐승의 탐욕에 의해 무화될 위험에 처하게 될 것이다. 좋건 나쁘건 모든 짐승적 요소들은 약한 이성적 부분에 대항하여 단결할 것이고, 이성적 부분은 탐욕스러우며 파괴적인 정열들에 굴복하게 될 것이다.

따라서 왕의 영혼 속에서 정의를 실현하는 성공적인 종합(그리고 이제 사회에서의 삶 속에서 정의를 가능하게 하는 종합)과 대립되는 실패한 종합, 즉 폭군의 영혼의 종합이 정의된다. 플라톤이 괴물들로부터 도움을 얻기로 결정한 것은 무엇보다 어떤 끔찍한 위험이 타락한 영혼을 위협하는지, 어떤 불행이 그러한 영혼에게 약속되어 있는지를 감지하도록 만들기 위해서다. 여기서 사람들은 입문이 구성하는 두려움의 진정한 교육적 반향, 매우 약화되었지만 여전히 잘 읽혀지는 그러한 반향을 재발견한다.[16] 왜냐하면 현자, 철학자, 왕이 된다는 것은 바로 자기 자신의 영혼의 짐승 같은 부분들, 다시 말해 탐욕, 잔인함, 지배의 욕망, 성적 향락의 제어되지 않은 욕망들이 에너지원을 얻는 영혼의 짐승 같은 부분들에 대항하는 격렬한 싸움을 전제하기 때문이다. 그러므로 결국 그러한 욕망들이 격퇴되어 비파괴적이고 복종적인 동맹자들이 되게 하기 위해서는, 그러한 욕망들이 그것들의 전적으로 위험한 위력 속에서, 불안스러운 심층 속에서 가장 큰 혼란 가운데 느껴지도록 주어져야 한다.

그런데 스핑크스 그녀 자체인 3중의 괴물이 던진 수수께끼에 대한 오이디푸스의 답은 플라톤이 묘사한 3중의 영혼이라는 괴물과 관련해서 어떤 의미를 가질까?

오이디푸스의 잘못은 시련을 수수께끼로 환원시켰고, 따라서 불가사의한 맞대결을 인간화시켰다는 데 있다. 수수께끼는 지성과 언어에 속하고, 고유하게 인간적인 통찰력에 속한다. 그것의 해답은 언제나 인간이다. 반대로 전투의 시련은(그리고 성(性)의 시련은) 인간적인 것으로 환원될 수 없다. 그러한 시련은 인간 안에서 비인간적인 것을, 즉 이성이 다룰 수는 있을지라도 완전히 이해할 수는 없는 타자성을 기대한다.

전통에 따르면 세 기능의 종합에 의해 입문하게 된 왕과 괴물 사이에서 어떤 역설적 친연성이 발견되며, 이러한 친연성은 그 둘의 극적인 맞대결을 정당화한다. 그 둘은 모두 기괴한 존재들이다. 그들은 일자 안에서 셋의 결합을 실현한다. 입문의 짐승은 세 가지 역능의 끔찍하고 위험스러우며 괴물스러운 구성이다. 반면에 입문된 왕은 그 세 가지

---

16 | V. Turner, *Dramas, Fields, and Metaphors*, op. cit. p. 253.

역능의 조화롭고 평화로우며 풍요로운 종합이다. 그들의 대면은 3중의 통일체가 다른 3중의 통일체와 갖는 대면이다. 괴물스러운 통일체는 장애물 내지는 문제처럼——모호성처럼——어떤 유일한 것 안에서 결합을 제공하는 갈등적 혼성체의 모습이다. 왕은 덕인데, 이것은 우선적으로 타자성 내지는 이질성으로서의 저 복잡성과 대결함으로써 자신의 성취를 위해 그것의 모호성들을 꿰뚫어 그것의 잡다하고 위험한 에너지를 전용하는 데 성공한다.

플라톤의 지적은 역설적 정의(正義)를 파악하도록 허락하고, 그와 동시에 오이디푸스가 스핑크스에게 했던 대답의 심원한 오류를 파악하도록 허락한다. 왜냐하면 플라톤이 세 형상의 혼합을 통해 형상화한 괴물, 잡다한 세 부분으로 이루어진 가공의 존재, 조합과 일치가 매우 어려운 저 존재는 실로 인간이기 때문이다. 단지 외부적으로 나타나는 모습으로만 인간인 존재. "그러면 셋인 이것들을 하나로 합쳐서, 어떻게든 서로 합쳐서 함께 자라도록 하게나. (…) 이것들의 바깥쪽에 하나의 상을, 즉 인간의 상을 삥 둘러 형상화하게나. 그래서 안쪽 것들은 볼 수 없고 다만 외피만을 볼 뿐인 자에게는 하나의 동물, 즉 인간으로 보이게 되도록 말일세."[17] 외부만을 볼 뿐인 자에게 내부에 있는 가공의 존재를 추측하는 일은 매우 어려울 것이다. 그렇지만 내부를 어떤 놀랍고 불가사의한 가공의 존재처럼 보게 될 자에게, 외부에서 보였을 때 단순히 인간 존재처럼 나타나는 그것은 세 형상들——크기상 작아지는 순서로, 머리가 여럿인 짐승, 사자, 그리고 다시 인간——의 위계적이며 충돌하는 어떤 조합으로 주어진다.

---

17 | 플라톤, 『국가』, 박종현 옮김, 601쪽(588d).

그러므로 세 부분으로 이루어진 가공의 존재는 인간(인간의 내면, 인간의 영혼)의 비교적인(esoterique)[18] 이미지이다. 겉모습의 인간이 단지 괴물의 현교적인(exoterique) 형태, 단순한 위장이자 피상적 외피에 불과한 것처럼 말이다. 따라서 "인간"이라는 답은 다른 두 구성물들, 즉 머리가 여럿인 짐승과 성마른 사자에 대한 비(非)종교적 망각으로 해석될 수 있다. 그런데 우리가 오이디푸스의 것으로서의 승리의 방식에서, 즉 키마이라에 대한 벨레로폰의 승리와는 반대로 순수하게 지성적인 승리의 방식에서 발견하는 것은 실로 그러한 누락과 일방성이다.

오이디푸스의 인간주의는 그러한 착각과 오인——인간 전체를 인간으로 환원시키는 것——일 것이다. 영혼의 다형적 괴물을 우월하지만 약한 얼굴일 뿐인 무엇으로, 즉 우월한 합리적 요소의 담지자이자 상징인 인간의 모습으로 환원시키는 것. 오이디푸스가 자신의 탐욕스럽고 머리가 여럿인 짐승의 심층에서나 자신의 사자다운 힘에서까지, 자신의 고유한 영혼의 모든 구성요소들이 시련을 겪게 했다면, 그가 단지 자기반성(자신을 구성하는 비(非)인간성을 외부에 내버려두는 사변적 심화)을 통해 인식하는 대신 실제로 입문되었다면, 그는 "인간"이 인간 영혼의 수수께끼를 풀기 위한 최종 단어가 아니라는 것을 알았을 것이다. 오이디푸스의 "인간주의적" 착각은 괴물스러운 것들로부터 그를 보호하기는커녕 그를 그곳으로 내던진다.

인간과 내부의 인간(o entos anthropos) 사이에 동일성은 없다. 지하에 숨은 영혼은 전적인 인간이 아니다. 그것은 불안스러우며 어두운

---

18 | [역] 여기서는 나란히 표기된 ésotérique와 exotérique를 각각 '비교(秘敎)적인'과 '현교(顯敎)적인'으로 옮겼다. 반면에 다른 곳에서는 ésotérique를 '비의적인'으로 옮겼다.

심층들, 인간성을 벗어나 동물성의 위험한 밤 속으로 빠져드는 본능의 탐지불가능한 자원을 가지고 있다. 내부의 인간의 특권적 속성인 이성은 언제나 자유로이 내맡겨진 인식과 이해의 순전한 능력이 아니다. 그것은 힘이고 권위다. 그것은 영혼의 동물적 구성물을 위협하여 꼼짝 못하게 한다. 우리는 플라톤의 견지에서 내적 인간(신적인 인간)과 전체로서의 인간을 혼동하는 자——즉 영혼의 본질적으로 괴물스러운 구조를 망각하고 또한 고유하게 인간적인 부분이란 더 광범위한 어떤 조합물 안에서의 한 요소에 불과하다는 사실을 망각함으로써 저 조합물을 무시, 오인, 부정할 수 있다고, 사유에 의해 그 조합물의 실존을 제거할 수 있다고 믿는 자——가 저지를 수 있을 잘못을 본다.

　"스핑크스에 대한 승리"로서 테바이의 영웅에게 부여된 것, 그것은 정확히 신인동형론이다. 헤겔은 그것을 잘 간파했지만 헤겔에게 그것은 어둠의 그림자가 없는 승리다. 그것은 모든 사물의 척도로서의 인간의 반란이다. 그것은 전체 안에서 그 자체가 인간적 존재라는(인간의 인간성 안에서 남김없이 소진되는 속성, 본질, 동일성을 가진다는) 인간에 대한 가정이다. 그리고 그것은 인간 안에 머무르면서 인간을 더 시원적인 어떤 지배에 묶어놓는 힘들 앞에서 느끼는 공포에 대한 종결이다. 인간으로서의 인간이자 인간일 뿐인 한에서의 인간, 자신의 존재에 가장 몰두한 인간, 자신의 영혼의 깊은 곳을 전혀 보지 못하는 인간은 더 이상 불안과 공포 속에서 자기가 아닌 다른 무엇과 자기 자신 안에서 조우할 수 없을 것이며, 짐승의 이미지들만이 환기시킬 수 있는 저 불안스럽고 적대적인 힘들에 의해 사로잡히고 포획되고 침략당할 수도 없을 것이다. 오이디푸스와 헤겔은 믿는다. 인간은 이제 영원히 하층의 다형적 지배들, 다시 말해 격노한 존재들이나 탐욕스러운 존재들의 불일치적 조화와 영원히 단절할 수 있고 인간의 고유성인 이성 안에 정착하고 그 안에서 자족할 수 있다고 (불탐과 피의 시련 속에서) 맞붙지도 소멸되지도 않은, 하지만 오로지 지성적이고 자기 성찰적인 명령에 의해 부인된 다수의 위험한 정열들에 대한 단일성(인간의 유일무이한 머리 안에 있는 유일무이한 이성)의 승리.

그러므로 영혼의 세 부분적 위계의 균형을 잃게 만드는 적어도 두 가지의 방식이 있을 것이다. 플라톤이 기술한 폭군의 방식과 철학적 위험의 한계-형상으로서 오이디푸스가 체화하는 보다 드물고 미묘한 방식.

다른 두 부분들(그 크기가 상징적으로 영혼보다 큰 부분들)로부터의 영혼의 철학적 요소의 완전한 고립은 위험할 수밖에 없다. 합리적 부분이 자신의 괴물스러운 연장물로부터 절단된다면, 근본적 해방은 있을 수 없으며 통제불가능한 반란의 위험이라는 결과를 낳을 것이다. 합리적 부분은 머리가 여럿인 정념(pathos)의 한계 없는 성적 욕망들에 대해서나, 공격성, 과감성, 정복의 의지로 이루어진 사자다운 정념에 대해서 전적인 지배를 단 한 번이라도 놓친다면, 뒤척이는 잠의 밤의 지나가버리는 꿈 외의 다른 것일 수 없는 어떤 것이 도착의 형태를 하고서 현실 자체 안으로 난입하는 것을 피할 수 없을 것이다.

그런데 오이디푸스는 그러한 절단을 실현한다. 그는 순수한 성찰을 통해 얻은 승리와 자기 자신에 대한 명석한 의식에 의지한다. 따라서 그는 연결되어 있었고 떠맡아야 했던 것에 대한 몰이해가 커지게 놓아둔다. 오이디푸스는 지혜의 요소가 다른 두 가지——즉 성마름과 육욕——를 지배하게 허락하지 않았다기보다는 오히려 (자기 성찰을 통해) 그러한 이성적 요소를 분리시켰고, 사자와 머리가 여럿인 짐승이 떨어져나가 풀어지고 해방되어 나타난다고 할지라도 그 이성적 요소에게 일종의 자율성과 독립성을 주었다. 부친 살해와 근친상간은 의지적이지 않게 저질러졌다고 할지라도 비인간적인 두 요소들의 비의지적이고 비계획적인 해방의 가장 혹독하고 심오한 표현이다. 오이디푸스가 분노를 일으켜 라이오스를 죽일 때, 머리에게 반역한 것은 사자의 요소이다. 오이디푸스가 왕비와 잠자리를 같이하는 결과를 낳았을 때, 은밀하게 만족된 것은 육욕적 요소이다. 오이디푸스의 비의지적인 죄들 각각은 스핑크스의 일부의 회귀, 영혼 그 자체의 괴물성을 지하 영혼의 심층들로 형상화하는 저 세 부분적 괴물의 회귀, 맞닥뜨리지도 않고 소모되지도 않은 요소의 회귀이다.

따라서 플라톤이 보았을 때, 스핑크스에게 했던 "인간"이라는 대답, 인간의 괴물성을 제거하고 인간을 모든 사물의 척도로 만든 인간중심화의 근본적인 몸짓에서 나온 그러한 대답은 틀림없이 이단, 오류, 혹은 착각이다. 인간적인 부분이 지배하게 함으로써 영혼의 이질적 부분들을 조화롭게 만드는 것, 그러한 것이 교육, 입문, 철학이 자신에게 할당할 수 있는 유일한 목적이다. 그 이상은 없다. 척도로 존재하는 것이 인간이 아니라 신일 뿐만 아니라 인간 자체가 환원불가능한 타자성에 의해 영향받도록 남아있다. 인간 안에서 모든 것이 인간적인 것은 아니다. "인간주의(humanisme)"는 영혼의 합리적인 부분이자 유일하게 인간적인 부분이 영혼 안의 비인간적인 것——이성의 감시가 약화되자마자 기운을 회복할 위험이 있는 하위적이지만 활동적인 구성요소들——에 의해 끊임없이 위협받고 있다는 사실을 망각하는 위험한 착각이다. 그리하여 플라톤에게서는 어떤 인간도 3중으로 된 괴물을 "제거"하지 못할 것이다. 왜냐하면 영혼은 그 자체가 3중으로 된 괴물이기 때문이다. 플라톤은 그렇게 모든 오이디푸스적 오만을 결정적으로 경고한다.

　이러한 암묵적인 위치의 선취는 결정적인 문제적 장을, 즉 서양 철학의 모든 갈등적 역사를 끊임없이 만들어내는 대립과 반복의 배치를 지휘한다. 갈등적 역사. 따라서 우리는 이 역사를 어떤 동질적 담론으로, 기원에서부터 출현해서 역사의 종결에 이르기까지 펼쳐지는 그런 동질적 담론으로 환원시킬 수 없다. 철학의 가장 급진주의적 고집을 표시하는 오이디푸스적 철학하기의 경향, 헤겔이 처음으로 **철학**(*la phi-losophie*) 그 자체로 규정한 저 오이디푸스적 철학하기의 경향과, 반-인간주의적 경계(警戒)가 출발부터——적어도 플라톤과 함께——대립해 있었는데, 이것은 이후의 대립들을 예고한다. 그런 점에서, 데카르트, 헤겔, 니체(우리는 이 철학자들의 오이디푸스적 결의에 주목하면서, 그들에게로 다시 돌아올 것이다)를 넘어서, 프로이트의 발견은 플라톤적 영혼의 장소론(topique)에 의해 예정되어 있었다.

오이디푸스가 플라톤의 담화 속에서 공백으로서만 그려진다고 할지라도, 오이디푸스는 너무나 긴밀하게 그리고 정합적인 수많은 실마리들에 의해 거기에 관련되어 있으므로, 바로 그 명명되지 않은 오이디푸스는 자신의 차후의 난입들을 가장 결정적으로 해석할 수 있게 한다. 오이디푸스는 회귀하니까 말이다. 우선 데카르트와 함께 [그러한데], 데카르트는 자신은 의식하지 못하면서 오이디푸스의 전략을 단호하게 반복하고 그것을 존재론적 순수성으로까지 데려간다. 그리고 결국 헤겔에게서 오이디푸스는 그 자체로서 명명되는바, 헤겔은 오이디푸스를 어둠이 부재하는 전적으로 창설적인 형상으로 만든다.

오이디푸스의 전략은 데카르트 외에 다른 어떤 철학자에게서도 잘 인지되지 않는다. 그런 점에서 데카르트의 사상이 근대 철학의 시작으로 인정되는 것은 당연하다. 데카르트에게서 (그가 보증하고자 하는 절차나 행보의) 방법적 질서 자체는 오이디푸스 이야기의 연속되는 중요한 순간들을 정확하게 반복한다.

데카르트의 몸짓을 고찰해보자. 우리는 그것을 세 운동으로 요약할 수 있을 것이다. 『방법서설』을 설파하는 "나"는 무엇을 하는가?

1. 그는 모든 주인(maître)[1]을 거부한다. 그리고 그는 일체의 지식 전수에 대해서 독학자적 위치의 우월성을 주장한다.

2. 그는 코기토 그 자체인 자기의식의 첨예한 형태를 통해서 모호하고 불분명한 사고들을 해체하고 제거하고 배제한다.

3. 그는 그러한 두 운동들의 결과로서 자기를 "자연의 주인이자 소유자"로 만들거나 그렇다고 주장한다.

강조할 필요가 있을까? 철학소들(philosophèmes)[2]의 지성적 엄격함 아래에서, 오이디푸스의 자세를 구성하는 신화소들(mythologèmes)의 똑같이 엄격한 귀결이 놀랍도록 정확하게 재발견된다는 것을 우리는 보지 않는가? 물론, 문제가 되는 것은 간단한 전치가 아니라, 오히려 어떤 배치형상의 고집, 어쨌든 오이디푸스의 자세에 의해 선(先)형상화 되었던 주체성 체제의 결정적인 심화이다. "부친 살해", "스핑크스에게 한 대답", "어머니의 소유". 데카르트는 완성된 존재론적 차원을 오이디푸스 신화에 의해 유형화된 원(原)-철학적 장치에 제공한다. 오이디푸스의 영웅적 드라마의 중요한 세 순간들 각각이 데카르트적 절차의

---

1 | [역] 우리는 앞에서 소크라테스는 '스승'을 갖지 않는다고 할 때 maître를 스승으로 옮겼다. 데카르트와 관련된 서술에서는 maître를 주인으로 옮길 것인데, 왜냐하면 근대 이후 강조되는 것은 스승보다는 주인의 자리를 차지 하는 일체의 것을 의미할 것이기 때문이다.

2 | [역] philosophème을 철학의 구성적 요소들로서 불연속적인 성질을 갖는다는 점을 강조하여 철학소로 옮긴다. 여기에는 이를테면 개념, 명제, 공리, 범주, 원리 등이 속한다.

중요한 세 순간들에서 인지되도록 자신을 내어준다.

우리는 그것의 독창성과 전복의 능력을 가늠해야 할 것이다. 데카르트는 주인(maître)과 아버지의 지식을 자기 것으로 만듦으로써 자기 자신이 주인이 되는 그날, 주인과 아버지의 후견으로부터 해방되는 자가 아니다. 그렇지만 그는 주인으로부터 배운 적이 전혀 없었던 자도 아니다. 그는 방법을 가지고 전수의 사슬을 절단한 자다. 그는 가르침과 입문의 완전한 순환의 끝에서, 이번에는 자기가 주인의 기능을 할 수 있게 되는 그런 주인의 제자가 되는 대신에 모든 계보를 고발한다. 그는 사슬을 깬다. 그는 성찰된 단절과 방법적 포기 행위에 의해 그 자신 외의 다른 어떤 주인도 갖지 않는 사유자로서 자신을 확립한다고 주장한다. 주인을 갖지 않는 사유자, 사유자 주인으로서의 그, 이러한 것이 데카르트적 혁명이다.

이는 데카르트가 아들의 사유를 이것의 형이상학적 극단으로까지, 즉 그 이전에 사람들보다 훨씬 더 멀리까지 밀고 나갔음을 의미한다. 여전히 아버지의 아들로서 상대적으로 정의되는 아들이 아니라 의지적, 의식적으로 고아가 되었고 자기 자신에 의해 비(非)상속자가 된 아들, 그 누구의 아들도 아닌 아들. 개인을 (귀족 명부나 입문의) 계통에 연결시키고 주체의 실존을 주체가 계승하는 선조적 사슬과의 관계 안에서만 정초하는 일체의 계보학적 위치와는 반대로, 데카르트의 몸짓은 자신의 절대적 자율을 선포하고 자신의 정당성의 근거를 오로지 자기 자신에만 놓는 주체, 상속을 단절하는 주체의 놀라운 주장이다.

나는 생각한다, 그러므로 나는 존재한다. 이것은 주인의 가르침 전체에 대한 부정에 곧바로 따라 나오는 존재론적 자기-정초 행위이다. 코기토의 부친살해의 강권은 자신의 일관성과 자신의 원리적 토대 가치를 다음의 사실에 의존하는데, 즉 그러한 힘은 의심할 수 없는 어떤 자명성을 자기 자신에게 내리는 어떤 확증과 일치하게 만든다는 것이다.

그것은——수학적 연산이 그런 것처럼——한낱 참 명제에 불과한 것이 아니다. 그것은 "나"에게 내려지는 어떤 진리, 자기를 증명하기 위해 "나" 외의 다른 것이 필요하지 않은 진리이다. 그것은 내가 의심할 수 없는 진리들의 원천일 수 있음에 대한 증거를 가져오는 진리이다. 코기토의 전략적 기능은 선명하고 반박불가능한 사례를 통해 다음의 것을 보여주는 것이다. 전수된 모든 지식에 대한 부인은 끝없는 의심의 심연 속으로 인도하지 않으며, 반대로——짧은 불안의 시간, 익사의 공포 이후에——주인들의 지식이 제안했던 모든 것보다 더욱 견고한 바위 위에 발을 디딜 수 있도록 인도한다. "나는 생각한다, 그러므로 나는 존재한다(cogito ergo sum)"를 승리의 외침으로 이해해야 한다. 성공한 "부친살해"의 외침. 서 있기 위해 더 이상 선조들에게도, 그 누구에게도 의존하지 않는다는 것을 이제 막 알게 된 아들의 환희. 그리고 확신을 가지고 걸어가기. 절뚝거리지 않으면서.

그 범위와 근본성 때문에, 단독적 아버지에 대한 그 어떤 단독적 살해와도 공통의 척도를 갖지 않는 부친살해. 데카르트는 원리적이며 추상적인 오이디푸스다. 그는 부성(父性)의 존재론적 차원을 거부한다. 그는, 부성이 완성한다고 주장했던 기능의 "나"를 이제 스스로 떠맡으면서, 부성 없이 진리를 정초하는 과제를 갖는다.

데카르트는 영웅이다. 우리는 헤겔에게서, 그 후에 발레리와 알랭에게서 이 단어[영웅]와 마주치는 데 놀라지 않는다. 영웅의 전투와 에고의 형성 사이에는 완전한 겹침이 있다. 데카르트는 영웅인데, 왜냐하면 자기를 구성하고 파악하기 위해 자신의 존재에서 나오는 모든 원천을 깨우기 때문이다. 신화가 영웅적 모험에서 묘사하는 것, 철학은 그것을 재현하고 주체성을 정초하는 행위 안에서 그것을 계속한다. 더 나아가 데카르트는 사유하는 에고(ego cogitans)를 진리의 정초적 계기로 만들면서, 신화적 언어 속에서 영웅의 모험들이 선(先)형상화한 개체화의 행위를 단지 반복만 하지 않는다. 그는 영웅적 상상물 안에서 작동하고 있었던 것——주체가 되도록, 자기의식으로서 자신을 발견하도록, 그리고 그러한 확실성 위에 자기 자신을 근거짓도록 인간을 인도하는 노력——이 완전히 드러날 때까지 저 형상을 추구한다. 형상적 논리학 안에서, 괴물은 영웅의 피할 수 없는 상관물이다. 데카르트가 영웅인 이유는 오직 한 가지인데, 그 또한 이성과 자기의식이라는 무기에 의해 괴물성을 정복했기 때문이다. 데카르트는 흘러넘치는 애매하고 모호한 관념들의 무리를 제거한다. 코기토는 그러한 스핑크스에 대한 대답이다. 반성적 자명성은 스핑크스를 제거한다. 코기토의 타격 이후에 스핑크스는 더 이상 사유를 사로잡지 않을 것이다.

따라서 철학에서의 오이디푸스적 전략은, 그것의 단순성과 피할 수 없는 엄밀성에 있어서, 다른 무엇보다 데카르트의 몸짓에서 가장 잘 나타난다. 데카르트는 그때까지 제대로 도출되지 못한 채로 있던 철학의 오이디푸스적 결정을 개념의 빛 안에서 드러낸다. 데카르트와 함께 오이디푸스의 전략은 방법적이 된다. 그리스적 사고가 체계적으로 만드는 데 이르지는 못했지만 윤곽을 그렸던——하지만 이제는 그 성취에 이른——장치를 이제 우리가 다시 발견한다고 해도 전혀 놀랍지 않다. 데카르트의 철학은 완전한 탈-투사(dé-projection)의 운동이다. 대상에 대해서 극단적으로 대립해 있으면서 출발점으로 채택된 주체. 그리고 결국 존재론적 장 위에 단일중심적인 합리적 관점이 구체화되는데, 이것은 비전의 중심의 단일성을 의식화함으로써, 단축법의 획득물을 체계화한다.[3]

스핑크스에게 "인간"이라고 대답하는 오이디푸스가 자신의 투사적 특징을 발견함으로써 괴물을 사라지게 했다면, 데카르트는 모든 확실성의 의심불가능한 토대이자 모든 표상의 중심인 그 자신의 "나"의 실존을 애매하고 불분명한 관념들의 무리에 대립시킨다. 그것은 그리스인들에게서처럼 단지 인간을 중심에 놓는 몸짓이 더 이상 아니다. 오히려 그것은 순수 자아를 중심에 놓는 운동의 체계적 장치이다. 바로 이점 때문에 어떤 결정적인 간극이 존재한다. 실로 데카르트는 원리적 자아론으로 한 걸음 더 나아가는 위험을 무릅쓰기 위해, 고대인들에게서 이미 획득된 인간학적 파악을 넘어서는데, 그러한 자아론은 위험한 아포리아와 거대한 균열을 또한 예상하게 한다.

그렇지만 그러한 위험이 출현하기 전에 승리는 견고한 것처럼 나타난다. 데카르트는 합리적 이성의 명석한 자명성만을 붙잡기 위해 애매하고 불분명한 모든 것을 자신의 사유에서 배제했고, 명명백백한 메커니즘을 재구성하기 위해 일체의 그림자를 외부세계에서 제거했으며, 물질을 수학화했다. 그리하여 그는 한없는 희망으로 전율할 수 있었다. 그는 지성적 물질로 저 우주를 정복하고 우주의 내밀한 법칙의 비밀을 관통하고 우주의 모든 신비를 통찰한다는 야망을 가질 수 있었다. 그는

───
3 | 『방법서설』과 이것이 함축하는 관점적 도식 안에서의 "어떤 유일한 것(un seul)"이라는 주제와 관련해서는 나의 논문 «Descartes et la persepective», in *L'esprit créateur*, spring, 1985, éd. State University of Louisiana Press, Baton rouge를 참고할 것.

한 단어로 (이 표현은 이제는 그의 이성이 이해시킬 수 없는 의미로 가득하다) 자신을 "자연의 주인이자 소유자"로 만들겠다는 야망을 가질 수 있었다. 아들은 아버지들의 상속을 멀리 떼어놓고 단호한 몸짓으로 유산과 전통을 부인한 후에 풀려났는데, 이는 전례 없는 정복, 도를 넘어선 지배——어머니-자연의 소유——를 위해서다.

그러한 프로그램을 감행하기 위해 데카르트는 수수께끼들과 이미지들, 그리고 무엇보다도, 가장 정화된 철학적 개념성을 만들어내는 은유적 반향들을 실제로 잃어버려야 했다.

스핑크스 앞에 선 오이디푸스….

수수께끼들을 던지는 이 어두운 괴물과 의기양양하게 "인간"이라고 대답하는 자의 대결 가운데 결정적인 역사적 일보, 사유의 문턱, 정신의 전환이 응축되어 있다.

마침내 인간이 중심에 있다.

그렇기 때문에 헤겔은 저 신화적 삽화를 철학의 원초적 장면으로 삼았다. 오이디푸스는 위대한 미래를 약속하고 서양을 특화시키는 새로운 자세의 창안자이다.

헤겔에게서 오이디푸스에 대한 명시적 참조[4]는 간략하다. 하지만 이 언급의 전략적 중요성은 대단히 중요하다. 오이디푸스는 이행을 보증하는 자, 하나의 정신적 계기에서 다른 정신적 계기로 역사의 방향이

---

4 | Hegel, *Esthétique, L'art symbolique*, chap. 1. Le symbolique inconscient, trad. S. Jankélévitch, éd. Flammarion, vol. II, Paris 1979(헤겔, 『헤겔의 미학강의 2』, 두행숙 옮김, 은행나무, 2010. 서론: 상징일반에 대해서, 1장 무의식적 상징표현). 오이디푸스의 언급은 이 장의 마지막 부분에 나온다.

바뀌게 만드는 자이다. 스핑크스에게 했던 대답에 의해 주체성의 상징주의적 계기로부터 주체성의 그리스적 계기, 다시 말해 주체성의 철학적 계기로 향하는 극복 내지는 대체를 작동시키는 자가 바로 오이디푸스이다.

스핑크스(La Sphinge)(보다 정확히 말해 헤겔이 이집트의 상징으로 여겼던 괴물 스핑크스(le Sphinx))는 동물성과 인간성의 혼합물이다. "인간"이라는 대답으로 수수께끼를 해결함으로써 오이디푸스는 혼합물을 제거하고 괴물성을 해체시킨다. 그는 자기의식이 된 인간을 일체의 모호성에 대항할 수 있는 대답으로 만든다.

헤겔에게 이집트는 상징들의 국가이다. 영혼을 억류하는 무덤처럼 여전히 정신은 의미를 가두는 이미지들의 포로이다. 상징화된 것은 언제나 상징화하는 사물에 종속되며, 명석한 관념, 그 자체가 투명하게 드러나 보이는 관념의 자율성을 갖지 않는다. 그렇기 때문에 헤겔은 이집트와 관련해서 "무의식적 상징주의", 더 정확하게는 "무의식적 상징학(Die unbewusste Symbolik)"에 대해 이야기한다. 모든 것이 신비이고 모호하다. 그것은 심오한 의미들, 암시들, 환기들의 얽힘이다. 그러한 무의식적 상징주의는 감추면서 동시에 드러낸다. 그것은 언제나 다른 어떤 것으로 회송된다. 그것은 환원불가능한 타자성에 의해 작동된다. 피라미드들, 거대 동상들, 스핑크스: "고대 이집트에서 대체로 거의 모든 형상이 상징이나 상형문자로 나타나면서 그 형상 자체를 의미하지 않고 그와 유사하게 관련된 다른 것을 암시하였다."[5] 따라서 이집트

---

5 | [역] 원서에는 이어지는 헤겔의 인용문의 서지사항을 알려주는 각주가 없으나, 다음의 책들과 페이지들에서 인용되었음을 확인하였다. 『헤겔의 미학강의 2』, 두행숙 옮김, 100쪽.

의 예술작품들은 객관적 수수께끼들이다. 직관은 사유가 되기에 이르지 못하는데, 왜냐하면 정신은 아직 "정신"[6]의 명석하고 분명한 언어를 알지 못하기 때문이다. 이처럼 "이집트는 정신의 자기 계시와 관계하는 문제들과 정신 자체에 의한 정신의 해독과 관계하는 문제들을, 해결함이 없이, 제기하는 상징의 나라였다. 하지만 문제들을 해답을 얻지 못한 채로 남아있다."[7]

이집트의 상징주의가 그 자체로 수수께끼적이라면, 스핑크스는 그러한 상징주의 체제의 가장 탁월한 상징이다. 인간의 형상과 사자 발톱을 한 거대 동상은 두 가지 능력을 상징하는 상형문자이며 숨은 비밀을 간직한 심층의 상징이다. 우리는 정신이 야만적이고 둔한 힘으로부터 빠져나오기를 원하지만 정신적인 것의 자유를 쟁취하는 데 성공하지 못하고 있다는 인상을 받는다. 자신이 나온 동물적 물질성 안에 여전히 신체 절반(mi-corps)이 잠겨있기에, 인간의 정신은 자기의식에 아직 도달하지 못했다. 다시 말해 인간은 자기를 자기가 아닌 것에 묶어놓았던 끈들을 끊도록 허락하는 자유롭고 명료한 내면에 아직 도달하지 못했다. 스핑크스는 의식적 정신성에의 갈망을 증언한다. 그러나 돌을 깎아 만든 거대한 동물모양 동상의 신비롭고 말없는 역량 속에서 스핑크스는 해독불가능한 물질성의 모호한 무의식 속에 단단히 묶여 있고 뿌리내리고 있다.

그러므로 헤겔에게서 스핑크스는 다른 식으로 말해질 수 있고 사유될 수 있는 진리의 알레고리적 외피나 가장이 아니라 수수께끼 그 자체

---

6 | [역] 위의 책, 95쪽.

7 | [역] 위의 책, 95-96쪽. 구의 이 책의 번역에 맞게 한글 번역서를 수정했다.

인 무의식적 상징주의, 즉 의미심장한 물질성과 정신 간의 극단적 불일치인 무의식적 상징주의의 상징이다.

그리고 바로 거기에 오이디푸스적 계기가 개입한다. 실제로 이집트의 스핑크스(le Sphinx)에서 그리스의 스핑크스(la Sphinge)까지, 일보의 차이만이 있다. 우선 여기서 이집트가 지리학자들이나 역사학자들이 기술한 유일한 지방이 아니라 반대로 일정한 상징주의적 체제——정신이 여전히 그 자신의 고유한 모호성의 노예로 남아있는 체제——이기 때문이다.

그런데 오이디푸스는 그러한 상징주의의 상징과 맞대결한 자이다. 그는 인간 안에서 수수께끼의 해답을 발견한다. 그것을 모든 수수께끼에 대한, 수수께끼적인 것의 원리 자체에 대한 대답이라고 이해하자. 무의식적 상징주의의 괴물성은 사라진다. 동물적 형상은 이제 염려스러운 잡종교배(hybridation)의 형태 안에서 인간의 형상과 혼합되지 않는다. 인간은 자기-반성적 철학 속의 정신처럼 조형적 형상화 속의 신체로서도 오로지 인간 자신만을 표상할 수 있다. 오이디푸스는 이런저런 수수께끼에 대답하는 게 아니다. 그는 인간적인 것을 모든 의미의 원천으로 삼음으로써 무의식적 상징주의의 체제를 넘어서고 대체한다. 그렇기 때문에 헤겔은 "인간"이라는 오이디푸스의 대답(수수께끼적인 것의 타자성 앞에서 절대적으로 필요한 인간중심화의 위치)을 아폴론적이고 소크라테스적인 "너 자신을 알라"라는 말과 조건없이 같게 놓는다. 자기의식 그 자체인 의식의 빛은 모든 수수께끼적 타자성이 사라지게 만들고 무의식의 차원을 제거한다.

결정적인 계기. "사유 그 자체가 자기를 사유할" 때(그리고 이것이 헤겔이 철학에 대해 제공했던 정의들 가운데 하나다)[8], 사유는 정신의 자유로운 표현을 통제하는 상징주의적이고 신화적인 형태를 부순다. 상징은 개념과는 반대로 사유의 부적합한 표현이다. 상징은 이념과 이념을 의미화한다고 간주되는 형태 사이의 귀속의 실패를 보여준다. 정신은 감각적인 것으로부터 해방될 수 있고 자기 자신에 대해 존재할 수 있는 그런 상태에 이를 수 있을 때에만, 또한 자기 자신을 반성하고 주관적인 것 내지는 내면성에 도달할 수 있을 때에만 일체의 상징주의적 표현을 버릴 수 있다. 그리하여 오이디푸스는 자신의 대답을 통해 어떤 철학적 몸짓을 성취한 것만이 아니라, 탁월한 철학적 몸짓(le geste philosophique)을──다시 말해 주체성 스스로가 자기를 인식하는 사유의 반성적 운동 내지는 자기의식의 활동을──성취한 것이다. 스펑크스 앞에서의 오이디푸스의 대답은 철학의 도래, 시작, 개시이다. 마침내 사유는 사유 자체에 대해 존재한다. 정신과 자연의 기만적이며 동양적인 통일성은 파괴된다. 오이디푸스는 철학의 정초자──원형적 철학자──이다.

그러므로 헤겔이 역사적 삶의 어떤 전환점을, 이집트로부터의 탈출, 오이디푸스의 대답, 서양 철학의 탄생으로서 동시에 특징지어지는 그러한 전환점을 끌어내었다는 점은 주목할 만하다. 기원에서부터 인간주의로 규정된 철학 그 자체, 인간중심화에 기반을 둔 새로운 자세. 이 책 전부는 헤겔에 대한 주석이다.[9]

---

8 | Hegel, *Leçons sur l'histoire de la philosophie*, trad. Gibelin, éd. N.R.F. coll. Idées, Paris.

9 | [역] 영어번역본에는 원문에는 없는 다음의 각주가 추가되었다: 헤겔에게 있어서 이집트와 그리스 간의 관계, 오시리스와 오이디푸스 간의 대립에 의해 전형화된 관계에 관한 보충적인 고찰을 위해서는 나의 논문을 볼 것, "The Phallus: Masculine Identity and 'The Exchange of Women'",

플라톤에서 헤겔까지: 한 사람은 프로타고라스와 크세노폰의 신성 모독적 오만함에 대한 반격으로 비(非)오이디푸스적인 것으로서 주어질 수 있는 철학적 전략을 공들여 만든다. 반면에 데카르트의 코기토가 촉발한 근대적 주체의 반란 이후 헤겔은 정반대로 자기반성과 점점 더 근본적이 된 인간중심화 속에서 정신사의 중심축을 본다. 따라서 오이디푸스는, 회귀적으로, 창설적 형상이 된다.

헤겔이 스핑크스를 그리스의 형상이 아니라 이집트의 형상으로 취급한 것은 영혼에 대한 플라톤적 장소론(topique)과 헤겔의 사유 간에 포착되지 않은 어떤 분절의 노출과 모순되지 않는다. 이집트로부터의 헤겔적 탈출은 타율성이 지배하는 신성하고 위계적인 세계——원근법 이전의 "국면적인(en aspective)" 세계——와의 단절, 스핑크스에 대한 오이디푸스의 대답에 의한 단절이다. 그런데 플라톤은 사회적 기능들의 이상적인 구분, 그가 그 원리를 계속해서 옹호하는 저 규범적 위계를 이집트인들의 세계에서 발견한다고 믿었다. 『법률』에서 플라톤은 불안정하고 민주주의적인 그리스에 반대해서 부동적이고 위계적이며 엄숙한 이집트에게 명시적으로 가치를 부여한다. 역사적 기억의 단절은 심지어 그가 사회적 3분할의 원리가 이집트에 기원을 두고 있다고 믿도록 만들었던 것처럼 보인다.

아무리 상반된 선택과 함께일지라도, 헤겔에게서처럼 플라톤에게서도 이집트로부터의 탈출은 암묵적으로건 명시적으로건 오이디푸스의 자세와 동일시된다. 문제가 되는 것이 인도유럽어권의 구조인지 이집

Différences(Spring 1992), pp. 41-75. 오이디푸스는 매우 분명하게 오시리스에 의해 겪게 된 입문적 거세의 철학적 결과로서 나타난다.

트의 구조인지는 다음의 사실과 관련해서는 그다지 중요하지 않다. 즉 오이디푸스가 취한 인간중심화의 몸짓이 인간을 위계적 체제에서 빠져 나오게 했으며——사람들이 한탄하건 축하하건——인간을 민주주의적 인간주의의 체제 안으로 데려왔다는 사실 말이다. 자기 자신과 관련해서 정신의 타자성을 표현하는 괴물스러운 구조는(그리고 그러한 비의적 타자성 앞에서의 인간의 종교적 겸손은), 아무리 그러한 내밀한 타자성을 해소하려는 의지가 반성적 이성에 의해 다르게 판단될지라도, 두 경우 모두에서 동일한 자리를 얻을 것이다.

따라서 플라톤과 헤겔은 상상적이면서 개념적인 동일 지반 위에서 서로 대립한다. 전자는 영혼이 3중의 괴물이라고, 즉 이질적인 존재들의 환원불가능한 복합체로서 영혼이 자신의 조화를 유지하기 위해 권위주의적 원리를 요구한다고 주장한다. 그리고 후자는 합리적이고 고유하게 인간적인 요소의 배타적 특권을 강하게 전제하기에——오이디푸스의 찬양된 승리를 상징으로 하는 역사적 단절 속에서——괴물성을 영원히 극복한다고 믿는다.

플라톤이 위험한 오류라고 생각했을 영혼 전체의 인간화는 역사적 일보가 되며 상징주의적이고 무의식적인 심연을 뒤에 남긴다. 정신은 역사의 새로운 계기를 이끄는 반성성의 활동 속에서 자신의 자율성을 쟁취한다. 인간중심화는 스핑크스들의 이집트를 영원히 실격시킨다.

그런데 그 뒤를 잇는 포이어바흐가 보기에, 초월성의 수용불가능한 어떤 잔여가 헤겔에게 여전히 있다. 신학적인(특히 기독교적인) 비전과 믿음들 전부를 건드리는 결정적 작용 속에서 그러한 초월성을 완전히 재흡수하고 인간이 신성으로부터 만들어내는 모든 이미지들과 표상들을 인간에게로 다시 가져오는 것이 바람직하다. 포이어바흐는 일체의 신학적 수수께끼에 대한 해결 원리를 더할 나위 없이 명백하게 정식화한다. "새로운 철학은 신학의 인간학으로의 완전하고 절대적인, 그리고 비모순적인 용해다."[10] 교리가 신성에게 수여하는 모든 속성들은 인간의 영혼에서 유래한, 의식이 다시금 전유해야 하는 내용들의 초월적이고 분리된 어떤 존재에로의 투사일 뿐이다. 종교적인 믿음에 의해 인간은 자기 자신으로부터 분리되고 스스로 분열되며, 자신의 고유한 본질에 속하는 것을 자신의 타자처럼 간주한다. 인간은 상상적 존재들에게로 부당하게 전이시켰던 것을 자신에게로 되돌아오게 해야 한다.

"신학의 비밀, 그것은 인간학이다."[11] 이를 표명하면서 포이어바흐는 오이디푸스가 불가사의한 스핑크스 앞에서 언표했던 단어를 신학의 신비들 앞에서 반복한다. 오이디푸스를 자신의 연구의 모델로 삼지는 않는다고 할지라도 어쨌든 그는 소크라테스까지 거슬러 올라간다. "너 자신을 알라"는 그에게 모든 철학의 제사(題辭)처럼 명시적으로 부과된다. 그의 모든 철학은 저 가르침의 모든 결과들을 전개시키는 것처럼 그에게 나타난다. 포이어바흐는 소크라테스의 사유에서 시작된 탈-투사의 운동을 반복하고 극단화하며, 그러한 운동을 모든 신적인 타자성에 대한 부정으로까지(이것은 소크라테스는 하지 않은 것이다) 그리고 신 안에서 소외된 인간 본질의 인간에 의한 재전유로까지 끌고 간다.

포이어바흐의 근본적인 인간중심화 작업은 오이디푸스의 위치를 상

---

10 | Feuerbach, «La philosophie de l'avenir», § 55, in *Manifestes philosophiques*, trad. Althusser, U.G.E. 1973.

11 | Feuerbach, «Thèses provisoires en vue de la réforme de la philosophie» n° 1 (Ibid).

기시키는 데만 그치지 않는다. 그의 작업은 신화적 언어 속에서 비유적인 자격에서만 주어졌던 것의 가장 명백한 철학적 명시화다. 포이어바흐의 개념들은 아마도 헤겔 이후에 오이디푸스의 장치 속에 충분히 설명되지 않은 채로 함축되어 있는 것에 대한 최상의 철학적 해석을 제공할 것이다.

오이디푸스는 포이어바흐의 몸짓을 미리 형상화하면서 신들과 신들의 신비가 인간 정신의 산물들일 뿐이라는 점을 발견했을 수도 있다. 사제들과 신앙인들은 괴물들이나 신들의 실재를 진지하게 받아들임으로써 자신들이 속게 내버려 둔다. 괴물들과 신들은 인간에게 외적인 실재적 힘들인 것처럼, 존경과 두려움의 관계를 반드시 유지해야만 하는 그런 힘들인 것처럼 나타난다. 오이디푸스가 발견한 것은 인간을 두려움이나 희망으로 채우는 힘들의 형상화의 배후에 인간 그 자신 외에 다른 신비는 존재하지 않는다는 것이다. 오이디푸스가 발견한 것은 인간이 자신과는 다른 실재이자 낯선 것으로서 숭배하거나 두려워하는 신성한 존재들이 바로 인간 그 자신이라는 것이다. 따라서 스핑크스가 던진 질문에 대해——이 질문을 가장 엄숙한 입문적 만남의 순간에 성스러운 상징들이 제시하는 질문이라고 이해하자——그러한 것들에 대한 가르침을 전혀 받지 않았던 오이디푸스는 토양의 근본적인 어떤 이동을, 어떤 전복을 대립시키는데, 바로 이러한 이동 내지는 전복에 의해 인간이——신적인 것이 아닌 인간이——바탕이며 중심이 된다. 오이디푸스는 오인의 강제된 움직임에 의해 앞서 신적이거나 악마적인 세계의 형태로서 외부에 전이되었던 어떤 것을 다시 자신의 인간적 원천으로 가져온다. 이제 그는 모든 상징 형성의 열쇠(투사, 전이)를 발견함으로써 상징주의적 심층에 대한 전적인 믿음과 종속을 단번에 제거한다. 그는 성스러운 짐승을 제거한다.

우리는 헤겔이 정신적 해방과 반성성이라는 용어로 설명한 것이 다른 등록소와 언어로 정식화될 수 있음을 본다. 그것은 투사들의 철회이다. 문제가 되는 것은 인간을 소외시키는 상징들에 대한 소박한 집착으로부터 벗어나는 운동, 더 정확하게는, 오로지 점차적으로만 내면적 실재의 감각적 상징들로 인정되는 상상적 존재들로부터 벗어나는 운동이다. 오이디푸스의 대답은 이제까지 초인간적(surhumain)이거나 인간 이하적인(sous-humain) 존재들의 형태로 외부 세계에 투자, 전이, 투사되었던 모호한 내용들을 대거 탈-투사하는 것으로 이루어지는 어떤 풍요로운 순간을 표식한다. 그러한 내용들은 이제 이것들을 자신의 일부로서 전유하는 의식적 개인의 자아와 동화된다. 이전에 자아는 고유한 생명을 부여받은 외부의 낯선 존재들과 관계를 맺듯이 그러한 힘과 표상들과 관계를 맺기 시작했지만, 이제는 자신이 그러한 힘과 표상들의 능동적 원천, 무의식적 생산자임을 발견한다. 그리하여 그는 신성한 수수께끼들로 채워진 환원불가능한 타자성처럼 자신에게 나타났던 것을 자신의 투명한 고유한 주체성으로 다시 가져옴으로써 자기와 자기의 분열을 멈출 수 있다.

그러므로 포이어바흐적인 언어와 사유방식은 오이디푸스가 전형화한 작동을 기술하는 데 특히 적합하다. 그렇기는 하나 포이어바흐의 철학이 ("스핑크스 앞에 선 오이디푸스"라는 중심 삽화의 강력한 확장을 그렇게 간접적으로 제공함으로써) 인간중심화의 탈신비적이며 해방적인 메커니즘을 설득력 있게 만든다고 할지라도, 그는 그러한 운동에 내재하는 비극의 중핵과 그러한 운동이 보존하는 환원불가능한 모호성에 타격을 입히지 못한다. 그것은 헤겔도 마찬가지다. 위험이 닥치

260

는 것은 바로 니체에게서이다.

니체의 사유는 복합적이고 단편적이며 모순적이다. 그의 사유의 미궁을 몇 쪽으로 주파할 수는 없다. 그러나 그의 사유는 자신의 측면들 가운데 하나, 어쩌면 가장 집요하고 분명 가장 위험스러운 측면들에 의해 포이어바흐가 시도한 조작을 확실히 연장한다. 왜냐하면 니체에게서도 인간은 신들, 유일신, 모든 이상적인 배후세계의 형태로 인간이 자신의 외부로 전치시켰던 것을 다시금 자기 것으로 만들라는 명령을 받기 때문이다.

차라투스트라가 깊고 오랜 명상의 풍요로운 상태에서 산에서 내려와 그러한 명상의 보물을 저지대 사람들에게 베풀기로 결심했을 때, 이는 우리의 숭고한 신성의 이념을 구성하는 모든 훌륭한 환상들의 인간적 기원을, 지나치게 인간적인 기원을 가르치기 위해서다. 이제 차라투스트라는 속지 않는다. 그는 저 너머의 세상을 보는 예언자이기를 멈추었다.[12]

"배후 세계를 신봉하고 있는 자들이 하나같이 그러하듯이 나 또한 이렇듯 인간 저편에 대한 망상을 품고 있었던 것이다.
정녕 인간 저편에 대한?
아, 형제들이여, 내가 지어낸 이 신은 신이 모두 그러하듯이 사람이 만들어낸 작품이자 망상이었다.

---

12 | [역] 니체, 『차라투스트라는 이렇게 말했다』, "배후 세계를 신봉하고 있는 사람들에 대하여", 정동호 옮김, 책세상, 2000.

신이라고 했지만 사람, 그것도 사람과 자아의 빈약한 일부분이었을 뿐이다. 이 유령이 그 자신의 재와 불길로부터 내게 온 것이지. 진정! 저편의 세계에서 유래한 것이 아니었다!"[13]

왜냐하면 "창조하고 의욕하고 사물의 척도와 가치를 제공한 것"은 바로 나(moi)이니까 말이다. 어떤 메시지나 계시가 나올 수 있는 타자성의 망상을 포기해야 한다. 완전히!

"존재의 심부(entrailles)는 인간의 목소리에 의한 게 아니라면, 인간에게 말을 건네지 않는다."[14]

니체는 이처럼 차라투스트라의 예언자적 언어를 통해 인간중심화 운동을, 천계로 전이되었던 내용들에 대한 인간의 회수 운동을 재발견한다. 이것은 포이어바흐가 미래 철학의 가장 주된 활동으로 삼았던 것이기도 하다. 포이어바흐처럼 니체도 이렇게 말했을 것이다. "신학의 비밀, 그것은 인간학이다."라고. 하지만 여기에 다른 어조는 아니라고 할지라도 어떤 씁쓸함과 환멸의 악센트가 있다. 그것은 포이어바흐에게서는 나타나지 않는 것이다. 인간적인 작품, 너무나 인간적인 작품, 그것이 신학이다!

그러나 저 깊은 환멸은 또한 힘의 원천, 아주 커다란 힘의 원천이 된다. 탈신비화된 배후세계, 죽은 신들. [이제] 인간이 유일한 창조자가 된다. 일체의 척도 너머에서 위대해진 인간이 지고의 가치들을 결정한다.

---

13 | [역] 같은 책, 48쪽.

14 | [역] 같은 책, 48쪽. 저자가 인용한 프랑스 번역본에 맞게 번역을 일부 수정했다.

그러한 새로운 다른 인간, 신의 죽음이 자기 안으로 흘러들어오게 만든 어떤 것에 의해 완전히 부풀려진 인간, 이것이 초인이다. 움직임은 명백하며 필연적이다. "모든 신은 죽었다. 이제 위버멘쉬[초인]가 등장하기를 우리는 바란다. 이것이 언젠가 우리가 위대한 정오를 맞이하여 갖게 될 최후의 의지가 되기를!"[15] 초인은 **천계**에, 저편의 세계에, 그리고 그 자신에 근거해서 세워진 모든 이상적 망상에 자신을 결합시킴으로써 자신을 약하게 만들었던 족쇄에서 해방되어, 이제 고삐 풀린 힘의 의지 속에서 전례가 없는 목표를, 여기-아래에서 제공된 최고의 목표를 자신에게 부여한다. **대지**의 정복….

그런데 그러한 작동과 최후의 약속에 의해 니체는 포이어바흐보다 훨씬 더 광범위하게, 그리고 데카르트보다 더 인상적이라고는 말하지 않더라도 데카르트만큼 인상적으로, 그리스적 도래 이래 철학의 가장 과감한 부분을 움직였던 오이디푸스적 전략과 운명 전부를——마치 그가 이것들을 그 가시성과 악화의 극단적 지점까지 데려갔던 것처럼——만천하에 드러낸다. 왜냐하면 뚜렷한 증식과 환원불가능한 단편화의 형태 아래에서 니체의 사유 전체를 움직이는 운명적 논리학을 아주 체계적으로 고찰한다면, 우리는 오이디푸스 극을 떠받치는 서사적이고 엄격하게 상상적인 틀 구조를 환기시킬 수밖에 없는 강력한 세 시기의 냉혹한 연쇄를 다시금 발견하기 때문이다.

오이디푸스의 형상에서 그러한 틀은 3막극으로 분절되는데, 우리는 추상화를 통해 이렇게 서술할 수 있다: 1) 아버지의 제거, 2) 인간(그리고 자아)의 격상, 3) 어머니의 소유. 우리가 이미 지적했듯이, 데카르트

---

15 | [역] 같은 책, 131쪽.

에게서 이러한 세 가지 장면은, 아무리 특정한 존재론적 형태라고 할지라도, 에고의 자리를 방법적 방식으로 강조하는 그러한 형태 아래에서 잘 인지될 수 있다. 어떤 유사한 운동이, 하지만 다른 개념들을 통과하면서(그렇지만 평행적인 개념들을 통과하면서), 니체 철학을 구조화한다는 것이 인상적이다: 1) **신**의 죽음, 2) **초인**의 도래, 3) **대지**에 대한 총체적 지배.

마치 니체가 어떤 개념적 장에서, 다시 말해 신화적 이미지의 장은 더 이상 아니지만 어떤 강력한 구조와 관계함으로써 신화적 이미지와의 밀접하고 필수적인 연관들을 보존하는 개념적 장에서, 본래적으로 오이디푸스적인 철학의 기획을 극단으로까지 전개시켰던 것처럼 일이 진행된다.

오이디푸스의 전략과 운명 속에서 신화적으로, 또한 소박한 가족구조적 용어들을 통해 선(先)형상되었던 것은 이제 근대적인 개념적 언어 속에서 예상치 못한 범위(envergure)를 갖는다. 이러한 개념적 언어는 우선 오래된 신화소들과 공통점이 없는 것처럼 보인다. 그렇지만 그것은 반박할 수 없을 정도로 구속적이고 심층적인 은유적 관계를 신화소들과 유지한다. 예를 들어 **어머니**를 자연, 물질, 대지와 연결하는 관계의 집요함은 우리로 하여금 고립된 은유작용만이 아니라 배치 전체를 진지하게 받아들일 것을 요구한다. 은유적인 고고학에서 출발해서 개념화되었던 것은 이러저러한 개념만이 아니라 어떤 체계인데, 이 체계는 신화-논리학적인(mytho-logique) 강력한 구속——이 구속은 매우 깊숙이 박힌 인간학적 맥락으로 회송되는바——에 입각해서 전개되었다.

플라톤과 그의 기독교적 전개 이래, 초-감각적 세계, 즉 **이념들**의 세계나 **이상적인 것들**의 세계는 참된 세계로서, 유일하고 고유한 실재로서 간주된다. 반면에 감각적 세계는 가변적이고 외양적이며 비실재적인 여기-아래(ici-bas)일 뿐이다. 그런데 그러한 관념론(단순화하자면 지난 세기까지 철학의 큰 지배적 경향으로 간주될 수 있는 관념론)은 동원하고 합법화하는 힘을 모두 써버렸다. 성취된 관념론의 시대를 전복의 시대가 잇는다. 더 정확히 말해서 관념론의 전복들이 그 뒤를 잇는다. 포이어바흐, 맑스, 니체는 비교가능할지라도 서로 다른 전략들을 따름으로써 어떤 운동을 완수하는데, 이 운동을 통해 피안(l'au-delà)은, "감각적 실재"(포이어바흐), 혹은 "물질적 토대"(맑스), 혹은 **대지**(니체)라는 명칭 아래, 자신의 창설적 진리로 되돌려진 대지의 여기-아래(l'ici-bas)를 위해 자신의 의미와 충만함을 비워낸다.

신의 죽음, 무신론이 인간의 도래를 결과로서 가진다는 것은 하나의 결정적인 운동인데, 청년 맑스는 다음의 표현에서 그 움직임을 자신의 것으로 만든다. "무신론은 신의 부정이며 이러한 부정을 통해 인간의 현존을 정립[한다]."[6] 니체가 "모든 신은 죽었다. 이제 위버멘쉬[초인]가 등장하기를 우리는 바란다!"고 외칠 때 설파한 것이 다른 것은 아니었으리라. 이러한 인간주의적 반란의 과감하고 흥분된 순간은 오이디푸스가 전형화한 몸짓을 심화함으로써 재생산한다. 그것은 사후적으로 오이디푸스의 몸짓을 반복하고 완료한다. 그리고 인간의 무신론적 반란은 대지의 점령이라는 계획으로 매번 인도된다.

맑스는 철학사를 관념론과 유물론의 지속적인 투쟁으로, 그 자신이 그 안에서 (지배의 전도라는 관점에서) 관념론에 대항해서 유물론의

---

16 | Marx, *Manuscrits de 44*, Ed. Sociales, 1968 p. 99(『경제학-철학 수고』, 강유원 옮김, 이론과실천, 2006, 144쪽).

편을 들고는 있지만, 그러한 투쟁의 영역, 목적, 상반된 두 원리들이
──그것의 지평에 대해 질문할 게 남아있는 어떤 "성취된 자연주의"라
는 전개되지는 않은 암시를 제외한다면──실재적으로 극복될 수 없는
그런 투쟁으로 생각한다. 물질이나 여기-아래의 대지로의 회귀는 삶
속에서의 그러한 투쟁에 대한 사후(死後) 보상들을 거부하라는 호소가
된다. 하지만 또한 그러한 회귀는 "물질적 기반"의 객관적 조건들에서
출발한 사회나 역사 표상의 이론적 형태를 획득하는데, 바로 그러한
조건에서부터 모든 이상들(idéaux), 즉 이제부터는 영원하거나 무조건
적인 것이 결코 아닌 그런 이상들이 유래한다. 니체에게서 "대지의 의
미"는 지상의 목표들 외에 다른 어떤 목표도 포기하라는 호소다. 그리
고 허망한 이상들로 향하는 두려움에 찬 도피에 대한 저 단호한 거부로
부터 탄생한 초인은 비어버린 **천계** 아래에서 대지의 완전한 지배를
약속받는다.

그러므로 맑스가 작동시킨 전복과 니체가 작동시킨 전복 간의 유사
성들을 자명하게 하는 것은 어렵지 않다. 초감각적인 것과 망상적 배후
세계들의 자격상실, 설립된 실재의 드러난 열쇠로서 간주된 (개인들
및 집단들의) 힘을 위한 투쟁에 대한 고려, 끝으로 플라톤-기독교적
신앙이 선포했던 토대와 상반된 토대에의 호소. 맑스에게 그 토대는
물질이고, 니체에게 그것은 **대지**이다.

이러한 철학들과 함께 **인간**과 **자연**의 관계는 위태로운 지점에 도달
한다. 관념론은 물질을 부족한-존재(un moins-être), 비실재적인 그림자
로 만들고, 심지어 물질의 실존을 단번에 부인함으로써 **정신**의 우월함
을 주장한다. 하지만 그것은 사유되고 관조된 우월함이다. 관념론이 그
러한 탈가치화의 원리와 부정의 원리를 함양하는 것은 도피와 후퇴를

통해서, 대지 사물들의 수렁 위로 향하는 신비로운 상승을 통해서다. 위대한 전복자들에 의한 지상적인 것의 복권이 저 헤게모니에 대한 단순한 전도의 의미를 갖는 것은 오로지 외양상으로다. 관념론이 비판을 받아야 한다면, 이는 관념론이 물질을 실재적으로나 실천적으로 지배하기는커녕 부인하기 때문이다. 그러므로 문제는 지배 관계의 전도가 아니다. 오히려 문제는 관념론이 비실재적인 것으로 만들었던 물질의 실재적인 지배를 허락하는 것이다. **천계** 안으로 지나치게 성급하게 피신하면서, 그리고 몽롱하고 신비스러운 욕망들(lubies)만을 유지하면서, 관념론자는 자연히 추상된 승리만을 얻는다. **분리**(détachement)에 불과한 **인간/자연**의 순전한 단절 후에 전복자들은 인간의 실재적 지배와 점유를 호소한다. 이러한 점유는 지상의 진리를 염두에 두면서만 일어날 수 있다.

자연, 물질, 대지에의 호소, 이는 관념론에 계속해서 저항하는 것인데, 관념론은 (데카르트에 따르면) 충분히 "실천적"[17]이지 않고, (맑스에 따르면) 지나치게 "몽롱"[18]하고, (니체에 따르면) 지나치게 "환각에 사로잡혀" 있다. 자연, 물질, 대지는 (그것의 헤아릴 수 없는 신비가

---

17 | [역] 데카르트는 『방법서설』, 『철학원리』 등에서 사변철학이 아닌 실천철학을 강조하지만, 특히 『방법서설』 4장에서 우리의 환경을 이루는 물, 불, 공기, 천체, 대기, 신체 등의 사용법을 앎으로써 인간이 자연의 주인이자 소유자가 되는 '실천 practique' 철학을 강조한다.

18 | [역] 장-조제프 구는 '몽롱 nuageux'이라는 표현을 맑스의 자본론에서 물신숭배를 정의하는 부분을 차용한 것처럼 보인다. "그러므로 그 비슷한 예를 찾아보기 위해 우리는 몽롱한 종교세계로 들어가 보지 않으면 안 된다. 거기에서는 인간 두뇌의 산물들이 스스로의 생명을 가진 자립적인 인물로 등장해 그들 자신의 사이 그리고 인간과의 사이에서 일정한 관계를 맺고 있다.", 칼 마르크스, 『자본론 1』, 김수행 옮김, 93쪽.

영원히 베일에 가려져 있는) 수수께끼처럼 존중해야 하는 차원이 아니다. 반대로 그것은 이성이 객관성과 생산적인 변형으로 향하는 자신감 넘치는 절차를 통해 정복하려고 애쓰는 무엇이다.

그런데 바로 거기서 오이디푸스에 의해 전형화된 철학적 자세의 시도가 가장 명백한 성취를 경험하며, 그때 그러한 시작에 대한 고찰은 그 어떤 순수한 개념성보다 더 능숙하게 저 궁극적 전복에 걸린 내기를 해명할 수 있게 한다. 오이디푸스가 다른 어떤 형상이나 위치보다 더 완벽하게 원(原)-철학적 자세를 전형화한다면, "철학의 목적"(혹은 어떤 철학자들이 합법적으로가 아니라면 의미적으로라도 예상한다고 생각하는 철학의 목적)은 오이디푸스적 배치형상에 있어서 고유한 운명적 완성을 분명히 드러내는 어떤 상황에 의해 만들어져야 한다. 그런데 철학의 오이디푸스적 프로그램이 어느 때보다 더 훌륭하게 완성되는 것은 바로 관념론의 전복에 의해서다.

데카르트와 함께 여전히 신중하게 계획되었으며, 맑스와 니체와 함께 실행된 **자연-물질-대지**의 점유 운동, 도구적이 된 인간 이성에 의한 이러한 운동은 신화적 언어가 공포스러운 환기 속에서 "자신의 친어머니의 소유"라는 인격화되고 성화(性化)된 시원적 용어들로 지칭했던 어떤 것을 전개하고 조직하고 확장한다.

이러한 것이 관념론의 전복이다. 일체의 규제적 초월성의 폐기(**신**의 죽음)와 **나**(Moi)를 중심에 둔 합리적 이성을 수단으로 "인간"이 권력을 획득한 후 인간의 전적인 통치권이 도래한다. 이것은, 적어도 환상 속에서처럼, **자연**에 대한 완전한 통제와 **물질**의 소유를 허락한다. 여기서 놀랄 정도의 엄밀함 속에서 전개되고 완수되는 것은 바로 오이디푸스적 논리이다. 신화소들이 자신의 고유한 언어 속에서 분절시켰던 것

("부친 살해", "스핑크스에게 한 대답", "어머니와의 근친상간", 우리가 이 단어들의 포괄적인 상징화 역량을 알아보지 못하는 것은 잘못이다)을 철학소들은 확대하고 구조화하고 전개한다. 마치 교향곡이 희미한 선율로부터 관현악 판본의 곡을 마침내 창조해내는 것처럼.

문제가 되는 것은 정화되고 추상된 철학적 형태일지라도 신화의 상상적 공명을 간직하는 배치형상의 전개이며, 이러한 점은 철학적 개념들이, 혹은 더 낫게는 신학적 개념들이 (매개적 기능에 있어서) 그것들의 은유적 계보학과 결코 단절된 적이 없었다는 사실에 의해 입증된다. 따라서 보이지 않는 신학이 "관념론의 전복"이라는 근대적인 배치형상 아래에 있으며, 이것은 이렇게 말해질 수 있을 것이다: **아들**이 **아버지**를 죽였다. 아들은 자신의 고유한 **이성**을 **신비적인 것** 전체에 대립시켰고, **아버지**의 자리를 차지한 후 자신의 향유를 위해 **물질**의 통제와 소유를 주장한다.

꽤 명백하게도,[19] 철학의 그러한 정향성과 관련해서, 니체의 사유에 대한 해석은 상당히 더 풍부한 뉘앙스를 가질 만하다. 니체는 인간중심화를 그토록 한계로까지, 그토록 극단으로까지 가지고 가기에 결국 그것을 해체하고 그 너머로 나간다. 이와 관련해서 니체의 저술에서 디오니소스의 돌연한 재등장은 오이디푸스적 장악의 순간의 결정적인 붕괴로서 이해되어야 한다. 오이디푸스가 통치를 위해서 회피했던——어쩌면 특히 그 가장 어두운 형태에서의 입문적 고통을 포함하는——지식의 총력적 복귀로서 말이다. 니체와 함께 오이디푸스적 승리는 달성되고 끝마쳐지는 동시에 파편화된다. 이러한 모순이 니체의 사유를 그토

---

19 | [역] 이 문단은 불어 원본에는 없으나 영어 번역본에 추가되었다.

록 거의 참을 수 없는 동시에 그토록 흥미롭게 만든다. 그의 사유는 일의적인 방식으로 해석될 수 없다. 그것은 하이데거의 독서와 바타이유의 독서만큼이나 서로 유사하지 않은 독서들을 인가한다. 니체는 대지의 전적인 지배에 대한 오이디푸스적 확신과 그러한 지배가 작용을 위해 미지의 영역으로 남겨놓을 수밖에 없었던 것의 귀환 사이의 어떤 균열이나 공백의 위치를 차지한다. 디오니소스가 니체와 함께 회귀해야 한다는 사실은 우리가 추적해온 오이디푸스적 철학사와 관련하여 무자비한 논리의 문제이다. 니체가 자신을 명시적으로 디오니소스적 "입회자들" 가운데 하나라고 선언할 때, 다름 아닌 소크라테스 이래 철학사 전체가 의문에 부쳐지는 것이다. 하지만 그렇다면, 그 어떤 (혼란스럽고 익숙하지 않지만 그럼에도 그럴듯한) 의미에서 디오니소스에게로의 굴복이 "힘에의 의지"라고 불릴 수 있는가? 아마도 이 지점이 니체의 사유와 경험에서 가장 커다란 어려움이 머무는 곳일 것이다.

따라서 그러한 강력한 역사적 배치형상이 자신의 모든 결과들을 펼쳐놓는 중이며 온 힘을 다해서 자신을 확증할 때, 프로이트의 발견이 개입한다는 사실에 놀라야만 할까? 인간중심화는 스핑크스들의 이집트를 영원히 실격시켰다. 우리는 헤겔을 따라서 그 점을 반복해서 말했다. 그런데 프로이트의 무의식의 발견은 (니체의 붕괴와 마찬가지로) 그러한 행보 속에, 다시 말해 오이디푸스의 위치에 대한 근대적 찬양을 반향하고(contre-coup) 뒤따르는(après-coup) 행보 속에 이미 나타난다. 헤겔에게서 (이집트적인) 무의식적 상징체계로부터 (그리스적인) 의식적 상징체계와 순수 개념으로의 이행은 잔여 없이 이루어진다. 정신의 역사에 대한 헤겔적 개념에 따라 새로운 계기는 앞선 계기를 밀어내고 아무런 흔적을 남기지 않고 대체한다. 무의식적 상징체계의 시대는 고

고학자들이 묘석과 파피루스 표면에서 해독하는 것 외에는 다른 어떤 흔적도 남기지 않고 사라진다. 정신의 한 계기가 살아졌지만, 정신은 그것으로부터 빠져나왔다. 오로지 샹폴리옹(Champollion)의 끈기 있는 작업만이 세월에 의해 부서진 오벨리스크들과 기둥들의 폐쇄된, 침묵하는 상형문자들이 말하게 할 수 있다.

반대로 프로이트에게는 어떤 환원불가능한 잔여가 있다. 무의식적 상징학, 이미지들의 친화성에 근거한 저 시원적 사유 방식, 환기와 일치에 의한 이미지들의 전의(轉義)적 힘은 결코 완전히 제거되지 않는다. 그러한 상징화는 집단적으로 지배적이기를, 개념적 사유가 주도하는 사회 속에서 주체들의 소통방식을 구조화하기를 그쳤다고 할지라도, 주체의 무의식 속에서, 그러한 상징화의 집단적 극복에 대한 미지의 반격으로서, 그것이 개인의 영혼 속에 창출한 절단의 효과로서 영속한다. 심리 활동의 일차과정들(processus primaires)[20]과 꿈은 시원적인 문자들의 논리를 따르면서 계속해서 작용한다. 이집트(국면적 형상화)는 원근법 앞에서 남김없이 사라진 게 아니다. 그것은 내면화되고 개별화되었다.

따라서 역사적인 연속의 질서는 헤겔에게서 무의식적 상징학과 이것의 뒤를 잇는 것(의식적 상징학, 그런 다음 개념)을 분절시키는바, 그러한 연속의 질서는 프로이트에게서 심리적인 층, 장소론(topique)[21]

---

20 | [역] 일차과정이란 프로이트가 끌어낸 심리 장치의 두 가지 기능작용 가운데 하나이다. 현실원칙에 근거해서 사고의 동일성을 추구하는 이차과정과는 달리 일차과정은 이동과 압축에 의해 심적 에너지는 자유롭게 흐르면서 이 표상에서 저 표상으로 옮겨 다니는데, 그때 표상은 원초적인 환각과 결부되어 재투여된 표상이다.

21 | [역] topique라는 용어는 위에서 플라톤이 영혼을 나누는 방식에서도 언급된

의 층구조——무의식, 전의식, 의식——가 된다. 헤겔이 정신의 역사 속에서 연속적으로 나타나는 계기들로서 앞서 사유했던 것을 프로이트는 주체의 영혼 속에서 제각각 특정한 상징화 방식을 갖는 심급들의 분절로서 복원시킨다. 그리하여 마치 주체의 무의식이 어떤 장소를, 다시 말해 집단적으로 비워지고 역사적으로 극복된——그렇지만 명료한 의식의 분열된 "다른 무대"[22] 위에서 계속해서 활동 중인——상징화 방식의 장소를 위치시키는 것처럼 일이 진행된다.

게다가 그런 점에서 프로이트는 영혼에 대한 플라톤적 장소론 (topique)의 무언가를 재발견하며, 우리는 프로이트적 첫 번째 장소론을 플라톤이 제안한 보다 회화적인 표상에 체계적으로 접근시킬 수 있다.

그렇지만 플라톤은 알고 있었으며 헤겔은 알지 못했던 영혼의 층들에 대한 프로이트의 저 복원은 같은 것으로 귀결되지 않는다. 그러한 복원은 개념과 반성적 의식을 우세하게 만드는 상징체계의 역사적 순간 이후에 이루어진다. 자기의식은 스핑크스의 지속적인 제거다. 무의식은 그러한 항상적인 살해의 흔적 위에서 끊임없이 형성된다. 프로이트는 오이디푸스적 분열이——즉 인간중심화와 자아중심화가——결코 완전히 제거하지 못한 채 끊임없이 무의식으로 추락시킨 것을 다시 찾아내려고 시도한다. 자기의식은 상징주의적 수수께끼에 대한 반복적 대답, 절대로 해소되지 않고 늘 활동적으로 남아 있으면서 어둠 속에서

———
바 있다. 우리는 플라톤에서의 용어와 프로이트에서의 용어의 동일성을 존중하면서 '장소론' 혹은 '장소론적인'으로 옮긴다. 반면에 일반적인 프로이트의 이 용어는 '지형학' 혹은 '지형학적인'으로 번역되는 경향이 있다.

22 | [역] 프로이트에게서 다른 무대란 의식의 검열을 피해 은폐된 기억이 낯선 표상들로 형상화되면서 다른 또 하나의 나를 보여주는 장소이다. 가령 꿈이 대표적으로 다른 무대를 형상화한다.

재탄생하기 위해서만 해명되고 사라지는 그런 수수께끼에 대한 반복적 대답이다. 의식과 무의식의 놀이는 [한편으로는] 스핑크스의 지속적인 소멸이고 [다른 한편으로는] 스핑크스의 회귀인바, 후자는 완수되지 않은 스핑크스의 살해가 기약하고 활성화하는 충동적인 이중적 운명의 집요함과 함께 일어난다.

우리는 여기서 어떤 지점과 만나는데, 이 지점은 정신분석이 분절을 시도할 수 있는 모든 것과 관련된 오이디푸스 형상의 포괄적 역량을 보여준다. 오이디푸스는 영혼의 절단 시도를 전형화하는데, 이것은 무의식의 차원을 만들어낸다. 따라서 정신분석과 오이디푸스 신화의 만남은 우리가 추측하는 것보다 훨씬 더 중층적으로 결정되어 있다. 무의식과 의식의 차이 자체가 바로 오이디푸스적이며, 이 차이는 오이디푸스의 몸짓에 의해 설립된 심리적 분열 장치에서 유래한다.

프로이트가 무의식과 오이디푸스적인 두 충동을 동시에 발견한다는 것은 전혀 놀랍지 않다. 근대적 주체의 자기의식은 "오이디푸스의 대답"으로 구성되는데, 이 대답은 그 대가로서 오이디푸스의 운명을 움직이는 절대로 꺼지지 않는 두 충동을 어둠 속에 남겨 놓는다. 오이디푸스적인 것은 헤겔이 탁월하게 지각했던 자기의식, 반성적인 자아중심화만은 아니다. 오이디푸스적인 것은 프로이트가 발견했듯이 그러한 대답이 낳은, 욕망을 지닌 무의식적 반대항이기도 하다. 의식이 "스핑크스에게 한 대답"으로 구성된다면, 무의식은 그러한 대답의 충동적 그림자——부친 살해와 근친상간——다.

따라서 프로이트는 오이디푸스적 배치형상을 극단적으로 확장하는데, 이는 헤겔이 그것에게 부여했던 인간중심화라는 한낱 영웅적 계기보다 더 광범위하다. 지양이 아닌 확장. 프로이트는 의식만이 아니라 무의식도 오이디푸스 장치에 함축되어 있다는 것을 알아낸다. 확실히 프로이트는 오이디푸스적 분열(자기의식)이 정복했으며 제거했다고 믿는 어떤 것을 개인의 영혼 속에서 재발견한다. 그는 개념적 방식은 아니지만 상형문자의 방식으로 작용하는 지양된——또한 여전히 활동 중인——상징화 방식의 흔적들을 재발견한다. 하지만 그러한 장소론적 발견에 필연적으로 역동적 발견이 덧붙여진다. 헤겔이 믿었던 것만큼 그렇게 완벽하지도 결정적이지도 않은 승리, 다시 말해 스핑크스에 대한 오이디푸스의 승리는 신화가 예고했던 상관물을 갖는다. 프로이트는 헤겔이 망각했던 오이디푸스의 두 가지 죄에 그것들의 운명적 필연성을 되돌려준다.

그리하여 프로이트는 장소론적 관점에서만큼이나 역학적 관점에서도 의식과 무의식의 대립을 조직하는 오이디푸스적 논리학의 확장을 작동시킨다. 스핑크스를 제거하는 것, 그것은 불가사의한 타자성과의 불안한 관계로부터 해방되는 것이다. 그것은 지하의 괴물——불안한 영혼의 심층에 대한 정확한 이미지——을 인식하지 않겠다는 선택이다. 그러한 스핑크스의 제거, 자기반성적 제거 때문에 그 대가로서 무의식의 지대, 무의식이 유지하는 균열이 시작된다. 마치 "무의식적 충동들"이라고 기술된 것이, 오이디푸스의 대답에 의해 영혼의 "인간적인" 요소와 나머지 다른 두 요소들 사이에서 작동된 절대적 단절의 결과인 것처럼 모든 일이 일어난다. 무의식적 충동들이 본질적으로 이중적이라는 사실은 주목할 만하다. 즉 그것은 죽음을 초래하는 공격성과 성충동이다. 그러므로 그것은 플라톤이 자신의 상상적 언어로 명명한 것, 다시 말해 사자와 머리가 여럿 달린 짐승이며, 이것은 프로이트적 무의식의 근본적인 두 충동들이 탐지되는 지대를 지시한다. 무의식은 구조적인 설립("인간적" 요소와 다른 두 요소들)에서만이 아니라 충동적 내용에서도 역시 오이디푸스적이다: 오이디푸스의 이중적 죄의 조건들을 형성하는 공격적이거나 성적인 두 가지 성향들에 대한 "인간주의적" 몰인지. 프로이트는 무의식을 탐지하는 순간부터 오이디푸스의 욕망들을 발견할 수밖에 없었다.

그러나 그렇게 함으로써 프로이트는 주체성의 역사적 방식, 데카르트적 자아중심화가 그 뒤를 잇는 그리스적 인간중심화가 창설했던 역사적 방식을 기록하고 탐험하기만 할 뿐이다. 그가 무의식적 상관물들 안에서 분석하는 것은 자기의식의 결과들이다. 그런 점에서 프로이트는 오이디푸스적 배치형상을 벗어나지 못한다. 다만 그는 그것의 예상치 못한 분기들, 주체 안에서의 사후적 결과나 반향적 결과를 발견한다.

이러한 한계는 막중한 역사적 필연성이 없다면 존재하지 않는다. 그것은 인간학적 구속에 복종하는데, 이 구속은 그 자체가 세계에 대한 인간학적 시각의 근저에 있다. 오로지 오이디푸스의 신화적 독특성과 인간주의 내지 민주주의적 주체의 부상 간의 내밀한 관계만이 그것을 해명할 수 있다. 오이디푸스의 극 안에, 그리고 이 극이 조직하는 분열 안에 기입되도록 운명지어진 것——가령 "어두운 여성성의 살해"의 순간을 피해가도록 운명지어진 것——은 바로 데카르트적인 "근대적" 주체, 더 나아가 근대적 주체뿐이다.

이러한 강력한 구속들은 프로이트 정신분석의 영향 범위를 제한하고, 프로이트의 정신분석이 붙잡혀 있지만 사유하지는 않는 서양의 인류학적 독특성을 탐지하는 것을 막는다. 프로이트가 볼 수 없는 것은 어떤 엄청난 상관관계인데, 이것은 인간주의, 자아중심화, 민주주의,

의식/무의식적 분열과——프로이트가 부친 살해와 근친상간이라는 이중 충동으로 대체하는——근본적이며 희생제의적인 괴물살해의 회피를 연결한다.

우리가 처음에 알아보았듯이 그러한 한계는 적어도 프로이트의 이론 안에서 잘 탐지될 수 있는 정확한 반향을 갖는다: 근친상간 금지와 거세 위협의 인간화. 가장 근본적이며 형언할 수 없는 위협은 "여성적인 것"인 "괴물"로부터 나옴에도 불구하고 인간의 얼굴을 한 아버지에게로 근친상간 금지와 거세 위협을 부당하게 전가함으로써 그것들을 인간화하는 것. 여기서 정신분석 자체의 오이디푸스적 특징은, 괴물살해자가 되어야 하고 희생을 통해 위협을 극복해야 하는 저 영웅의 신화적 보편성과 모순관계에 놓여 있는 것으로 드러난다. 프로이트는 오이디푸스적 독특성을 위치지우는 것에서, 오이디푸스 신화를 보다 뿌리깊은 보편성을 가진 단일신화와 다시 묶는 것에서 실패한다. 왜냐하면 격노한 아버지의 장면은 "이집트로부터의 탈출"이며, 괴물이 위협하고 실행하려던 것을 아버지의 탓으로 돌리는 순간이기 때문이다. 또한 그것은 스핑크스에 대한 오이디푸스의 대답의 순간이다. 그러한 인간화의 순간 이래 프로이트는 의식과 무의식의 관계를 지각한다. 하지만 더욱 근본적이며 선(先)인간적인, 그리고 오로지 여자 괴물의 피 흘리는 살해를 통해서만 극복될 수 있는 "이전의" 위협은 프로이트에게 미지의 것으로 남아있다. 가장 근원적인 남성적 욕망에 대한 프로이트의 무지가 그로부터 나온다. 또한 그로부터 그러한 욕망이 풀어놓는, 비(非)모성적 여성성에 대한 무지가 나온다. 바로 이 지점에서 라캉의 의혹이 싹텄으며, 우리는 그러한 의혹과 함께 시작했었다.

10
오이디푸스의 유언

만일 오이디푸스가 입문식의 규칙적인 시련을 회피하는 자라면, 그의 운명은 궁극적 대단원에 이르기까지 그러한 일탈의 결과에 의해 만들어지는 것은 아닐까? 실명, 극도로 궁핍한 상태에서의 고국을 멀리 떠난 방황, 결국 콜로노스¹에서의 테세우스와의 만남 후의 죽음, 이 모든 것이 동일한 필연성에 속하는 것은 아닐까? 오이디푸스가 친족과 관련된 두 가지 죄를 저지르도록 예정한 운명적 구속보다 더 은폐된 그러한 궁극적인 운명적 구속은 전자의 구속 못지않게 강력하며 어떤 가르침을 담고 있는데, 이 가르침은 오이디푸스의 첫 번째 자세 너머

---

1 | [역] 테세우스는 아테나이의 왕이다. 그는 오이디푸스를 받아주는 땅에 복이 내릴 것이라는 마지막 델포이의 신탁과는 상관없이, 그리고 오이디푸스를 받아준다면 아테나이가 테바이의 공격으로부터 무사할 것이라는 또 다른 신탁에 상관없이 오이디푸스를 받아들인다. 오이디푸스가 마지막으로 도착한 콜로노스는 아테나이의 근교의 지방이며, 모든 비난과 경멸 속에서 방황하던 오이디푸스는 신탁과 함께 그곳을 자신이 묻힐 성스러운 곳으로 만든다.

를, 즉 이 첫 번째 자세와 매우 다르고 이것의 에필로그이면서 동시에 이것의 미래로의 열림인 오이디푸스의 두 번째 위치를 묘사하는 한에서 더욱 힘을 가지고 생각할 거리를 더 많이 제공한다.

『콜로노스의 오이디푸스』를 잘 이해해야 하는 중요성은 저평가되어서는 안 될 것이다. 만일 철학이 가장 과감한 노선에 의해 오이디푸스적 배치형상의 집요함으로 표출된다면, 만일 그러한 노선이 지속적으로 어떤 한계들과──필연적으로 중단이나 고갈로서 사유되어야 하는 게 아니라 오히려 일탈의 가장자리, 위험한 위반의 실패, 비극이 탐사하는 것과 유사한 위험으로 사유되어야 하는 그런 한계들과──마주치듯이 나타난다면, 그때 극작술적 앎이 오이디푸스적 결말을, 다시 말해 테바이의 오이디푸스의 실추된 지상권의 자세 너머를 어떻게 풀어내는지가 매우 중요하다. 왜냐하면 상징적이고 아포리아적인 스케치의 자격이라고 할지라도 그러한 너머는 최초의 자세에 내재하는 불균형의 해소를 확실하게 그려내고 있기 때문이다. 마치 『오이디푸스 왕』에서 『콜로노스의 오이디푸스』까지 어떤 해결책이, 즉 원근법적 주체가 자신의 자세의 일방향성을 극복하기 위해 택해야 하거나 택해야 할 경로들을 미리 그려낼 수 있는 해결책이 행해지고 있는 것처럼 모든 일이 일어난다. 극작술은 자기중심화된 주체의 극복 방식을──혹은 어쨌든 그 대가로서, 오이디푸스의 지상권과 추락을 하나의 가능한 출구로서 항상적으로 가공하는 대안을──예상했다.

그러므로 문제가 되는 것은 두 오이디푸스──테바이의 오이디푸스와 콜로노스의 오이디푸스, 젊은 오이디푸스와 늙은 오이디푸스──를 사유하는 것이다. 철학의 운명이 전개되는 것은 그러한 두 형상들 사이에서다. 그 사이에 오이디푸스의 원근법 극복의 비밀이 흐르고 있다:

그것은 (대담한 충격의 힘과, 자유와 자율에의 양보하지 않는 호소의 가치를 항상 간직하고 있는) 원근법의 폐지가 아니라, 반대로 원근법의 이면을 사유할 수 있는 가능성, 원근법의 위험과 무의식적 전제들을 경계지을 수 있는 가능성, 어째서 시점이 오류의 지점이 되는지를 이해할 수 있는 가능성이다.

오이디푸스 왕의 우회된 승리와 콜로노스에서의 종말을 결합하는 것은 어떠한 필연성인가? 앞선 모든 해석이 그러한 결합의 엄밀함을 새롭게 조명하는 것을 가능하게 한다. 오이디푸스는 입문의 극심한 고통을 피한다고 믿었다. 왕위 계승 시련의 찢어짐이나 고통의 순간을 무신론적이고 독학자적이고 지성적인 대답을 통해 회피함으로써 그는 명료한 인간 이성에게는 이질적인 어떤 모호한 구속들로부터, 입문적 만남이 예정해놓은 구속들로부터 해방된다고 믿었다. 그러나 그러한 회피는 임시적일 뿐이었다. 그러한 세속적 오만함 때문에 오이디푸스는 재앙과 불행의 연속을 대가로서 겪어야 했다. 오이디푸스는 규칙적이고 의례적인 형식 속에서 자신을 세속적 부모로부터 분리하고 신들과 결합시키는 고통스럽고 중대한 전투를 단 한 번이라도 치르는 대신에, 이어지는 발견들[2]을 통해, 자신이 우회했던 계기를 사후적으로 살아야 할 운명에 처해졌다.

지연된 사후적 입문, 그러므로 규칙적이고 의례적인 대결과 다른 조건에서의 입문, 이러한 것이 오이디푸스의 궁극적 운명의 독특성이다. 그로부터 콜로노스의 비극의 매우 강력한 가르침이 나온다. 그것은 일

---

2 | [역] '발견'은 아리스토텔레스가 언급한 비극의 중요한 요소들 가운데 하나이다. 이때의 발견이란 몰랐던 사실을 발견, 일종의 운명으로 인한 발견이다.

찍이 보지 못했던 형식인데, 왜냐하면 거기서 제시되는 건 입문적 의미
를 갖는(télestique)[3], 지연된 통과이기 때문이다. 오이디푸스의 첫 번째
자세의 대담한 혁신은 마지막까지, 다시 말해 똑같이 정초적인——혹
은 어쩌면 소포클레스가 보기에는 더욱 더 정초적인——두 번째 혁신
안에서 반향된다. 최후 순간에서의(in extremis) 입문 통과라는 독특성,
즉 죽음과 일치하는 삶 전체(왕위 계승의 위기나 사춘기 단절의 위기만
은 더 이상 아닌 삶)의 결실은, 우리는 이것을 더 잘 이해하게 될 것인
바, 통과가 가졌던 근대적 윤리 형태——단 한 번에 마쳐지는 게 아니
라, 반대로 결코 끝나지 않는, 늘 다시 시작되고 늘 연장되는 통과——
를 예고하고 미리 형상화하는 만큼, 사유되었건 그렇지 않았건 간에,
훨씬 더 많은 생각 거리를 제공한다. 삶 전체를 침범하며 실존 전체의
체험 조건이 되는 것이 바로 문지방의 상황(역(閾)의 순간)이다. 문지방
상태로서의 인간 조건 전체, 이러한 것이 오이디푸스와 함께 떠오른
윤리적 새로움이다.

콜로노스에서의 오이디푸스의 상황에서 인상적인 점은 실존적 부정
성의 모든 특징들이 거기에 집적되어 있다는 것이다. 늙은 오이디푸스
는 궁핍과 가장 철저한 박탈의 비통한 형상이다. 오이디푸스는 이제
가진 게 아무것도 없다. 그는 모든 것을 잃었다. 그는 젊음을, 권력을,
고국을, 눈을, 힘을, 오만함을 잃었다. 이것이 현재다. 늙고 눈멀고 추방
되었고 방황하고 비참하고 피로하고 의존적이고 불순한 자. 신과 인간
의 저주의 대상. 오이디푸스 왕의 승리와 지고의 역량과 대비적으로,
그것은 총체적 역전이다. 젊은 오이디푸스가 정상에 도달했었던 것처

---

3 | [역] 이 용어와 관련해서는 이 책의 2장 각주 6을 참조.

럼, 콜로노스에서의 오이디푸스는 최저 지점에 있다. 그는 인간 불행의 바닥을 건드렸다.

그런데 신에 의해 파국적 역전 속에서 한 번 무너진 오이디푸스는 이제 그를 다시 일으켜 세우는 마지막 역전의 지평 안으로 들어선다. 콜로노스의 오이디푸스는 오이디푸스의 궁극적인 다시 서기의 순간이다. 물론 그러한 다시 서기가 오이디푸스를 그가 있었던 곳으로 다시 데려가지는 않는다. 그가 도달하는 곳은 세속적인 상층이 아니다. 그것은 죽음의 문지방에서의 신성한 다시 서기이다. 엄청난 고통을 받았고, 최고로 더럽혀졌으며, 인간들로부터 가장 배척당했던 자는 그의 무덤을 맞아들이게 될 민족에 대해서 영원한 은총의 원천이 될 것이다. 왕이었을 때 불행의 바닥을 건드리며 주저앉았던 오이디푸스는 죽음에 이르러, 그리고 사후에(post-mortem) 제우스에 의해 성자 오이디푸스로 변신한다.

회피된 입문. 마침내 이행되었기는 하나 죽음의 문지방에서 이행된 입문 의례. 이러한 것들이 오이디푸스 왕과 콜로노스의 오이디푸스 간의 대조를 설명하는 대립이다. 두 오이디푸스, 즉 청년과 노인, 왕과 성인(聖人) 사이에는 엄밀한 필연적 연결이, 오이디푸스 운명의 입문 관련적 해석에 의해 남김없이 드러나게 되는 연결이 존재한다.

이번에는 비극의 속도가 느리다. 모든 것이 이미 행해졌기 때문이다. 예언의 완성 속에서, 가장 더럽혀진 자이자 동시에 가장 박탈당한 자가 성스럽고 침범불가능한 장소의 문지방에 접근한다. 그는 성스러운 경계들 사이에 있는 장소를 초조하게 추구하고, 장소의 여신들에게 바치는 정교한 정화와 속죄 의례를 끈기 있게 수련한다. 이런 식으로, 오이디푸스가 낯선 도시 콜로노스에 도착했을 때, 모든 변덕과 결정을 배제하는 그의 행동은 느리고 정확하고 엄숙하고 입문적인 제식 안에 기입된다. 이번에 오이디푸스는 가르침을 받기를 요구한다. 그는 신들의 명령에게 성실하게 복종하는 가운데, 매우 겸허하게 자신의 운명을 재촉하는 몸짓을 수행한다. 모든 것이 신의 권한 아래 놓이고, 모든 것이 하늘의 뜻을 따르면서 의례화된다. 오이디푸스는 한 걸음 한 걸음 인도된다. 『오이디푸스 왕』이 신성모독의 비극이라면 『콜로노스의 오이디푸스』는 처음부터 끝까지 강력한 신성성의 분위기 안에 있다. 그리고 그러한 신성한 것은 이중적이다. 다시 말해 신성한 것은 세속적인 것에 대립될 뿐만 아니라, 신성한 것 자체가 시원적인 양가성에 의해 움직인다: 불순과 위반의 신성성과 정화의 신성성이 조우한다.[4] 가장 더럽혀진 인간, 그래서 건드릴 수 없는 인간이 에우메니데스[5]의 숲으로 들어간다. 이 숲은 순수하기에 침범이 불가능한 성스러운 숲이다. 신성한 것에 의한 장엄한 이중화는 오이디푸스의 본원적인 역량을 되살아나게 하고 궁극적 역전을, 다시 서기를 준비시킨다. 가장 배척당한 자이면서 가장 배제된 자——범죄로 오염된 늙은 신체——는 아테나이를 위한 자비의 경이로운 원천이 된다. 그는 건드릴 수 없는 낙오자에서

---

4 | 『인간과 성스러운 것 *L'homme et le sacré*』에서 성스러운 것의 양가성을 정교하게 분석했던 로제 카이유와(Roger Caillois)를 여기서 참조한다.

5 | [역] 에우메니데스(Eumenides)는 복수의 여신들인 에리니스(Erinyes)를 완곡한 어법으로 바꿔 부르는 이름이며 '자비로운 여신들'이라고 불리기도 하는데, 이것은 아이스퀼로스의 비극의 제목이기도 하다. 안티고네와 함께 늙은 오이디푸스가 도착한 곳은 "대지와 어둠의 딸들인 무서운 여신들"이자 이 여신들이 관할하는 곳의 백성들에 의해 "만사를 돌보는 자비로운 여신들이라 불리"기도 하는 여신들의 소유지이다. 『소포클레스 비극 전집』, 천병희 옮김, 156쪽.

고갈되지 않는 영원한 보물이 된다.

모든 입문 통과에 고유하며 잘 알려진 변화인 낮추기 이후의 다시 서기[6]가 여기서 극의 중심에 있다. 이스메네는 자신의 아버지에게 말한다. "아버지를 넘어뜨린 신들께서 지금은 일으켜 세우시는 것이죠."(v. 394)[7] 코로스는 말한다. 그토록 많은 고통 끝에 신이 오이디푸스를 다시 일으켜 세웠다(v. 1567). 마치 오이디푸스가 시련의 마지막 순간을, 자신의 존재의 희생으로 새로운 정체성에 이르는 것이 가능해지는 마지막 순간을 뒤늦게 인지하고 알아차린 것처럼 모든 일이 진행된다. 오이디푸스가 지식의 힘과 왕권의 힘에도 불구하고 결코 될 수 없었던 무언가가 되는 것은 그가 더 이상 아무것도 아닐 때이다(그는 눈멀었고 추방되었고 늙고 비참하다). 그로부터 오이디푸스의 놀란 외침이 터져 나온다. "그러니까 내가 아무것도 아닐 때 비로소 남자(aner)가 된다는 말이냐?"(v. 393)[8]

---

6 | 이러한 운동에 관해서는 예를 들어 빅토르 터너를 볼 것; Victor Turner, *The Ritual Process, structure and anti-structure*, 특히 chap. 5, ≪Humility and Hierarchy: The Liminality of Status Elevation and Reversal≫, Cornell University Press, Ithaca, 1977.

7 | [역] 『소포클레스 비극 전집』, 천병희 옮김, 171쪽. 앞으로 『콜로노스의 오이디푸스』와 관계된 모든 인용문들은 이 책의 번역을 그대로 가져올 것이다. 본문 인용문 옆 괄호 안의 쪽수는 그리스 원본의 쪽수를 밝혀놓은 것인데, 우리가 가져오려는 번역문의 역서에도 원본의 쪽수가 표기되어 있기 때문에 그대로 둔다.

8 | [역] 천병희는 그리스어 aner를 영웅으로 번역했으나 이 책에서는 그것을 남자(homme)로 번역한다. 이 번역어는 저자의 의도를 살리기 위해 선택되었으며, aner는 본래 남자를 의미한다. 반면에 anthropos는 남자보다는 인간 일반을 의미하며, 결혼하지 않은 부인이 없는 젊은 남자는 aner라고 부르지 않는다.

여기서 늙은 오이디푸스는 신비한 현자의 언어를 되찾는다. 이 말은 입문자가 자신이 치렀던 "죽음"(혼돈, 방향상실, 극심한 고통) 이후 다시 서는 순간에 할 수 있을 바로 그 말이다. 하지만 여기, 이 지연된 과정 가운데, 문지방, 즉 통과선의 역할을 하는 것은 바로 실재적 죽음의 도래다. 회피와 지연으로 인해, 그리고 연기된 통과로 인해, 입문되는 것은 바로 그의 삶 전체이다. 규칙적 의례를 통해 시행된 폭력적이고 희생적인 절단은 그러한 기능을 떠맡을 수 없었다. 시련이 되었던 것은 실존 그 자체이고, 죽음은 최고의 통과이다. 오이디푸스와 더불어 희생과 신성한 것과의 또 다른 관계가 결정된다. 신성성(sainteté)의 관계.

그러나 지연된 입문의 논리학이라는 관점에서, 오이디푸스 죽음의 가장 설득력 있는 특징은 의심할 여지없이 저 놀라운 결말인데, 이것은 오이디푸스에 의한 새로운 입문 의례의 정초, 아테나이의 군주들의 미래의 계승을 위한, 오이디푸스 그 자신이 기원이 되는 비밀의 전수 외에 다른 것이 아니다. 제우스의 천둥이 죽음의 시간이 다가왔음을 오이디푸스에게 알릴 때, 그에게 있어서 그것은 유일하게 테세우스에게 저 비밀을, 아테나이에게 무궁무진한 자비를 약속하는 비밀을 계시하는 시간이다.

"아이게우스의 아들이여, 내 그대에게 이 도시를 위해
세월을 타지 않는 보물이 될 것을 가르쳐주겠소.
이제 곧 나는 인도자의 도움 없이 혼자서,
내가 죽을 장소로 가는 길을 그대에게 보여주겠소.
하지만 그대는 누구에게도 그 장소를 말하지 마시오.

그 장소가 어느 곳에 숨어 있는지도, 어느 지역에

자리 잡고 있는지도. 그러면 그 장소는 수많은 방패보다

더 훌륭히, 도우러 온 이웃들의 창보다 더 훌륭히 그대를

지켜줄 것이오. 말해서는 안 되는 신성한 것들은,

그대가 혼자 그곳에 가시면 스스로 알게 될 것이오.

이곳 시민들 중 누구에게도, 사랑하는 자식들이긴 하지만

내 딸들에게도 나는 그것들을 말할 수 없소이다.

그대는 그것들을 언제까지나 혼자서 간직하시다가

인생의 종말에 이르시면 장남에게만 알려주시고,

장남은 또 계속 그의 후계자에게 가르쳐주게 하시오."(v. 1518-v.

1532).

이것은 입문의 지침 언어가 아닌가? 그리고 오이디푸스는 테세우스 이후 아테나이를 지배할 미래의 왕들에게 전수해야 하는 그러한 비밀을 통해, 아버지에서 아들로 이어지는 게 아니라 군주에서 군주로 이어지는 상징적 계보의 정초자가 되고 있지 않은가? 그러한 본래적인 행위를 통해 오이디푸스는 진정한 왕권 입문 의례의 설립자가 되고 있지 않은가? 그렇게 해서 한낱 외양일 뿐인 어떤 역설에 의해, 왕권 입문 과정을 면했던 자이자 신성모독적인 회피가 초래했던 고통스러운 시련들을 뒤늦게야 알게 되었던 자는 입문시키는 자가 됨으로써 지식의 상징적 전수의 연속 안으로 다시 들어온다. 그의 운명이 완결되는 것은 오직 지금이다.

그러한 오이디푸스의 종말은 지금 여기서 전개되었던 것보다 더 낫게, 모든 "입문적 의미의" 해석을 강화할 수는 없을 것이다. 그의 종말

은 오이디푸스 극의 핵심에 있는 것이 실로 입문과 전수에 대한 질문이라는 것을 입증한다. 늙은 오이디푸스가, 최상의 입문 통과자이면서 동시에 새로운 입문 계보의 창설자가 되는 죽음을 통해서만 화해를 되찾고 완수에 이른다면, 이는 입문 통과와 왕위계승의 전복에 의해 생겨난 균열이 테바이 왕의 운명의 가장 불타는 상처였고 그의 운명적 논리의 중대한 주름이었기 때문이다.

소포클레스는 (성스러운 숲 안으로 들어가는 것의) 금지의 특징, (미스트(myste)[9]의 "침묵", 비밀의 수호자를 가리키는 본래적인 의미에서의) 신비(mystère)의 특징 아래 극 전체를 배치했다.『오이디푸스 왕』을 지배하는 신성모독과 대비되어,『콜로노스의 오이디푸스』는 불가침한 것의 특징 아래 놓인다.『콜로노스의 오이디푸스』에서, "사제들인 에우몰포스의 자손들이 먼저 황금 자물쇠를 그 입에 채워"놓는 저 필멸자들에 대해서, "신비들(Mystères)의 순수성을 지키는 위대한 두 여신"(v. 1050)을 암시하는 코로스의 합창은『오이디푸스 왕』에서 폭군을 만드는 오만(hubris)을 환기시키는 코로스의 합창과 균형을 이루면서 동일한 무게를 갖는다. 첫 번째 오이디푸스가 한계들의 위반 가운데 공연되었던 것처럼 두 번째 오이디푸스의 모든 극작법은 경계들에 대한 엄격한 탐지와 한계들의 존중을 아우르면서 조직된다.[10] 침범할 수

---

9 | [역] myste는 특히 엘레우시스의 입문식과 관련된 용어로서 첫 번째 단계를 통과하는 자를 가리킨다. 입문식의 커다란 시련들을 겪기 위해 신전의 내부로 들어가기 전에 미스트들은 질문들에 대답하고 신전 안으로의 진입을 허락하는 공식적인 표현을 발언한다. 또한 미스트들은 자신이 시련을 겪는 동안 보고 들은 것을 그 누구에게도 발설하지 않을 것을 맹세한다. 여기서는 그러한 myste의 침묵이 극의 신비들(mystères)을 구성한다고 저자는 말하고 있다.

없는 금지를 표시하기 때문에 넘어서는 안 되는 한계들, 혹은 의례를 통해 건너야 하는 한계, 즉 통과가 행해지는 문지방. 그런 의미에서 통과 의례의 의미와 문지방 상황이 갖는 영향력은 극의 처음부터 끝까지 표시되고 재표시된다. 플롯의 관점에서 일어나는 일은 거의 없다. 왜냐하면 행위 전체가 통과, 가늠하기, 한 걸음 넘어서기이기 때문이다. 오이디푸스는 자신의 구역을 찾는다. 그는 성스러운 것의 구속들과 관련해서 자신의 자리를 찾으려고 애쓴다. 통과하지만(passer) 넘어서지는 (dépasser) 않는 것. 그것은 걸음(pas)의 문제다. 스핑크스의 수수께끼처럼 그것은 통과의 주체, 걸음의 주체에게 놓인 문제였다. 하지만 이번에는 늙은 오이디푸스는 통과하고(passer), 죽고(trepasser), 부정적인 것 ("걸음 pas")을 받아들여야 한다는 것을 안다.[11] 그렇게 해서 여자 스핑크스와의 맞대결이 제공하는 통과의 기회를 놓쳤기 때문에 죽음만이 한계 내지는 우회가 불가능한 통과의 지점을 만들어낸다. 우리는 입문을 회피할 수는 있지만 죽음을 회피할 수는 없다. 이것이 콜로노스의 오이디푸스의 교훈이다.

따라서 마치 오이디푸스가 테바이에서의 승리에서 놓쳤던 입문의 부정적 국면(수동성, 박탈, 참을 수 없는 고통, 정체성의 상실)이 뒤늦게 체험되는 것처럼 모든 일이 진행된다. 콜로노스에 도착한 오이디푸

---

10 | 이 점과 여러 다른 점과 관련해서는 찰스 시걸의 분석을 볼 것. Charles Segal, *Tragedy and Civilisation, and Interpretation of Sophocles*, Londres-Cambridge Mass. Harvard University Press, 1981, chap. 11, ≪Œdipus at Colonus: the End of a Vision≫.

11 | [역] pas는 걸음의 의미도 있지만, 부사로서, ne와 함께 부정문을 구성할 때 쓰인다. 이 몇 줄의 문장들에서 구는 '걸음(pas)'과 '통과하다(passer)'와 함께 언어와 유희하면서 의미를 붙잡으려고 한다.

스는 지원자가 문지방의 상황에서 갖는 일체의 특징들을 동시에 갖춘다. 다만 그는 지연된 입문자다. 그에게 진정한 통과는 실재적 죽음이고 이를테면 사후에 일어나는 신성한 왕권으로의 계승이다. 입문하는 자가 신성한 의례들을 따르면서 견뎌야 하는 무엇, 오이디푸스는 그러한 규칙적인 상징적 접근을 놓쳤기에, 그가 의례로 치를 수 없었던 것을 실현하는 방식으로 뒤늦게 그것을 완성하도록 선고받는다. 따라서 오이디푸스가 통과하는 것은 더 이상 상징적 죽음의 국면이 아니다. 실재적 죽음, 사망이 진정한 통과가 된다. 사춘기의 지원자에게 입문된다는 것이 상징적으로 죽는 것이라면, 오이디푸스에게는 그것은 실재적으로 죽는 것, 마침내 입문의 순간에 도달하는 것, 성스러운 것에 대한 무지 때문에 통과의 발걸음을 계속해서 지연시켰던 어떤 삶의 끝에 도달하는 것이다. 오이디푸스는 삶의 경험을 통해 입문되었던 것이다. 그의 실존의 기나긴 고통이 그에게 신성한 것의 힘을, 신의 역능을, 기호들의 진리를 가르쳤다. 그가 처음에 합리적인 이성의 오만에 의해 현자들의 가르침과 신들의 도움을, 요컨대 일체의 타율성(hétéronomie)을 거부했다면, 사후적으로 그는, 그 자신에 의해서나 다른 방식으로, 아버지의 지식이 보존할 수 있었던 진리의 차원을 되찾을 수 있었다. 이것이 콜로노스에서의 오이디푸스의 위치의 독특성과 새로움이다. 그는 자신의 일시적인 위대함을 구성했던 자기서술적(autologique) 자세를 완전히 버리지 않았다. 사실상 그는 그러한 개시적 충동에 의해 계속해서 움직이지만, 지나치게 멀리 간 의지, 자기 자신에 의한 지식의 의지는 비극적 경험의 일주 후에 그가 앞서 배제시켰던 진리와 다시 합류한다. 그러므로 에우메니데스의 숲에서 늙은 오이디푸스가 겪은 것은 자기-입문의 실패이면서 동시에 완수이다. 마치 그가 테이레시아스와 다시 합류하는 것처럼, 그처럼 늙고 눈먼, 그처럼 자신의 딸에 의해 인도되고, 그처럼 아폴론의 보호를 받으며 아폴론의 예언들을 전달하는 테이레시아스, 하지만 늙은 현자이기에 앞서 오이디푸스 왕이어야 했고, 그리하여 일찍이 없었던 지식의 순간을 전형화하는 그런 어떤 테이레시아스와 동일해져야 하는 것처럼 모든 일이 진행된다. 그런 점에서 콜로노스에 도달한 오이디푸스는 비밀의 전달자이다.

오이디푸스가 정화의 의례를 성실하게 따랐다고 해서, 종말로 향하는 그가 일종의 주도권을 잡지 않은 것은 아니다. 신의 부름을 받은 오이디푸스는 눈이 멀었음에도 불구하고 딸들을 인도하고, 자신이 사라지기 전에 치러야 할 의례를 명령한다. 이제 헤르메스와 지하의 여신에 의해 정향된 오이디푸스는 [인간의 눈으로] 보는 사람들을 인도할 수 있다. 나중에 그의 몸짓들을 상세하게 전달하게 될 사자(使者)는 그가 스스로 어떤 장소에, 신성화된 의지와 일치한다고 말할 수밖에 없는 그런 정확한 장소에 자리를 정하는 것을 경이롭게 바라본다. 그는 가파른 문턱에 도달했고 이 지점에서 뻗어 나오는 여러 갈림길 가운데 한 곳에——네 개의 물건들(테세우스와 페이리토오스의 맹약이 측면에 기록된 커다란 잔, 토리코스의 바위, 속이 빈 대나무, 대리석 무덤)이 동일한 거리에 있는 곳에——마침내 멈춰섰다.[12] 눈먼 오이디푸스, 신들에 의해 인도되어 네 개의 신성한 물건들로부터 동일한 거리에 스스로 자리를 옮긴 그는 마침내 십자가의 중심에서 발견된다. 그리고 거기, 바로 그 중심에서, 이제 그는 전수해야 하는 궁극적 비밀을 테세우스에게

---

12 | [역] 늙은 오이디푸스가 자신의 성지를 찾는 과정을 보았던 사자의 묘사는 『소포클레스 비극 전집』, 221쪽(v. 1590-v. 1597)에 나온다.

계시한다. 그리고 아테나이의 지배자의 겁먹은 시선 앞에서 그는 곧바로 불가사의한 황홀(raptus) 속으로 사라진다. 사자는 그것이 진정한 기적(taumastos)이라고 말한다.

그러한 중심, 문지방이기도 한 중심과 십자가는 무엇을 의미하는가? 우리에게 모호한 그러한 지시들이 동시대인들에게는 이해될 수 있었는지, 아니면 그러한 지시들이 그들에게도 여전히 수수께끼였는지 우리는 알지 못한다. 십자가(대립자들의 화해)와 중심(여러 층위들——하늘, 땅, 지하 세계——사이에 있는 통과의 장소)과 틀림없이 보편적으로 결합된 강력한 상징주의를 넘어서, 소포클레스가 신성한 왕국과 관련될 수 있는 어떤 의례적 전형을 암시하고 있다는 것을 우리는 제외시킬 수 없는 것처럼 보인다. 문제가 되는 것은 오이디푸스의 죽음이 아닌가? 옛 왕이 죽기 전에 새로운 왕에게 전수해야 하는 어떤 비밀을 오이디푸스가 드러내는 것은 아닌가? 늙은 오이디푸스는 스스로 자신에게 아테나이의 왕들의 계보 속에서 한 자리를 만드는 건 아닌가? 왜냐하면 죽음에 이른 늙은 오이디푸스는 다음번에 테세우스가 죽음의 순간에 자신의 계승자에게 전달해야 할 그런 비밀을 전수하고 있으니까 말이다.

뒤늦게, 즉 승리에 찬 지배를 시작할 때가 아닌 죽음의 순간에 오이디푸스는 자신이 회피했던 의례를 재개하도록, 하지만 전대미문의, 고독의 형식 아래, 완수되지 않고 열린 채로 남아있었던 의례를 다시 행하도록 인도되었을 것이다. 오이디푸스의 궁극적 순간들을 새로운 자세에의 접근으로, 이쪽 세계로의 회귀 없이, 젊은 오이디푸스의 원근법적인 것을 극복하는 또 다른 존재 방식으로 이해해야 한다. 늙은 오이디푸스는 자신의 권위와 독립성을 되찾는다. 그는 눈이 멀었음에도 불구하고 혼자 힘으로 길을 간다. 하지만 그를 인도한 남자들과 여자들과 관련해서, 다시 찾게 된 저 자율성은 더욱 높은 의존성에, 새로운 타율성에 근거를 둔다. 우리는 늙은 오이디푸스의 비밀, 다시 말해 늙은 오이디푸스가 테세우스에게 전수한 그 비밀이 아직 한 번도 알려진 적이 없었던 순간의 비밀이라고 생각할 수 있다. 그것은 테이레시아스가 아직도 붙잡혀 있는 국면적 시점(aspective)과 젊은 오이디푸스의 원근법적 시점(perspective)을 연달아 극복해냈던 주체의 자세이다. 거기에 콜로노스의 오이디푸스의 비밀이 있다. 주체성의 세 번째 형상.

오이디푸스 왕은 중심을 잃어버렸었다. 그는 안식처(foyer)에 도달하지 못했었다. 죽음과 더불어 그는 어떤 장소를 발견한다. 안티고네는 오이디푸스가 사라진 후 아버지의 무덤을 보려는 욕망, 그 장소의 비밀을 보장하는 금지를 위반하고픈 욕망에 사로잡힐 때 이스메네를 향해 외친다. "욕망이 나를 사로잡는구나 (…) 지하의 안식처가 보고 싶구나 (…) 아버지의"(v. 1726).[13] 사용된 단어는 안식처를 의미하지만 동시에 재단, 성소, 신전, 무덤을 의미하는 èstia이다. 연결된 의미들의 그러한 복수성은 오이디푸스의 경우에 강렬하게 부각된다. 그가 중심을 발견한 것은 바로 죽음의 문지방에서다. 뒤집혀진 입문은 그에게 다만 거처의 거짓된 외양만을 제공했었다. 안식처(èstia)의 신, 헤스티아에의 도달은 결코 실현되지 못했다. 그가 그러한 중심, 그러한 장소를 발견했던 것은 오로지 종국적 통과의 순간에, 그의 최후의 거처와 함께 "신비한 문지방이 그 앞에서 열렸을 때"(v. 1681)[14]뿐이다. 그는 이방인의 땅

---

13 | [역] 천병희는 '욕망'을 그리움으로 옮겼지만(『콜로노스의 오이디푸스』, 227쪽.) 우리는 본문의 '욕망'과 일치시키기 위해 '욕망'으로 옮긴다.

14 | [역] 본문에 기록된 서지사항인 v. 1681에 해당하는 한국어 번역본을 보면,

에서 그것을 발견했다. 그리고 그 장소는 비밀로 남아있어야 한다. 오이디푸스가 사로잡혔던 자기선포적 원환을 마침내 깨버리는 삼중의 약정(죽음, 이방인의 땅, 비밀). 그가 신비, 수수께끼, 명명불가능한 타자성을 향해 열릴 수 없었다면, 이제 그는 문지방을 건넜고 죽음의 저편으로 들어갔다. 그의 무덤은 이방인의 땅의 성역 안에 있으며 그 장소는 알 수 없는 것으로 남게 될 것이다——입문된 자를 제외하고서.

다른 곳, 타자성, 지정할 수 없는 것. 이러한 것이 바로 안식처이며, 바로 그곳에서 안티고네는 자신의 아버지를 찾는다. 사라진 신체, 무-장소(a-topique)의 무덤.

오이디푸스가 죽기 전까지 아들들에게 내보였던 완강한 적의는 극의 종결부를 지탱하는 화해의 움직임과는 상당히 모순적인 것처럼 나타났다. 지속된 분노, 꺼지지 않는 노여움은 늙은 오이디푸스와 맞닿아 있는 역설적인 신성성을 오염시키는 것처럼 보였다. 그런데 그러한 적의는 [여기서] 제안된 독해에 의해 매우 분명하고 일관된 의미를 획득한다. 모든 혈족관계를 (입문의 절단을 회피함으로써 친부, 친모와 만나는) 실재의 혈족관계로 환원시킴으로 인해 고통을 받았던 오이디푸스는 궁극적 통과에서 피에 의한 계보와 이보다 상위의 계보를 구분한다. 그의 유산을 인수받고 아테나이를 위한 그의 무덤의 은총을 받는 자는 그의 친자식들이 아니라 이방인 왕, 테세우스다. 오이디푸스는 그 자신이 왕권 이양의 순간에 상징적 계보 속에 위치할 수 없었기에, 자기희생적 실명과 길고 가혹한 시련 이후에야 마침내 상징적인 혈족관

"어떤 알 수 없는 운명에 의해 보이지 않는 저승의 들판으로 낚아채어지셨는데!"로 되어 있다.

계에 이른다. (규칙적인 전통에 따르면) 그는 완수된 입문자가 아니었다. 그는 새로운 전통의 입문자가 될 터인바, 이 새로운 전통은 그 자체가 일체의 전통에 대한 거부의 순간을 전제한다.

소포클레스의 2부작——테바이의 오이디푸스, 콜로노스의 오이디푸스——의 강력한 의미는 이제 그 모든 범위에 걸쳐 나타난다. 회피된 입문이라는 극의 해석만이 소포클레스의 장치 전체에 관해 포괄적인 시각을 제공할 수 있을 것이다. 에우메니데스의 성스러운 숲 안에서의 오이디푸스의 죽음이 갖는 의미는 그의 최초의 위반이 갖는 의미와 분리될 수 없다.

오이디푸스의 비극의 원인은 그가 전수의 연쇄를 꼈다는 사실이다. 그는 죽음에 다름 아닌 궁극적 희생의 순간에 바로 그 자신이 계시의 원천이 됨으로써만 신들과 다시 화해할 수 있을 것이다. 바로 그것이 그의 배상(réparation)이다. (비록 크레온과 테바이의 백성들에 대해서는 공적에 의해 적법성을 얻었다고 할지라도 불문법의 관점에서는) 찬탈에 의해 권력에 이르렀던 자는 이제 아테나이 군주들의 계보의 정신적 시조가 된다. 두 눈을 제물로 바친 이후, 임종의 순간이자 최종 통과의 순간에, 지위를 잃은 옛 "폭군"은 도시국가의 수호자로, 미래의 군주들의 계승에 은혜를 베푸는 신비로운 자로 변모한다. 그러한 새로운 입문의 연쇄 속에서, 오이디푸스의 죽음은 정초의 순간이다.

그렇게 오이디푸스는 배상했다. 이러한 배상은 우리를 동일한 지점으로 다시 돌아오게 하는 한낱 무효화가 아니다. 그는 자신이 무시했고 알지 못했던 입문의 차원을, 다시 말해 스핑크스가 문지방 자체였던 그러한 시련을 지성주의적 회피에 의해 모독했던——그리하여 부친살해와 근친상간만을 그 비극적 상관물로서 가질 수 있었던——입문의 차원을 다른 식으로, 바로 그 자신의 무덤의 카리스마에 의해 복원했다. 따라서 그는 마지막 실존의 순간에, 청년이었던 자신이 은폐된 왕위찬탈을 통해 피해갔던 것——물려주기——을 다른 식으로 창시했다.

오이디푸스를 어떤 새로운 전통의 정초자로, 아테나이의 전설적인 정초자인 테세우스가 최초의 수탁자가 되는 그런 입문적 계보의 출발점으로 삼았다는 것은 소포클레스의 천재적 특징들 가운데 하나이다. 따라서 신성한 수수께끼들을 파괴하고 신이 아닌 인간을 모든 사물의 척도로 삼는 새로운 철학적 이성에 대해 느꼈던 적의와 걱정에도 불구하고 소포클레스는 결국 오이디푸스를 복권시켰다. 미래의 비밀을 보유하고 전수하는 자는 아폴론의 사제인 테이레시아스가 아니다. 그것은 철학적 이성의 승리에 찬 경험과 자신의 한계들에 대한 눈먼 시련을 동시에 행했던 유일한 자, 오이디푸스다. 아테나이의 보물이 놓이는 곳은 바로 저 동시에이다.

오이디푸스는 자유로운 사유자의 형상으로서, 인간 이성의 지고의 존엄에 대한 확증이라는 일찍이 없었던 위험을, 그러한 확증이 포함하는 오만과 더불어, 자신과 함께 떠안았다. 결국 그는 인간을 넘어서는 무언가에 의해 만신창이 된다. 그는 "원근법적인 것"의 한계들에 대한 비극적 경험을 한다. 그렇지만 그는 자기 자신, 그리고 신들과 화해한다. 그리고 그의 경험은, 그 도시에 대해 이방인일 뿐만 아니라 가장 불순한 존재이자 타락한 자인 그를 맞아준 백성의 미래를 위한 보증물이 된다. 따라서 오이디푸스는 독학자적 지성으로 스핑크스에게 대답할 수 있었던 자에 그치지 않는다. 그는 또한 미래를 위한 새로운 위치의 기원이 되는 자이다. 오이디푸스의 첫 번째 지식은 스핑크스에게 했던 "인간"이라는 그의 대답 안에 포함되어 있다. 하지만 두 번째 지식,

오이디푸스의 궁극적인 지식이 있다. 그는 이것을 죽기 전에, 에우메니데스의 숲 안에서, 신성하며 미지의 곳으로 남아있어야 하는 장소에서 테세우스에게 밝힌다. 그 지식은 미래를 위해 예정되어 있다. 그는 미래로 방향을 돌린다. 우리가 어떤 언어를 통해 오이디푸스가 그러한 지식을 표현하는지를 알지 못한다면, 그렇지만 우리는 그가 어떤 새로운 위치에 있다는 것을 안다. 우리는 오이디푸스의 비밀을 알지 못한다. 그렇지만 그러한 미지의 지식이 이제부터 아테나이의 운명을 지휘할 것이다.

오이디푸스에게서 어떤 통과가 이루어진다. 그는 스핑크스에게 했던 대답을 통해, 바로 이 날개 달린 숫처녀가 문지기이자 입구였던 옛날의 가혹한 입문 의례에 종지부를 찍는다. 하지만 그는 죽음을 앞두고 새로운 비밀의 토대 위에서 새로운 전수 방식을 세운다. 오이디푸스가 새로운 계시의 원천이라면 이는 오이디푸스 안에서 젊은 철학자의 지식과 늙은 현자의 지혜가 결합하기 때문이다. 늙은 오이디푸스는 권리상으로 철학자의 자기선포적인 젊은 지식과, 실명의 경험을 통해 테이레시아스의 성스러운(hiérophanique)[15] 지식을 겸비한다. 늙은 현자의 국면적 시점(aspective)과 수수께끼에 대해 "인간"이라고 답한 철학자의 원근법적 시점(perspective)을 동시에 지양하면서 늙은 오이디푸스는 또 다른 지식의 기원에 서게 된다. 오이디푸스의 완전한 형상이 전형으로 만든 존재 안에서의 그러한 새로운 위치를 우리는 **초원근법적 시점(transperspective)**[16]이라고 부를 것이다.

---

15 | [역] hiérophanie의 형용사이다. hiérophanie는 "신성한 것", "성스러운 것"을 뜻하는 그리스어 ἱερός(hieros)와 "계시", "드러남"을 뜻하는 φαίνειν (phainein)의 복합어로서 "신성한 것의 현현"을 의미한다.

첫 번째 작용의 한계들은 몇몇 언어로 예상될 수 있다. 반성적이고 인간중심적인 대답으로 스핑크스를 제거하는 것, 이것은 그녀를 완전히 없애지 못하고 내면화한다. 탈-투사는 투사되었던 정동들과 이미지들을 파괴하지 않는다. 탈-투사는 그러한 정동들과 이미지들을, 이것들이 그것들은 미지의 것으로 남아있는 영혼의 내부로 가져온다. 오이디푸스의 자세는 무의식의 영역을 생산한다. 무의식은 주체성의 원근법적 구성에 의해 크게 지배받는 문화 속에서 국면적으로 살고, 느끼고, 지각하기를 계속하는 영혼의 부분이다. 플라톤은 이미 그러한 차원을 준비했다.

따라서 오이디푸스의 승리 후에, 혹은 자아중심화나 자기의식의 방식에 의지하는 주체의 성공적인 반란 후에 도입되는 것은 어떤 새로운 단절이다. 그것은 내면화된 스핑크스와의 만남이다. 주체성의 이러한 새로운 형상을 어떻게 묘사할 것인가? [이 형상은] 자기 자신을 원천이나 작용자로서 포착하지 않는 주체에게서 유래하는 투사들의, 국면적인 것 안에서의 시원적인 현시가 아니며, 투명성과 자기반성적 확실성을 주장하는 원근법적 자기의식의 의기양양한 오만도 이미 더 이상 아니다.

우리는 그것을 **초원근법적 시점**이라고 명명했다. 이것은 자아중심적 주체 구성의 획득을 전제한다. 하지만 그 주체는 이제 새롭게, "무의식"

---

16 | [역] 접두어 trans-는 넘어서는 지양의 의미, 변화의 의미, 이행의 의미가 있다. 장-조제프 구가 만든 신조어인 transperspective가 국면적인 시점과 원근법적 시점 모두를 지양하여 나온 것이라는 점에 주의하여 우리는 그것을 초원근법적 시점 내지는 초원근법적인 것이라고 번역한다.

처럼 위치한 내면화된 국면적인 것의 차원을 환원불가능한 것으로서, 그리고 무엇보다 불안 속에서 알아본다. 스핑크스에 의해, 여전히 타자성의 형태 아래, 괴물스럽고 수수께끼 같은 낯선 어떤 것과의 관계가 체험되었다. 두려움은 대상을 가지고 있었고 그 대상은 타인의 신분을 가지고 있었다. 스핑크스에 대한 두려움은 아직 "누군가"에 대한 두려움이었다. "제거된" 존재, 미지의 것과의 맞대면은 그러한 방식을 변화시킨다. 내면화된 얼굴 없는 타자성과 맞대결하는 것은 이제 더 이상 두려움 속에서가 아니라 불안 속에서다.

따라서 오이디푸스 신화는, 사후적으로, 다음의 의미를 또한 가진다: 스핑크스의 자살과 함께, "상징주의의 상징"의 심연으로 재촉해 들어감으로써 두려움의 영웅적 시대가 끝나고 불안의 합리주의적 시대가 시작된다. 의미들을 가장 높은 수준에서 영원히 담지하고 있는 원초적 사건에 대한 회상은 더 이상 없고, 신들이 낳고 보낸 존재물과의 상상적이고 극적인 대결도 더 이상 없기에, 조우는 미지의 것 앞에서 인간을 사로잡는 불합리한 정동에 불과할 것이다. 이성의 형이상학의 불가피한 보완물처럼, 불안의 형이상학은 이성의 형이상학에 일치하게 될 것이다. 불안은 **파토스** 없는 문화의 **파토스**다.

투사(投射)들의 철수, 세계에 마법을 거는, 외부로 전이된 내용들의 자기의식에 의한 재전유가 무의식의 조건이다. 그렇기 때문에 오이디푸스 시대나 데카르트 시대를 완전하게 통과한 이후에만 주체가 무의식의 균열을 인지하고 자신의 고유한 무의식에 입문하는 것이 가능해진다. 하지만 그 결과, 모든 상상적인 것의 내면화 내지 개인화를 전제하는 오이디푸스적 정복은 그러한 인지 속에서 보존되고 연장된다. 만일 국면적인 것이 환원불가능한 것으로서 받아들여진다면(꿈들, 환상들, "신들"은 그러한 양태를 따르면서만 제시될 수 있다), 그것은 오이디푸스적인 자아중심화의 획득에 의해 내면화되고 개인화된 국면적인 것이다. 그것은 자기의식에 의해 통합적으로 재전유되기는커녕(이것은 여전히 불가능하다), 자기의식과의 관계 속에 위치한다. 주체는 자기 자신 안에 타자가 존재한다는 것을 인지해야 한다. 그것이 초원근법적인 것이다.

원리상 무의식이 존재한다는 것을——신들은 내면적일 뿐이라는 것을——최초로 안 사람은 늙은 오이디푸스이다. 사람들은 바로 그것이 테세우스와 아테나이의 모든 후손에게 전하는 오이디푸스의 은밀한 메시지라고 쉽게 상상할 것이다. 테바이에서의 오이디푸스는 자아의 과도한 요새화의 전형을 이루는데, 그러한 자아는 오직 아버지-왕과 경쟁하고 그를 제거함으로써, 그리고 남성 주체에게는 완전한 타자인 무엇——여성성, 신성, 죽음——과의 조우를 교묘히 피해감으로써 자신의 권력과 세력을 확증한다. 그러나 모든 초월적 타자성을 받아들이지 않는 그러한 원근법적 자아는 자신의 패배를 인정하고 죽어야 하는데(자발적인 시력의 희생), 이는 내적 장면의 밤을 통합하면서 더 큰 의식으로 재탄생하기 위해서다(콜로노스의 오이디푸스). 이것은 개인화의 드라마이다. 먼저 그는 과장된 방향결정에 의해 자아를 요새화함으로써 고립된 자, 배제된 자, 박탈당한 자, 추방된 자, 고독한 자가 된다. 그는 그때 개인화를 경험하고, 어둠과 죽음을 통합하는 더욱 심오한 내면화의 극심한 고통을 경험한다. 개인화의 위대함(자율적이고 승리를 거둔 자아)과 비참(박탈, 고독), 이러한 것들이 오이디푸스가 지나온 여정이다.

사실상 지금 우리의 것이기도 한 초원근법적 위치, 즉 무의식(내면화된 국면적인 것으로서의 무의식)을 의식(원근법적인 것으로서의 의식)과 갖는 환원불가능한 관계 속에서 알아보는 위치는 아주 최근에서야 획득된다. 그러한 위치는 오이디푸스의 폭군적 자세의 반복과 (데카르트에서 니체에 이르는) 결정적인 근대적 심화 후에만, 그리고 에고와 자기의식의 주장들의 지울 수 없는 반대급부로서 무의식의 영역에 대한 우선은 철학적인, 그런 다음 기술적인(프로이트) 인정에 의해서만 우리의 주관성의 체제가 될 수 있었다.

더 나아가, 모든 신학이 심리학이 되는 순간에만, 혹은 (실존적이거나 연극적인) 모든 비극이 인간 정념의 용어로 엄밀하게 기술될 수 있는 어떤 기제처럼 확실하게 해석될 수 있는 순간에만 무의식의 영역이 구성된다. 파토스와 파토스의 극단적인 기제들(광기, 도착, 그리고 비극의 모든 일탈들)이 여전히 신들과의 성스러운 소통의 용어(희생, 복수, 속죄, 기도 등)로 체험되고 사유되는 한 무의식의 영역은 정립되지 않는다. 신들의 시원적인 초월성이 근대적인 또 다른 초월성의 형태가 되는 것은 다만 모든 신학적 외재화가 포기될 때이다. 무의식적인 것은 바로 내적이고 개인화된 분열이다.

그러므로 비극은 무의식의 계보학을 복원하기 위한 본질적인 어떤 순간일 것이다. 그리스의 극작술은 중대한 이행이 이루어지는 풍요롭고 모순적이며 애매한 순간이며, 그러한 이행은, 신들의 명시된 초월성을 통해 영혼의 다수의 정열들을(그리고 그러한 정열들의 조절을) 자연스럽게 외재화한 낡은 신화적인 다신론과, 헤겔이 언급한 고대인[17]처럼, "너의 정열들을 가지고, 인간이여, 너는 신들을 만들었다!"라고 엄

---

17 | [역] 오이디푸스 왕을 가리킨다.

청난 의혹과 함께 외치는 세속적인 심리학 사이에서 이루어진다. 그러한 외침이 터져 나오자마자, 이제, 하늘 높은 곳이나 대지의 깊은 곳에서부터 영향력들을 행사했던 초월적이고 생생한 힘들로서의 신들에 대한 믿음은 끝이 난다. 그러한 외침이 터져 나오자마자 모든 욕망들, 모든 힘들, 그리고 올림포스 산의 신들을 살아 움직이게 했던 모든 능력들, 신들의 벼락, 신들의 노래, 혹은 신들의 계략이 이제 인간 영혼의 고유하고도 깊은 풍요로움을 구성하면서 인간 안에 위치한다. 그러한 외침이 터져 나오자마자 모든 무의식의 영역이 그려진다. 나와 다른 무대 간의 분열은 이제 더 이상 신적인 초월성 안에서가 아니라 개인의 내부에 놓인다. 왜냐하면 사랑의 정열이나 전투적인 에너지를 제거하기 위해서는 에로스가 외부의 신이 아니라 파토스라거나 아레스가 외부의 신이 아니라 파토스라는 것을 인지하는 것으로 충분하지 않기 때문이다. 변한 것은 오로지 변화된 그러한 파토스와의 관계, 파토스의 "깊이"에 대한 체험된 의미, 파토스와의 소통이다. 파토스는 신들의 죽음 이후에도 살아남는다. 그러나 파토스의 위치, 영역, 파토스와의 체험된 관계는 더 이상 같지 않다. 영혼과 영혼의 고유한 정념적 힘들 사이의 소통은 역설적이게도 신들이 죽었을 때 더 어려워지고, 더 우회적이며, 더 간접적이 되지 않았는가? 무의식은 오로지 후(post)-전통적인 인간에 대해서만 도래할 수 있는 그러한 장소가 될 것이다. 거기서 (세속적이고 개인화되었으며 내적인) 파토스는 신들의 죽음, 그리고 유일신의 죽음 이후에도 살아남는다.

신들의 신성한 초월성을 무의식의 세속적이고 개인화된 분열로 대체했기 때문에 고대의 비극이 그러한 초월성을 모조리 그리고 단번에 청산할 수 있었던 것은 아니다. 천만의 말씀이다. 그리고 나중에 플루타르코스는 신들을 각자 우리의 능력, 우리의 덕, 우리의 정열에 대한 화신으로 환원시키는 움직임을 (이것은 크리시포스에서 명시적인바) 무신론의 심연으로 떨어지게 만든 신의 모독으로 간주한다: "신들을 우리의 정열들과 동일시하는 것, 또한 마찬가지로, 우리의 정열들을 신들로 간주하는 것, 이것은 모두 신을 모독하는 것이다."[18] 그렇지만 바로 그 플루타르코스를 따르자면, 그러한 성향(예컨대 용기와 에너지로 향하는 우리 영혼의 성향, 혹은 우리를 사랑으로 추동시키는 성향)이 특정한 신(아레스, 에로스)에 의존한다고 말하는 것은 옳다. 그렇지만, 비극이 실제로, 다만 세속적이고 개별화된 내면화를 위해서, 신학적 투사를 완전하게 청산하지 못한다고 할지라도, 비극은 구조와 구성에 의해 그러한 이행, 변동, 모순의 순간을 틀림없이 표시한다. 그런데, 바로 그로부터 오이디푸스의 신화는——헤겔이 일별했고 또한 감추었던 그런 방식으로——특별한 관심의 대상이 되어야 한다. 우리가 언급한 과정에서 오이디푸스 신화는 여느 신화들 가운데 하나에 불과한 것이 아니다. 그것은 통과의 신화, 역사적 통과의 신화다. 일반적으로 검토된 그리스 비극이 우리가 말했던 이행적 위치를 차지한다면, 그러한 이행에서 특히 오이디푸스 비극이 경첩의 위치, 재촉된 이행이라는 예외적인 위치를 차지한다는 사실은 주목할 만하다. 왜냐하면 오이디푸스의 비극은 구성상 명시적이지는 않을지라도 정확히 신들의 탈-투사의 비극이기 때문이다.

헤겔은 적어도 그만의 방식과 언어로 그러한 탈-투사를 잘 알아보았다. 하지만 그가 보지 못했던 것, 그것은 바로 그러한 탈-투사가 또

---

18 | Plutarque, 《Dialogue sur l'Amour》; § 14, Tome X.

한 필연적으로 무의식의 영역을 구성하는 운동이라는 사실이다. 헤겔이 그 점을 볼 수 없었다고 한다면, 이는 그가 무의식의 개념을 놓치고 있었기 때문이 아니다. 그는 무의식의 개념을 사용했을 뿐만 아니라 심지어 스핑크스에 대한 오이디푸스의 대답을 무의식적 상징주의에서 의식적 상징주의로 이행하는 계기로 만든다. 헤겔의 큰 잘못은 대체, 지양-제거에 의한 그의 **역사** 개념 안에 있다. 헤겔은 자기의식, 자기에 대한 자기의 순수한 반성성이 신들의 초월성을 완전히 들어내고 그 자리를 차지할 수 있었다고 믿었고, 혹은 (이집트인들의) 무의식적 상징주의에서 (그리스인들의) 의식적 상징주의로의 이행이 정신의 역사적 획득물이었으며 무의식의 영역을 최초로 규정하는 대신 정반대로 무의식의 차원을 영원히 삭제했고 그 흔적을 남기지 않은 혁명이었다고 믿었다. 자기 자신을 스스로 인식하고, 의식과 무의식의 차원을 동시에 설립한 것이 바로 의식 자체라는 것을 헤겔은 볼 수 없었다. 그런 점에서 헤겔은 오이디푸스만큼이나 눈이 멀어 있다. 두 사람 모두가 알아보지 못했던 것은 운명, 재앙적 결과, 침해받은 신의 궁극적인 보복, 혹은 여자 스핑크스의 복수이다. 헤겔은 오이디푸스의 대답이 (투사된) 스핑크스를 제거한다면, 바로 그렇기 때문에 그러한 대답이 내면화된 스핑크스의 시대를 개시한다는 사실을 보지 못한다.

그러나 오이디푸스의 비극이 무의식의 영역을 설립한다면, 그때 무의식과 오이디푸스의 관계는 프로이트가 식별할 수 있었던 것보다 훨씬 더 구성적이고 근본적이다. 무의식 그 자체는, 배치에 의해, 오이디푸스적이다. 무의식의 영역은 오로지 오이디푸스의 자세 안에서 구성되는 주체에 대해서만 생겨날 수 있다. 그렇기 때문에 프로이트는 무의식 그리고 "오이디푸스"를 발견할 수밖에 없었다. 근대적 의미에서 자신에 대해 무의식이 존재하는 그러한 주체는 후-전통적 주체, "내(je)"가 전제군주적 자리를 차지하는 배치를 통해 구성되는 주체일 수밖에 없다. 절대적인 자율성의 욕망에 의해 선동된 원리상으로 오이디푸스적인 것이 바로 의식/무의식의 균열을 구성하는 주체성의 배치인 데 비해서, 프로이트의 구성은 오이디푸스의 두 가지 환상이 무의식 안에서 발견된다는 믿음을 제공한다. 오이디푸스의 방식에 근거해서 형성되는 주체성과 무의식은 주체성의 유일하고 동일한 역사적 배치다.

결론

오이디푸스의 발견과 무의식의 발견이 동시적이었다는 사실은 이제
필연적인 것으로 나타난다. 의식/무의식의 분열은 오이디푸스적이다.
그리고 그것은 거세(입문의 희생)로부터의 도피 장치 그 자체인데, 왜
냐하면 그것은 다른 곳이나 심연을 향해 열리고 모친살해를 불러왔던
불가사의한 심층 (밀교적인 상징주의의, 국면적인 것의 심층)의 파악을
중단시키기 때문이다. 프로이트가(그리고 분석가가) 오이디푸스를 발
견하면서 우선적으로 발견한 것은 그러한 분열의 설립이다. 실제로 데
카르트적 사회의 주체성의 양태인 저 양태에 도달하기 위해서는, 각자
가 자신의 고유한 방식으로 그러한 분열과 장치를 만들어야 했다. 자기
중심화된 "나"의 반란을 통해 각자는 고유하게 스핑크스에게 답해야
했는데, 그러한 '나'는 스핑크스의 위험한 차원을 제거했고 원근법적
진리에 도달하게 만들었다. 하지만 이러한 발견은 충분치 않을 것이다.
프로이트의 정신분석에는 오이디푸스 신화 너머가 의미하는 것을 오이

디푸스 신화가 전달하는 몫들의 윤리적 결과들과 연결시키는 분절된 개념화가 결여되어 있다. 오로지 단일신화가 극화한 진리에 대한 정확한 인지, 그리고 "입문과 관련된 뒤엉킨 구조"의 해석의 역량에 대한 정확한 인지만이 그러한 너머를 규정할 수 있다.

하지만 이아손이나 페르세우스의 이야기 구조를 이루는 단일 신화가 오이디푸스의 일탈된 플롯보다 더 근본적으로 남성의 욕망을 표현한다면, 그렇다고 해도 단일신화에 따른 욕망이 근대성의 남자에게 문제적 접근으로 남아있다는 사실에는 변함이 없다. 전통과의 지속적인 단절, 역사성의 실제적 방식이 된 오이디푸스적 회피에 의해 구조화된 앎이나 봄의 유형, 그러한 회피를 강화하며 진정으로 해방적인 모친살해를 미완으로 남겨놓는 의식과 무의식의 분열, 이 모든 근대적 주체의 특징들은 오이디푸스에 의해 유형화된 변칙을 아이지배적(filiarcal)인 새로운 규범성 내지 반(反)전통이라는 진정한 전통으로 만들었는데, 이것은 단일신화에 따른 욕망을 접근불가능하게 만들거나, 적어도 그 욕망을 사회화될 수 있는 의미들로 번역되기 어렵게 만들었다. 오이디푸스의 광기는 서구적 이성이 되었다.

그리고 무엇보다도 우리는 전복의 철학들이 오이디푸스적 충동들의 성공적인 전치를, 충동들이 승화되었기에 성공적인 전치를 실현하고 있음을 주장할 수 있을 것이다. 부친살해는 선조의 권위에 대한 완강한 거부가 되었고 근친상간은 대지에 대한 한계 없는 정복과 향유가 되었다. 비극은 어디에 위치하는가?

근대적 인간, 민주주의적이고 개인주의적인 사회의 인간은 오이디푸스적 자아의 아포리아를 오로지 오이디푸스의 여정 그 자체를 통해서만, 콜로노스에서 도달한 위치를 통해서만 실제로 극복할 수 있다.

그러한 인간이 소박하게 단일신화적 영웅으로 존재한다는 것은 불가능하다. 그는 지연된 입문의 고통을 겪을 수밖에 없다. 단일신화와 모친살해의 희생은 국면적으로만 완전히 체험된다. 그리고 근대적 인간은 원근법적으로만 사고하는 사회화된 능동적 주체로서 구성된다. 자신이 앞서 테바이에서 회피했던 것의 진리를 콜로노스에서 재발견한다고 할지라도 오이디푸스는 이행을 재개할 수 없다. 다만 그는 자신의 발견으로부터 어떤 새로운 존재 방식을 창안할 수 있을 뿐이다. 오이디푸스는 더 이상 이아손이나 페르세우스가 될 수 없다. 그가 자신의 영웅적 여행에서 가지고 돌아오는 게 황금 양털가죽이나 메두사의 머리일 수는 없다. 기껏해야 오이디푸스는 테세우스가 후계자들에게 전수할 수 있도록 그에게 죽기 전에 위임할 비밀의 전언들을 공들여 만들 것이다.

근대적 인간은 파송자 왕의 명령 아래 신들과 현자들의 도움을 받아 어머니-뱀의 휘감기를 유혈적으로 잘라버리는 어떤 결정적인 시련에서 문지방을 넘어서지 못할 것이다. 그의 운명은 열려있고 결정불가능한 미완의 자기-입문 과정 안에서의 연장된 **경계성**(liminalité)일 것이다. 근대성의 주체성, 즉 아이지배적인(filiarcal) 주체성은 더 이상 통과가 아닌 과정, 끝이 없는 과정이 되어버린 경계성의 주체성이다. 위태로운 문지방이 되는 것은 실존 전체이다. 영웅적 궤적의 미완과 열림은 부권적 안정성을 혼란시키고 넘어선다. 신화-의례적인 입문자가 어떤 **목적**(télos)에 도달했다면, 그리고 이 목적이 입문자를——그리스의 옛 단어가 "입문된(être initié)"의 관념과 연결시켰던 의미의 유희에 따라서——"완수된", "완성된", "성숙한", "자신의 끝에 도달한" 존재로 만들었다면, 주체성의 아이지배적인 구조에 의해서 그러한 결말은 더 이상 조성되지 않는다. 반성적 지성의 창조적 능란함에 의해, 상징주의의 스핑크스들을 사라지게 만들었으며 의식과 무의식의 단절을 유지시키는 독학자적 대답들이 만들어낸 우회로에 의해, 시련을 늘 지연시켰기 때문에, 죽음에 이를 때까지 초심자인 근대적 주체는 모든 목적(télos)으로부터 해방되기를 원한다.

에우리피데스의 『바쿠스의 여신도들』에서 테이레시아스는 카드모스의 손을 잡고 디오니소스를 찬양하는 성스러운 의례들로 이끈다. 그리고 그에게 말한다.

> "나는 신들과 결코 다투지 않을 것이오.
> 우리가 선조들로부터 물려받은, 그 세월만큼이나
> 오래된 전통들은 어떤 논리로도 뒤엎지 못하지요.
> 심오한 지혜가 오묘한 논리를 개발한다 하더라도."(v. 200)[1]

엘레우시스 사제의 전형적인 연설이다. 오로지 반박불가능한 유산의 시대에만, 스승에 의해 가르쳐진 진리——스승 자신도 중단 없는 연쇄 속에서 다른 스승으로부터 얻었던 진리, 순수성과 무류성을 간직하는 진리——가 새로운 진리보다 더욱 존엄할 때, 입문자의 형상은 완전한 깊이를 얻는다. 테이레시아스는 오이디푸스의 비극에서와 같이 펜테우스의 비극에서 다시 한 번 그러한 지혜를 전형화한다. 하지만 건축상으로 아들의 진리가 아버지의 진리보다 더 무게가 나갈 때("역사적 발전" 개념이 개괄하는 것이 이것이다), 입문된 자의 형상은(그리고 심지어 가르침의 모든 이념들은) 자신의 실체를 잃어버리고, 미스트

---

[1] | 『에우리피데스 비극전집 2』, 천병희 옮김, 459쪽.

(myste)^{2}는 현혹시키는 자가 된다.

어떤 긴밀한 관계가 **역사**와 오이디푸스를 묶는다. 이념적으로, 세대에서 세대로의 손상되지 않은 전통의 반복적인 전수에 원리상으로 근거해서 세워진 그런 "**역사** 없는" 사회에서, 오이디푸스와 같은 형상은 중요한 의미를 가질 수 없을 것이다. 그러한 형상은 다만 하나의 변칙에 불과하다. 그러나 선조들의 지혜가 살아있는 자의 사고와 행동을 확실하게 규제할 수 있기를 멈추자마자, 모든 개인들, 다시 말해 위대한 사자(死者)들의 과소평가된 가르침에 대한 본의 아닌 모독자들은 오이디푸스적 대담성과 정신적 혼란이라는 선고를 받는다. 따라서 **역사**를 두 번째 자연으로서 살아내는 모든 문화, 그리고 반복에서 벗어나 "발전", "발달", 항구적인 "쇄신"과 같은 어떤 것을 인식하는 모든 사회는 오이디푸스적이다. 그러한 사회는 사회 자체의 가장 심층부에서, 즉 그 사회의 운명과 정신에서 오이디푸스의 비극에 의해 고통받고 있다.

그런 점에서 우리에게 오이디푸스 신화는 하나의 허구가 아니다. 그것은 의미들의 장치인데, 우리는 "열린 사회" 혹은 "전통을 벗어난 사회" 혹은 "자기입문적 사회"에 속하는 주체로서 그러한 장치 안에 실제로 붙잡혀 있다. 오이디푸스 신화는 가장 뿌리 깊은 중핵과 가장 일관적인 모태를 보유하며, 이것들이 우리의 의미 지평을 배치한다. 오이디푸스 신화는 인간주의와 개인주의의 아포리아들을 문제적이 되게 하거나, 더 정확히 말해서 그것들을 "이미지화한다(imaginaliser)." 자율적 생산이 주체의 구성을 규정하는 그때부터 (테바이와 콜로노스에서의)

---

2 | [역] 입문식의 첫 번째 관문을 통과한 자, 그리하여 비밀을 보유하게 된 자를 가리킨다.

오이디푸스는 우리의 운명이다.

서양 문명은 어떤 사회들이 부권적이었거나 아직도 부권적이라는 그런 의미에서 부권적이지 않다.[3] 서양 문명은 아버지를 추상함으로써 더욱 깊어진다. "그리스의 기적" 이래 서양 문명의 비정상과 독창성을 구성하는 것은 그 문명을 혼란스럽게 하는 아이지배적(filiarcal) 충동이다. 아들의 아버지들로부터의 해방, 선조들의 명령에 대한 개인의 분리 운동 그 자체, 이러한 것들이 서양 문명을 **역사**로서 규정하는 고집이다. 부권제와 모권제는 전통의 지배, 과거의 존중, 선조들의 모방, 권위에 근거해서 세워진 진리를 공통적으로 가진다. 아들의 사유는 상징적 재생산에서의 균열로부터, 친족성의 부인으로부터 생겨난다. 모든 선(先)그리스 사회들은 다른 곳에서 유래한 초월적인 메타-사회적 규범이라는 이념에 근거해서 세워진다. 행동과 사고는 신성에서 유래하고 선조들에 의해 전수된 신성한 가르침들에 의해 조정된다. 그리스적 새로움에 의해 해체되는 것이 바로 그러한 "보편적" 도식이다. 바로 인간이 자신의 고유한 법을 창조한다: 자율성과 인본주의의 추문, 이것은 자율적(autonomos), 자기입법적(autodikos), 자기목적적인(autotelos)[4] 절

---

3 | 화폐-아버지-남근-로고스의 구조적 지배를 포착했던 앞선 나의 연구서 (*Economie et symbolique*, éd. du Seuil, Paris, 1973)에는 이러한 차별화된 평가가 없다. "일반적인 등가성"이라는 척도의 사슬 안에서의 아버지는 이미 전제적인 가장이라는 시원적인 인물과 완전히 다르다. 그것은 추상적이며 조정하는 자리이며, 아리스토텔레스가 화폐에 일치시킨 "매개자"와 "심판자"의 자리에 상응한다.

4 | 코르넬리우스 카스토리아디스(Cornélius Castoriadis)는 투키디데스에서 빌려온 용어들을 강조하면서 그리스적인 새로움의 독특성을 잘 보여주었다. cf. ≪La polis grecque et la création de la démocratie≫, *Le débat*, N° 38, Janvier-mars 1986.

대적으로 지고한 공동체 안에서 사회적인 것의 자율적인 창설의 가능성을 열고 또한 동시에 개인의 출현을 허락한다. 그런데 오이디푸스의 플롯은 자유로운 사고와 "자기입문적인(autolélestique)" 움직임의 난입에 대한 일종의 상상적(imaginal) 배경을 드러낸다. 오이디푸스의 플롯이 그리스 문화의 어떤 순간에 그러한 영향력을 가졌다면, 그리고 오이디푸스의 플롯이 여러 철학적 갈래들을 내는 역량에 의해 그러한 자리를 보존했다면, 이는 멈추지 않고 서양의 운명을 표시하는 단절이 상상적으로(imaginalement) 거기에 응축되어 있기 때문이다. 오이디푸스의 플롯이 반성적 지성에 의해 회피된 입문 신화라는 점은 그 플롯의 모티프가 끌어내는 무수한 상징적 근거들과 함께 그러한 단절에 걸려있는 중요한 내기를 요약한다. 그러한 출현은 아이지배적(filiarcal) 혁명으로서 일어난다.

철저히 자율적으로 존재하는 것, 그것은, 신화적 언어 속에서, 아버지의 자리를 차지하는 것이다. 따라서 민주주의의 주체는 자율 의지에 의해 항시적으로 고무되는 주체인 한에서 그러한 어려움과 대면한다. 플라톤은, 자신만의 방식으로, 아버지와의 평등성을 주장하는 민주주의적 아들이 아버지의 자리를 차지하기 위해 그를 제거하는 폭군적 아들로—오이디푸스적 의미가 포함되는 폭군적 아들로—변할 수 있음을 보았다. 정신분석의 영역은 그 기능에 의해 민주주의적인 사회-상징적 체제 안으로 소환된다. 정신분석은, 민주주의적 주체의 자율 의지가 자기 안에 반드시 만들어낼 수밖에 없는 어둠, 즉 상징적인 무의식적 보상물을 떠맡는다: 민주주의적 주체의 오이디푸스적 갈등.

파토스나 지식의 오이디푸스적 구조화는 그처럼 후(後)전통적 세계의 고유한 특징이다. 그러한 세계에서 제도화된 사회적 실천으로서의 전수의 드라마는 완전히 사라졌다. 거세의 통과는 자유롭고 개별적이고 자기-작동적으로 남아 있으며, 어떤 의미에서 지연되고 항구적이고 무한정적이다. 따라서 역사적 세계는 입문의 과정이 사라져버린 세계이기보다는 어느 누구도 그 과정에 결코 종지부를 찍지 못한 세계일 것이다. 그것은 아들의 세계이며, 구조적으로 그리고 근본적으로 아버지의 지식에 의한 자세로 안정화될 수 없는 세계다. 연장된 경계성의 세계. 한마디로 그것은 (항구적이고 임시적이고 반복되는) 자기-설립의 세계, 그러니까 **역사**의 세계다. 구성적인 상상적인 것(imaginal)을 형상화하는 것은 바로 입문시키는 자의 위치이다(그것이 일어나는 자리는 입문된 자의 "사이비적(mystificateur)"인 "텅 빈" 위치가 아니다).

그러므로 문제가 되는 것은 신화를 그 전달자로 하는 진리를 맹목적으로 앞세우는 것도, 오이디푸스의 이야기가 예고한 태곳적 저주를 자율성의 모든 근본적 시도들 내지는 자기중심화된 주체성의 모든 형태들에 대립시키는 것도 아니다. 그러한 것들은 우리의 주제가 아니다. 우리는 헤겔이 오이디푸스에게 부여한 영웅적 긍정성으로부터 오이디푸스를 분리시키려는 게 아니다. 그러한 영웅주의는 과거의 사회적-상징적 체제들과의 돌이킬 수 없는 단절을 표시하는 출발을 시작하는 것처럼 보인다. 하지만 그뿐만이 아니라, 오이디푸스는 우리에게 끊임없이 필수적인 어떤 계기로, 어떤 위험으로, 늘 재개해야 하는 어떤 항구적인 열림으로 남아있다. 그럼에도 불구하고 타율성에서 자율성으로의 모든 이행, 전수되는 것으로부터의 전적인 해방 의지는 비극적인 위험으로 가득 차 있다. 오이디푸스의 비극, 이것의 개념적이거나 실존적인 근대적 전이들이 아무리 복잡하고 새롭다고 할지라도——오이디푸스의 비극이 다른 무엇보다 더 강력하게 자율성의 의지로 소환되는 한에서—그것은 민주주의적 주체의 영원한 반대급부이다. 따라서 그러한 주체는 어떤 찢겨짐에 의해 항시적으로 작동된다. 다시 말해 주체는 테바이에서의 오이디푸스의 승리와 콜로노스에서의 오이디푸스의 가장자리 사이에 언제나 있게 될 것이다.

젊은 오이디푸스와 늙은 오이디푸스, "학자"와 "성인(聖人)"을 필연적으로 연결시키는 관계를 생각한다는 것은, 몇몇 사람들이 철학이 알지 못한다고 비판하는 바로 그 타자성을 철학에서 복원하는 것이다. 소포클레스의 해석의 행간에는 그러한 비난이 이미 표명되어 있다. 콜로노스의 오이디푸스는 테바이에서의 오이디푸스의 자기선포적(autologique) 과정을 중단시킨다. 두 오이디푸스를 연결하는 운명을 진정으로 사고하는 것, 그것은 자기반성적인 일방성에서 벗어나는 것이지만, 오이디푸스적 주체의 반란에 쇄신과 오만함과 탈신성화의 힘을 유지시키면서 그렇게 하는 것인데, 이러한 힘이 없다면 유구한 것에 대한 노인의 맹목적인 매혹은 마비시키는 것이 될 위험이 있고, 자유로운 사고는 소멸될 위험이 있다. 여기서 행해지는 것은 민주주의적이고 개인주의적인 계획이 결코 아니다. 테바이의 철학자-왕과 콜로노스의 박탈당한 성인(聖人)인 두 오이디푸스 사이에서 선택할 필요는 없다. 연극이 서사적인 논리를 통해 그러한 위치들을 다만 연속적인 것으로 창조해내기만 할 뿐이라면, 서양의 주체를 그의 비극 속에서 구성하는 어떤 긴장처럼, 저 두 위치들을, 함께 사고해야 한다.

철학자-남성의 정체성과 오이디푸스 콤플렉스의 재해석

정지은

I. 오이디푸스적 서양

오이디푸스라는 이름은 정신분석은 물론이고 철학에서도, 그리고 일반적이면서 확실한 의미를 가지고 우리의 정신세계에 영향을 미친다. 오이디푸스는 친부를 살해하고 친모와 혼인한 자이다. 오이디푸스는 지혜를 가지고 문제를 해결함으로써 영웅이 된 자이다. 오이디푸스는 그 모든 지혜에도 불구하고 자신에 관한 진리를 보지 못했기 때문에 그에 대한 벌로 자신의 눈을 멀게 한 자이다, 등등. 오이디푸스를 둘러싼 이 모든 규정은 동양인인 우리에게도 이제는 너무나 익숙해져서 별다른 의심 없이 인간에 대한 보편적 정의로 여겨질 정도이다. 하지만 신화학자들은 정신분석이 심층 분석한 오이디푸스 신화의 내용에 별다른 관심을 보이지 않았고, 철학자들은 프로이트가 오이디푸스 신화로부터 도출해낸 심리학에 의심의 눈초리를 보냈다. 결과적으로, 오이디푸스 신화는 정신분석학, 신화인류학, 철학에 끼친 영향력에도 불구하고 그 세 분과학문들의 차이를 더 잘 드러낼 뿐이었다.

그런데 자명하지만 잘 인지되지 않는 사실은 저 세 분과학문이 모두 서양에 기원을 갖는다는 점이다. 만일 오이디푸스를 둘러싸고 벌어지는 해석의 차이나 갈등이 모두 서양이라는 배경에서 비롯된 것이라면, 오이디푸스 신화 자체와 서양적 사고의 연관성을 밝혀야 할 것이다. 그런 의미에서, 장-조제프 구(J.-J. Goux)는 과정과 상관없이 오랜 시간에 걸쳐 침전된 오이디푸스 신화를 그 기원에서부터 따져 물음으로써 바로 그 신화 안에서 서양 역사의 인류학적이고 철학적인 전환점을 추적한다. 그에 따르면, 오이디푸스 콤플렉스가 오이디푸스 신화를 설명하는 게 아니다. 그 반대다. 다시 말해, 오이디푸스 신화의 독특한 구조는 프로이트가 발견하기 전에 이미 내부적으로 오이디푸스 콤플렉스를 내포하고 있다. 따라서 프로이트가 오이디푸스 콤플렉스를 발견한 것은 고대 그리스 이래 서양이 오이디푸스적이기 때문이다.

구는 오이디푸스 신화가 함축하고 있는 **변칙적** 특징을 **규칙적** 신화 구조와 비교, 분석함으로써 오이디푸스 신화를 새로운 인간 유형의 탄생과 결부시킨다.[1] 그런데 오이디푸스 신화가 보여주는 새로운 인간 유형은 근대를 거친 인류가 익히 알고 있는 민주적이고 자기의식적인 인간유형이며, 이는 서양의 근대적 유형의 인간이 우리가 알고 있는 것보다 훨씬 더 오래전에 이미 출현했다는 것을 시사한다. 헤겔이 개시적 철학자로서, 즉 이집트 문명에서 그리스 문명으로의 전환기적 사고를

---

[1] "규칙적(regulier)"과 "변칙적(irrégulier)"은 이 논문에서 다루려고 하는 구가 전형적 구조의 신화와 오이디푸스 신화를 비교하기 위해 만들어낸 그의 고유한 명명법이다.

담당하는 자로서 제시했던 오이디푸스, 프로이트가 무의식적 콤플렉스의 실존적 체현자로서 발견했던 오이디푸스, 그리스 신화학자인 베르낭(J.-P. Vernant)이 아버지를 죽이고 어머니와 혼인하여 자신의 자식들의 형과 오라비가 되고 그럼으로써 선조들의 존재를 무화시키고 세대들을 완전히 뒤섞어 버린 인물로 해석한 오이디푸스는 모두 동일한 신화적 기제에서 유래한다. 이 세 오이디푸스를 연관된 하나로 묶는 오이디푸스 서사는 어떤 독특성을 가지며, 그러한 독특성은 서양 철학의 역사, 더 정확히 서양 남성 철학의 역사에서 몇 차례 반복된다.

어째서 인간은[남자는] 오이디푸스가 스핑크스의 수수께끼를 푼 이후에도 자기 자신에게 걸려 있는 문제들을 여전히 가지고 있으며, 이 문제들을 풀기 위해 끊임없이 지식에 의존하는가? 어째서 인간은[남자는] 부친살해라는 극단적 폭력을 행사한 이후에도 전쟁과 같은 폭력을 끊임없이 생산하는가? 일견 철학적 문제로 보일 수 있는 그러한 질문들은 구에 따르면 오이디푸스가 스핑크스에게 대답했던 바로 그 인간의 새로운 정의와 일치한다. 아이로서의 자신을 죽이고 성인으로 다시 태어나는 폭력의 시련이라는 입문 과정을 통과하지 않은 채 자신만의 지식으로 문제를 해결하는 인간 말이다. 미리 말해 보자면, 오이디푸스는 최초로 입문식을 통과하지 않은 자이며 자신에게 부과된 폭력의 시련을 지식으로 대체한 자이다. 수수께끼를 풀고야 말겠다는, 그리하여 스핑크스를 정복하고 말겠다는 오이디푸스적 욕망은 프로이트에게서 반복된다.[2] 아이러니는 스핑크스가 제시한 수수께끼에 있다. 수수께

2 | 피터 게이는 대작이라고 할 수 있는 자신의 프로이트 전기의 서문에서 프로이트가 대부분의 전기 작가에 대해 자기 자신을 신비에 싸인 *스핑크스*로 만들었지만, 또한 동시에 자신을 스핑크스의 정복자인 오이디푸스로 보았다고 적고

그림 1. 앵그르의 그림 〈스핑크스의 수수께끼에 답하는 오이디푸스〉
오이디푸스는 오른손으로 자기 자신을 가리키고 있다.

―――― 있다. 피터게이, 『프로이트 I』, 정영목 옮김, 교양인, 2011.

끼에 대해 '인간'——혹은 '그것은 나다'——이라고 대답함으로써 오이디푸스는 인간을 수수께끼로 만들었다. 수수께끼에 대한 답이 인간인 것이 아니라 그 대답으로 인해 이제 인간 자신이 수수께끼가 된 것이다.

오이디푸스 신화의 구조분석을 통해 정신분석과 철학의 접점을 찾으려는 구의 시도는 서양의 문명과 정신성이 동양의 그것과 갖는 차이점을 더 두드러지게 만든다. 다시 말해 구의 이 책을 읽으면서, 동양인인 우리는 어째서 오이디푸스 콤플렉스가 우리와 딱 맞아 떨어지지 않는지, 어째서 부친살해라는 오이디푸스적 운명이 우리에게는 그렇게까지 필연적으로 여겨지지 않는지를 간접적으로 이해할 수 있다. 그보다 앞서 이 책의 독자는 여기서 구가 분석한 오이디푸스 신화의 서사 구조를 통해 서양의 철학적, 민주적, 그리고 신경증적 정신이 어떻게 서로 결부되면서 형성되는지를 알 수 있을 것이다. 독자는 서양 정신에서 보편성보다는 그 고유하고 독특한 구조를 보게 될 것이며, 그럼으로써 추후에 서양의 정신 구조를 동양의 정신 구조와 비교하는 연구가 이 책으로부터 파생될 수도 있을 것이다.

II. 변칙으로서의 오이디푸스 신화

1) 규칙 신화와 변칙 신화

소포클레스의 3부작 가운데 첫 번째 비극인 「오이디푸스 왕」은 오이디푸스 신화를 바탕으로 만들어진 비극의 전형이다. 강대진은 『오이디푸스 왕』에서 가장 위대한 비극이라는 점 말고도 일종의 수사극적인 형식에서 그 고유한 특징을 발견한다. 이와 더불어 우리는 종종 소포클레스가 『오이디푸스 왕』과 그에 못지않게 중요한 『콜로노스의 오이디푸스』를 썼다는 사실을 잊는데, 이 두 가지 비극은 어떤 필연적 인과관계에 의해 묶여 있다. 그리고 이 필연적 관계는 다른 비극 시인들의 3부작과는 전혀 다른 특징을 보여준다. 아이스퀼로스의 비극들이 세대에서 세대로 이어지는 보복 및 보복에 대한 보복의 역사와 그 이면에 흐르고 있는 신들의 지배를 이야기하고 있다면, 『오이디푸스 왕』과 『콜로노스의 오이디푸스』는 우선 오이디푸스라는 유일한 인물의 역사를 보여준다. 또한 그 두 편의 비극에서 오이디푸스는 상반된 태도를 보여주는데, 이러한 태도의 변화는 내적 논리를 가지고 있다. 다시 다루겠지만 테바이의 젊은 오이디푸스가 신과 사제에 거역하고 자신의 지식으로 모든 것을 해결하려다가 스스로 파멸에 이르는 인물이라면, 콜로노스의 늙은 오이디푸스는 다시 신에게 귀의하고 그럼으로써 그 자신이 신성의 영역으로 들어가는 인물이다. 콜로노스의 늙은 오이디푸스는 우리가 잘 아는 죄로 인해 실명과 궁핍과 방랑의 시간을 보냈음에도 불구하고 해결되지 않은 마지막 한 가지 과제를 완수하려는 듯하다. 이 과제는 무엇이었을까? 실명과 궁핍과 방랑으로도 해결되지 않았던 과제.

그것은 오이디푸스 신화와 밀접한 관련이 있다. 소포클레스는 오이디푸스 신화의 서사를 통해 해소되지 않은 무언가를 위해 『콜로노스의 오이디푸스』를 완성했던 것이다. 해소되지 않았던 것은 바로 입문의 통과이다. 일반적으로 신화는 미래의 영웅인 젊은 남자가 괴물과의 목숨을 건 전투에서 성공한 뒤 왕의 자격을 얻어 왕국을 획득하고 동시에 혼인에 성공하는 이야기를 담고 있다. 그랬을 때, 젊은 남자가 수행하는 것은 다름 아닌 입문의 통과이며, 신화는 그러한 입문의 전통을 재현하는 서사를 담고 있다. 장-조제프 구는 그러한 신화를 규칙 신화혹은 단일 신화라고 부른다. 그런데 분명 오이디푸스 신화는 그러한구조를 채택하고 있지 않으며, 구는 그것의 독특성을 분석하기 위해상대적으로 전형 신화들을 조사한다. 다만 그는 오이디푸스 신화와의대조 비교를 위해 그리스 신화로 조사의 영역을 한정시킨다.[3]

그렇다면 오이디푸스 신화가 어떻기에 소포클레스는 『콜로노스의오이디푸스』를 완성했던 것일까? 규칙 신화를 구조적으로 살펴보자.왕의 입문이나 남성 입문을 함축하는 규칙 신화는 중요한 두 요소를갖는다. 하나는 각기 다른 위치에 있는 세 왕이고 다른 하나는 주인공영웅이 "피 흘리는" 전투를 통해 죽여야 하는 괴물인 용이나 뱀이다.[4]왕과 괴물은 입문의 과정에서 요구되는 시련을 둘러싸고 이 시련을 부과하는 자와 시련을 통해 살해해야 하는 것을 나타낸다. 첫 번째 요소인 왕을 더 자세히 살펴보자. 왕은 박해자 왕(R1), 파송자 왕(R2), 증여자 왕(R3)으로 갈라지는데, 이 세 왕은 반드시 친부(P)일 필요는 없다.박해자 왕은 아직 어린 남자나 앞으로 태어날 남아가 자신의 자리를빼앗을 걸 두려워한다. 그리하여 그는 그 아이를 멀리 떼어 놓거나 탄

---

3 | "보편성에의 주장을 품고 있을 남성 영웅의 단일 신화가 추출됨에 따라 제기되는 서사학적이면서 동시에 인류학적인 문제들을 피하기 위해 우리는 그리스 신화에 우리 자신을 한정시킬 것이다."(Goux 1992: 18). 그리하여 구가 주로 다루는 신화들은 페르세우스 신화와 벨레로폰 신화와 이아손 신화이다.

4 | 입문을 상징하는 신화에서는 이 두 가지 요소에, 젊은 남자가 시련을 통과할 때 도움을 주는 신들, 사제들, 미래의 약혼자들을 추가할 수 있다. 이들은 이를테면 입문의 협조자들이다.

생을 막으려고 시도한다. 미래의 영웅은 그러한 "살해 계획"을 피해 가지만 다시 한 번 죽을지도 모르는 위험에 놓이게 된다. 그리하여 등장하는 게 파송자 왕이다. 파송자 왕은 자신이 살해를 감행하는 대신에 젊은 남자에게 생명을 잃을 수밖에 없는 매우 위험한 임무를 내린다. 그 임무는 용이나 뱀과 같은 괴물과의 전투에서 그 괴물을 칼로 베어 죽이는 것인데, 여러 신화들에서 괴물들은 거의 여성성으로 대표된다.[5] 임무는 젊은 영웅에 의해 자발적으로 수행되며 그는 신들이나 예언자, 혹은 미래의 배우자의 도움을 받게 된다. 마지막으로, 괴물과의 전투에서 승리한 영웅은 증여자 왕이 내어 주는 젊은 여자와 혼인에 이르게 된다. 오이디푸스 신화는 크게 보았을 때 괴물과의 조우라든지, 왕이 제공하는 여자와의 혼인이라든지, 상기한 규칙 신화의 틀을 유지하고 있다. 하지만 오이디푸스 신화는 내부적으로 일정한 왜곡을 포함하는데, 그로 말미암아 남성 입문 신화와는 완전히 다른 결과를 낳는다. 구는 규칙 신화들과 오이디푸스 신화의 대조 비교 분석을 통해, 규칙 신화의 "내적 엄밀함"을 충분히 신뢰하면서 오이디푸스 신화가 상대적으로 지닌 변칙의 지점들에 주목한다.

한 모티프에서의 차이가──그것이 그만큼 중요하고 궁극적일 경우──모티프들 전체의 경제에 반영된다는 것, 그리고 중대한 지점에서의 어떤 변이는 반드시 조정된(réglé) 왜곡을 수반한다는 것을 확신

---

5 | 이는 괴물을 의미하는 단어의 성이 모두 여성이라는 점을 통해 유추된다. 고르곤은 la Gorgone이며, 키마이라는 la Chimère, 스핑크스는 la Sphinge로서, 단어에 붙은 여성 정관사를 통해 알 수 있듯이 이 괴물들 모두는 성이 여성이다.

할 정도로 우리는 신화적 논리의 내적 엄밀함을 충분히 신뢰한다. 그리하여 우리는 오이디푸스 신화를 새로운 조명 아래 위치시키는 접근법에 이른다. 문제가 되는 것은 프로이트의 방식으로 오이디푸스 신화를 절대적으로 별개의 신화처럼 고려하는 것도 아니고(프로이트는 마치 오이디푸스 신화가 다른 모든 신화들의 진리인 양 다른 모든 신화들을 설명할 수 있을 것이다), 폰 한이나 라글란의 방식으로 오이디푸스 신화를 왕위 계승 영웅 신화의 규칙적인(régulier) 공식과 단순하게 동류시하는 것도 아니다. 마치 오이디푸스 신화가 그리스 영웅 신화의 표준적인 공식의 체계적으로 왜곡된(그리고 그 점에서 특히 흥미로운) 변이형인 듯, 그것의 구조적인 기형의 신화적 논리와 그것의 변칙들과 규칙적인 공식 간의 조정된 관계를 발견하는 것이 필수적이다.

오이디푸스 신화에는 결정적으로 한 가지 모티프가 빠져 있는데, 그것은 바로 여자 괴물과의 목숨을 건 전투이다. 오이디푸스 신화에서 그러한 전투의 자리에 있는 것이 스핑크스와의 대면이나, 그러한 대면에서 목숨을 건 전투는 없다. 대신 인간의 추리에 의한 대답만이 있을 뿐이다. 게다가 규칙 신화에서는 젊은 영웅이 파송자 왕이 던지는 도발——가령 '전투를 통해 너의 용기와 힘을 증명해 보라'라는 식의 도발——에 도전으로 응수하면서 "온전한 자기 의사에 의해" 괴물과의 전투를 감행하는 반면 오이디푸스는 "길모퉁이에서 스핑크스 그녀 자신에 의해 제지당한다."

오이디푸스는 스핑크스와 조우하기 전에 라이오스와 우연히 마주쳤으며, 거기서 그는 폭력을 사용한다. 그는 괴물이 아니라 힘없는 노인을 상대로 폭력을 쓰며, 그것도 목숨을 건 전투가 아니라 그저 지팡이 타격만으로 노인을 살해한다. 오이디푸스 신화에서 조정된 혹은 계산된 왜곡이 발견되는 지점이 바로 여기다. 오이디푸스와 라이오스의 조우는 규칙 신화라면 파송자 왕이 젊은 남자에게 시련의 임무를 부과하는 자리이며, 라이오스는 오이디푸스에게 괴물과 싸우라는 임무를 내렸어야 했다. 그리고 오이디푸스는 스핑크스와의 대결에서 자신의 지혜를 이용해서 승리하는 대신 폭력의 전투를 치르면서 그녀를 살해했어야 했다. 하지만, 라이오스는 젊은 남자에게 임무를 내리는 대신 그에 의해 살해당하고, 젊은 남자인 오이디푸스는 괴물과의 싸움을 위해 남겨 놓아야 할 폭력을, 게다가 사소한 폭력을 행사한다. 그리고 여자 괴물인 스핑크스는 "비전사적인 대결"에서 패배했기 때문에 심연에 몸을 던지면서 스스로 목숨을 끊는다.[6]

규칙 신화와 오이디푸스 신화의 대조 비교를 정리해 보면 오른쪽의 표와 같다.

오이디푸스 신화는 규칙 신화의 순서를 따르지만 왜곡에 의해 다른 중요한 결과들을 낳는다. 규칙 신화와 오이디푸스 신화를 나란히 놓는 차별적 독해는 매우 중요한데, 그렇게 해야지만 입문을 통과하지 않은

---

6 | "패배는 물리적이지 않으며 스핑크스의 자기파괴는 그 비밀이 폭로된, 명예를 훼손당한 존재의 원통함의 몸짓이다. 스핑크스는 죽임을 당한 것이 아니라 오이디푸스의 대답에 의해 기분이 상한 것이다." 이러한 패배는 오르페우스와의 노래 대결에서의 세이렌의 패배와 유사하며, 세이렌 역시 자살한다. 스핑크스와 세이렌의 유사성은 또한 『오이디푸스 왕』에서 스핑크스가 "자신의 수수께끼들을 단조롭게 읊조리는 가희" 혹은 "하프 없이 부르는 노래"에 의해 죽음을 퍼뜨리는 처녀나 암캐로 묘사된다는 점을 통해서도 나타난다.

표 1. 규칙신화와 오이디푸스 신화의 구조적 차이

규칙 신화	**파송자 왕**은 미래의 영웅에게 괴물을 죽이라는 임무를 내린다.	주인공 영웅은 **신들과 인간들의 도움을 받아 피 흘리는 전투 끝에 여자 괴물**을 죽인다.
오이디푸스 신화 (변칙 신화)	친부인 **라이오스 왕**은 임무를 내리는 대신 오이디푸스에 의해 살해당한다.	오이디푸스는 **혼자만의 힘으로, 머리를 써서** 스핑크스에게 이기고 **스핑크스**는 자살한다.

남자나 왕에게서 일어나는 고장을 정확히 지정할 수 있기 때문이다. 여자 괴물을 살해하지 않은 자, 다시 말해 입문을 회피한 자는 언젠가는 광기를 폭발할 수밖에 없다. 왜냐하면 여자 괴물과의 전투에서 해소했어야 하는 것이 바로 그러한 광기이기 때문이다. 따라서 입문을 회피한 오이디푸스 신화는 이렇게 정리될 수 있을 것이다.

"자신의 친어머니와의 혼인을 운명으로 가진 자는 바로 피 흘리는 전투에서 여자 괴물을 죽이지 않은 자이다."

오이디푸스 신화가 규칙 신화와 차이를 보이는 또 다른 점은 규칙 신화에서는 각기 다른 왕(박해자 왕 R1, 파송자 왕 R2, 증여자 왕 R3)이 영웅의 서사에 등장하며 이 왕들이 친부가 아닌 반면, 오이디푸스 신화에서는 그 모든 왕이 동일성의 논리에 따라 친부(P)로 통합된다는 점이다.

규칙 신화: $R1 \neq R2 \neq R3 \neq P$

변칙 신화(오이디푸스 신화): R1=Ŕ2=R3=P[7]

오이디푸스 신화에서는 박해자 왕과 증여자 왕이 친부와 동일한 자로 등장하고, 임무 부과자인 파송자 왕은 빠져 있다. 이 차이는 매우 중요한데, 왜냐하면 입문의 전통에서 젊은이를 인도하거나 시련을 겪게 하는 자는 일종의 '아버지들'——공동체의 아버지들이나 아버지의 아버지, 즉 선조——로서 친부와는 상관이 없기 때문이다.

2) 스핑크스의 상징

오이디푸스 신화에는 두 여성이 등장한다. 스핑크스와 이오카스테. 스핑크스는 오이디푸스가 지식을 사용해서 물리친 여자 괴물이고 이오카스테는 오이디푸스와 혼인하는 그의 친어머니이다. 규칙 신화에도 두 여자가 등장한다. 미래의 영웅이 대결해야 하는 여자 괴물——키마이라, 메두사 등등——과 영웅이 시련에서 성공한 뒤 맞이하는 약혼녀이다. 규칙 신화는 민담 형식을 가져오는 경우가 많은데, 여자 괴물은 종종 동굴 깊숙한 곳에 거주하면서 자신의 거처 안에 젊은 여자를 포로로 가두고 있다. 영웅은 자신의 의지에 의해 괴물을 물리치기 위해 땅속 깊은 곳이나 바다 깊은 곳으로 내려가서, 힘겨운 전투 끝에 괴물을 죽인 다음 괴물이 가두고 있던 젊은 여자를 해방시키고 바로 그녀와 혼인한다. 즉 여자 괴물의 살해는 젊은 여자와의 혼인으로 이어진다. 입문이 담고 있는 의미가 그렇듯 여자 괴물은 유아기적 모친을 상징하는데, 젊은 남자는 반드시 목숨을 건 전투, 유혈의 전투를 통해 괴물을

---

7 | 빗금친 R2는 신화 속에 파송자 왕이 결여되어 있다는 것을 표시한다.

살해해야 한다. 왜냐하면 그 전투에서 괴물을 죽이는 것은, 입문을 통과하는 남자에게서는 자신의 유아기에 속하는 일부를 죽이는 것과 동시에 이루어지기 때문이다.[8] 그런데 오이디푸스는 스핑크스를 폭력적으로 살해하지 않으며, 자신의 지식에서 나온 대답으로 스핑크스를 자살하게 만든다. 이는 그가 입문의 핵심이라고 할 수 있는 모친 살해를 회피하고 있음을 의미한다. 그런데 성인 남자의 대열에 합류하기 위해 힘들게 치러야 하는 것은 모친 살해이지 부친살해가 아니다.

따라서 괴물에 맞선 승리, 신화들의 무수한 영웅들의 전형적이고 보편적인 수훈은 모친살해라는 심층의 의미를 가진다. 보편적으로 가장 어려운 임무로 여겨지는 것은 프로이트가 생각했던 것처럼 부친살해가 아니라 모친살해. 그것은 영웅을, "남자"(vir)를 만들고 혼인을 허락하며 "왕권"의 자격을 주는 중심적 수훈이다. 입문의 커다란 시련, 즉 지원자가 유아기에서 벗어나 한 "남자"가 되기 위해 죽음을 무릅쓰는 시련은 동굴 같은 어둡고 깊은 곳에서 일어나는 그러한 전투이지 부족 간 논쟁 때문에 대낮에 벌어지는 "부친살해"가 아니다.

그런데 스핑크스가 단순히 규칙 신화에서의 여자 괴물을 대신하는

---

8 | 입문 과정에서 신체 일부를 상해하는 의식은 할례나 그와 유사한 형태로 남아있다. 게다가 프로이트는 다른 방향에서이기는 하지만 유대인이 이집트인과 같은 할례의 전통을 가지고 있다는 점에서, 유대민족을 이끌고 나온 모세를 이집트인으로 추측할 근거를 희미하게나마 마련한다. 반면에 오이디푸스가 자신의 눈을 멀게 하는 자기 상해는 입문 과정적인 것이 전혀 아닌데, 왜냐하면 이것은 희생제의적 절단을 상징하기는 하되 "지식, 즉 빛과 맺고 있는 관계를 강조"하기 때문이다.

것일까? 스핑크스가 이집트 기원을 가지고 있다는 것은 잘 알려져 있지만, 그 기능에 대해서는 많이 알려져 있지 않다. 하지만 구가 지적하듯이 신화나 비극에서, 그리고 유물로 발견된 도상들에서 스핑크스의 입문적 기능의 흔적은 자주 발견된다. 구가 찾아낸 자료들에 따르면 스핑크스는 입문식의 문지방(liminal) 상황[9]에서 출몰하는 반은 인간이고 반은 동물인 괴물이다. 스핑크스는 이를테면 입문을 주도하는 반인반수로서 젊은 남자들을 유혹하여 죽이고 재탄생시키는 기능을 떠맡는다. 에우리피데스의 『포이니케의 여인들』에서 스핑크스는 "에키드나의 딸"[10]로서, 그리고 "무시무시한 노래를 불러 젊은이들을 잡아"가는 "날개 달린 자"(에우리피데스)로 묘사되고, 『오이디푸스 왕』에서는 "어두운 노래를 부르는 암캐"(소포클레스)로 묘사된다. 『오이디푸스 왕』에서는 이집트를 암시하는 또 다른 내용이 코러스의 합창에서 나오는데, 그것에 따르면 주인공 오이디푸스의 고조부는 카드모스이다. 그리고 카드모스는 이집트의 관습을 그리스에 도입한 자라고 전해진다. 오이디푸스가 스핑크스의 수수께끼를 풀고 영웅이 되어 입성하자 사제는 이렇게 말하면서 그를 맞이한다. "그대는 카드모스의 도성으로 오셔서 가혹한 여가수에게 바치던 우리의 세금을 면제해 주셨습니다." 가혹한 여가수란 스핑크스를 가리키며 그녀에게 바치던 세금은 입문식에서 희생되고, 그럼으로써 신들의 수수께끼의 세계에 진입하기 위해 다시 태어나는 젊은이들이다. 따라서 오이디푸스가 스핑크스의 수수께

---

9 | 경계의 상황이라고도 표현할 수 있는 이 상황은 아이로서의 자신의 죽음과 성인으로서의 탄생 사이에 있는 입문 과정을 가리킨다.

10 | 에키드나는 위는 여자이고 아래는 뱀이며 깊은 바다 동굴에서 거주하는 괴물로서 키마이라, 스핑크스, 콜키스의 용의 어머니이다.

끼를 풀고 테바이의 영웅이 된 것은, 스핑크스의 기원과 기능을 고려할 때, 그의 고조부인 카드모스가 이집트로부터 가져온 전통들, 예컨대 입문의 전통을 없앴기 때문이다.

> 그녀는 삶과 죽음을 분리하는 높은 문지방을 건너가게 하는데, 이는 이해력을 넘어선다. 그로부터 머리의 시련인 수수께끼, 머리의 희생을 요구하는 수수께끼가 나온다. 하지만 오이디푸스가 하려고 하지 않은 것이 정확히 그러한 머리의 희생이다. 그는 추론하고 성찰한다. 그는 자신의 생각이 박탈당하도록 내버려두기를 거부하고 추론하는 자신의 이성을 포기하기를 거부한다. 오이디푸스는 철학을 한다. 오이디푸스는 머리를 잃어버리려고 하지 않는다. 발이 허약한 오이디푸스는 강한 머리이다.[11]

오이디푸스는 입문을 회피함으로써 한 가지를 얻고 두 가지를 잃었다. 즉 그는 자신의 독학자적 지성의 힘에 대한 확신을 얻었지만, 자신의 지성 즉 머리를 잃어버려야지만 얻을 수 있는 신성의 지식을 잃었고 입문을 통과한 자만이 누릴 수 있는 젊은 여자와의 혼인의 기회를 잃었다.

이러한 입문적 해석에 입각해서 구는 오이디푸스 신화를 통해서 아버지를 거세의 위협자나 근친상간적 욕망의 금지자로서 놓는 프로이트의 해석이 틀렸다고 생각한다. 왜냐하면 프로이트는 그렇게 함으로써

---

11 | 인용문에서 "머리를 잃어버리려"의 원문은 'perdre la tête'로서 이 표현이 갖는 이중적 의미가 모두 활용되었다. 즉 그 표현의 관용적 의미는 '분별력을 잃다'이지만 축어적으로는 머리를 잃어버린다는 의미이다.

절대적 향유와의 근본적인 대결, 자기 자신의 일부를 죽임으로써만 확실하게 성공할 수 있는 대결을 이차적으로 만들거나 무화시키기 때문이다. 결국 프로이트는 아버지의 금지를 절대적 향유의 방해물로 설정함으로써 아버지의 거세 위협보다 더 무시무시한 '사물'과의 대결을 피해간다. 그런 점에서 구는——자신을 프로이트 주의자라고 명명하는 라캉의 주장에도 불구하고——라캉이 프로이트를 넘어섰다고 보는데, 왜냐하면 라캉이 "'신경증자들의 치명적인 상황' 속에서 스스로 대결하고 있다고 보았던 것은 '전통적으로 주어진 구조——어머니에 대한 근친상간적 욕망, 아버지의 금지, 아버지의 금지에 의한 장애물의 효과들, 그리고 주변의 다소 무성한 증상들의 증식——와는 아주 다른 어떤 구조'"였기 때문이다.[12] 라캉은 "욕망의 본래적인 타자, 실재적 타자", 즉 "(아버지의 여자로서가 아닌) 어머니", 기표가 자신의 결여를 통해 암시하는 "절대적 충만성으로서의 사물"[13]을 간파할 수 있었다. '사물'은 모든 비교와 규범의 차원에 낯선 것을 자신의 본질로 가지며, 그렇기 때문에 사물과의 조우는 세계의 시간을 소멸하고 재창설한다. 오이디푸스가 입문 과정을 통과하는 데 실패했듯이, 프로이트는 입문 과정을 통해 드러나는 남자의 근본적인 욕망을 드러내는 데 실패했으며, 오이디푸스 신화 서술의 논리적 연쇄가 보여주는 부친살해에서 근친상

---

12 | 알랭 쥬랑빌은 라캉이 무의식의 담론(정신분석 담론)과 철학적 담론 사이에 있다고 말한다. 그리고 그는 라캉이 프로이트를, 그리고 오이디푸스를 넘어서는 지점을 발견했다고 생각한다. "라캉주의자가 된다는 것은 무엇인가? 그것은 인간을 형성하는 환원불가능한 신경증에도 불구하고, 우리가 실재의 시련 안으로 들어가는 곳인 오이디푸스 너머가 있음을 안다는 것이다.", A. Juranville, *Lacan et la philosophie*. Paris: PUF, 1984, pp. 6-7.

13 | A. Juranville, *Lacan et la philosophie*. Paris: PUF, 1984, p. 215.

간으로의 인과성으로부터 "무의식적 상상"을 간직할 뿐이다.

규칙 신화에 따르면 영웅은 왕이 부과하는 임무를 회피하는 게 아니라 그것을 응수할 만한 도전으로 받아들인다. 왜냐하면 거기에 걸려 있는 "남자(vir, anēr)"로서 존재한다는 명예는 다른 무엇보다 강력하기 때문이다. "남자가 된다는 것"은 입문 과정 전체를 아우르는 내밀하면서도 강력한 욕망인바, 젊은 남자는 파송자 왕의 명령을 매개로 어머니-괴물을 살해하고, 이 시련과 긴밀하게 결합되어 있는 비근친상간적 혼인에 이른다. 그러므로 변칙 신화인 오이디푸스 신화와는 다르게, 규칙 신화에서 부성적 유형의 권위는 남성 주체의 근본적 욕망과 대립하지 않으며 오히려 이것의 실현을 가능하게 한다.

프로이트를 인류학적 지식과 연결해서 이해하려는 여러 시도들, 예컨대 왕의 권위에 대한 절대적 숭배와 왕 살해의 이중적 소망, 토템에 의한 금기의 절대적 복종과 토템으로 상징되는 동물 먹기의 이중성은 여전히 프로이트적 해석에 사로잡혀 있으며, 전형적인 신화가 진정으로 담고 있는 입문적 상징을 전혀 이해하지 못하고 있다. 요컨대 인류학적 관점에서 보았을 때, 신화에서 중요한 것은 왕이 내주는 임무로서 괴물을 살해하는 것이지 바로 그 왕을 살해하는 게 아니다. 마찬가지로 근친상간은 입문의 과정에서 친모를 상징하는 괴물을 살해함으로써 입문자 자신에 의해 극복되는 것이지 아버지에 의해 금지되는 게 아니다.

그런데 프로이트가 사로잡혀 있는 장면에서 아버지는 일체의 "모성적 우상들과 모든 근친상간적 상상물에 대한 숭배"를 금지하는 법의 강력한 소지자이다. 그는 아버지를 결정적 장애물로 보았는데, 그로 인해 그는 알아야 할 두 가지를 알지 못했다. 첫째, 프로이트는 가정된 아버지의 금지가 모성적 우상만을 감추는 게 아니라 "이집트의 신들처럼 인간의 얼굴조차 갖고 있지 않은 어떤 것"을 감출 수 있다는 것을 알지 못했다. 예컨대 입문을 통과해야지만 알 수 있는 밀교(密敎)적인 지혜는 상상적인 것과 초월적인 것이 결합된 상상물(l'imaginal)로서 인간의 세속적 지식을 넘어서는 것이다. 둘째, 프로이트는 아들을 유혹하고 먹어치우는 게 바로 스핑크스라는 것을 알지 못했다. 왜냐하면 그는 아들의 죽음과 거세의 책임이 아버지에게 있다고 생각했기 때문이다. 그런데, 사실, 스핑크스의 그러한 유혹과 처벌에는 부성적 유형의 법을 위한 자리는 전혀 없으며, 오히려 거기에는 스핑크스와의 결합에 대한 젊은 남자의 위험한 욕망이, 자신이 완전히 무화될 수도 있을 치명적인 결합에 대한 욕망이 내재해 있다.

III. 철학자-주체와 민주주의의 탄생

1) 오이디푸스와 철학의 개시

오이디푸스는 자신의 독학자적 지식을 가지고 스핑크스의 수수께끼를 풀었으며, 이는 그리스로서는 이집트로부터의 탈(脫)입문적 탈출이고 오이디푸스로서는 전수되는 "아버지들"의 사유로부터의 탈출이다. 오이디푸스는 자신의 독학자적 지식으로 인해 신들로부터도 탈출했는데, 이는 또한 인간주의(humanisme)의 탄생이었다고 할 수 있다.[14] 오이

---

14 | 여기서 인간주의는 humanisme을 말하는 것이며, 인간이 갖는 모든 동물적 형상들, 즉 무절제적이고 폭력적인 성향들을 인간적인 것으로 환원시켰음을 의미한다. 구는 이에 덧붙여 사람들이 일반적으로 "인간중심주의(anthropocentrisme)"라고 부르는 것보다 근본적인 것이 "인간중심화

디푸스가 스핑크스의 수수께끼에 대해 했던 대답, "인간"은 바로 그 인간을 모든 사유의 중심으로 놓는 시작점이 되었으며, 이제 인간이, 즉 초월적이거나 신비적인 것이 더 이상 아닌 인간이 수수께끼의 대상이 된다.

구는 자기 자신에 의해 사유한다는 데카르트나 칸트와 같은 근대 철학자들의 자세는 말할 것도 없거니와 특히 소크라테스의 철학 안에서 오이디푸스의 독학자적 몸짓을 발견한다. 『오이디푸스 왕』에서 오이디푸스가 테이레시아스가 진실을 말하기를 거부하자 문제를 해결하지 못한 사제들과 신들을 비웃으면서, 자신의 관찰과 결정으로 문제를 해결하겠다는 단호한 의지를 내보일 때 그는 "자기 자신의 힘으로 모든 것을 배우는" 독학자로서의 정체성을 가지는데, 이러한 독학자적 정체성은 소크라테스의 철학적 형상과 매우 유사하다. 소크라테스는 자기 안에 내부적 지도자를 지님으로써 자기 자신 이외에는 다른 스승을 갖지 않은 자로 알려져 있으며 그 자신 역시 스승이 아닌 위치에서 대화법을 통한 가르침을 전파한다.

소크라테스가 내면 이외에는 다른 스승을 가지고 있지 않다면, 이제 그의 가르침은 비(非)-지배의 위치——그의 것이자, 그의 말의 독창성을 만들었던 "비어 있는(en creux)" 자리——에서부터 산출될

─────

(anthropocentrement)"의 운동이라고 생각한다. 사실상 전자는 후자와 반대되는데, 왜냐하면 문제가 되는 것은, 부지불식간에, 인간적 성질들을 세계에 부여하거나, 영혼에만 속하는 동기들과 정서들과 의도들을 존재에 투사하는 게 아니며, 오히려 정반대로 그러한 투사가 이전에 행해졌음을 깨닫고 그러한 것들을 다시 자기에게 가져오기 위해 이제 부당하게 인간의 파토스로 우주를 채웠던 투자들을 철회하는 것이기 때문이다.

것이다. 선재하는 아무런 지식도 아무런 교의도 부과하지 않는 것, 자신은 아무것도 알지 못한다고 말하는 것, 대화상대자에게 그 자신 안에서 진리를 발견하라고 명령하는 데 만족하는 것. 만일 소크라테스 가 아버지의 독재에 의해 양육되지 않았다면, 그는 부성적 스승이나 사제(hiérophante)의 자리를 차지하지 않을 것이다. 하지만 그러한 역설 적 자리, 비(非)-자리에서부터 그는 주장이 아닌 질문을 통해 대화상대 자가 자기 자신에 의해 사고하도록 자극할 것이고, 일체의 강요된 전통이나 교의의 바깥에서, 즉 자신 안에서 진리를 발견하도록 자극할 것이다. 소크라테스의 독특성, 그를 철학적 대화의 주창자로 만든 것은 아버지의 생략인데, 이러한 것이 담화 및 타자들과의 새로운 관계 를 만들어내고 진리를 추구하는 대화적 절차를 결정한다.

아버지를 생략하고 오로지 자기 자신의 목소리를 듣도록 한 가르침 이 바로 소크라테스의 가르침이며, 그러한 비(非)지배적 특징 때문에 소크라테스의 지식은——그리고 오이디푸스의 지식은——아들들의 철 학일 수밖에 없다. 그리고 아들들의 철학은 민주주의적 사상으로 이어 진다. 구는 입문의 과정을 거칠 필요가 없었기에 신비로운 지식으로 입문된 적이 결코 없었을 소크라테스에게서 새로운 입문의 시작을 본 다. 소크라테스는 고립된 자아나 자기의식을 갖기에 이르지는 않았지 만 이제부터 자기만의 "다이몬"을 숭배한다. 그의 다이몬 숭배는 "자기 -입문을 가능하게 하는 내면화 운동"이며, "너 자신을 알라"라는 그의 유명한 말은 바로 그러한 자기 입문을 가리킨다. "소크라테스와 그의 고유한 신의 내적인 대결, 이것이 새로운 도덕"이다. 소크라테스가 도 시국가 아테네에서 처벌을 받은 이유는 그가 모두의 신을 숭배하는 대신 자신의 고유한 다이몬, 이를테면 개체화된 신을 숭배했기 때문이다.

전통적인 방식의 입문을 거부하고 신비스러운 지식을 거부한 오이디푸스와 소크라테스는 외부적으로는 반(反)이집트적 태도로서——그리고 반(反)부계적 태도로서——나타나며, 내부적으로는 정신의 자유로운 표현을 위해 일체의 상징주의적이고 신화적인 사유를 거부한 것으로서 나타난다. "마침내 사유는 사유 자체에 대해 존재한다. 정신과 자연의 기만적이고 동양적인 통일성은 파괴된다. 오이디푸스는 철학의 정초자——원형의 철학자——이다." 그러한 소크라테스의 몸짓이 데카르트에게서 반복됨을 보는 것은 어렵지 않다. 소크라테스가 이집트의 흔적이 남아있는 신비스럽고 상징주의적인 사유로부터 단절했다면 데카르트는 사유하는 자아를 모든 것의 토대로 만들면서 애매성을 완전히 제거한 명석 판명한 진리를 추구한다. 데카르트는 "원리적이며 추상적인 오이디푸스다. 그는 부성(父性)의 존재론적 차원을 거부한다. 그는 [⋯] 이제 자기를 떠맡음으로써 부성 없이 진리를 정초하는 과제를 갖는다."

오이디푸스는 스핑크스의 수수께끼에 대해 "인간"이라고 대답함으로써 인간을 외부에 투사했다. 그런데 데카르트는 모든 외부 세계의 진리의 정초자를 인간으로 만들면서 투사했던 모든 것을 인간 안으로 다시금 회수한다. 그는 합리적 이성에 의해 자명한 것만을 소유하고 나머지 모든 애매하고 불투명한 것들을 제거했기 때문에, 인간을 자연의 모든 비밀을 남김없이 드러낼 수 있는 자, 즉 자연의 주인이자 소유자로 만들겠다는 야망을 품을 수 있었다. "아버지들의 상속을 멀리 하고, 단호한 몸짓으로 유산과 전통을 부인한 후에 아들은 해방되었는데, 이는 전례가 없는 정복, 터무니없는 지배——어머니-자연의 소유——

를 위해서였다."

탈투사된 주체, 자신을 모든 것의 척도로 삼는 주체는 중심을 자기 안에 갖는 주체이며, 이는 정확히 원근법적 주체를 가리킨다. 그리고 원근법적 주체는 르네상스 시기 이전에, 그리스가 고대 이집트로부터 분리되기 시작할 때 이미 싹을 틔우고 있었다.

2) 원근법적 주체와 민주주의

도시국가 아테나이에는 민주제가 시행되고 있었다. 그런데 그리스 의 민주제는 오이디푸스에서 비롯된 새로운 주체의 탄생과 연관이 있 지 않을까? 우리는 흔히 원근법을 미술사에서는 르네상스기에 완성되 었으며, 이러한 완성을 '나(ego)'라는 근대적 주체의 확립이 공고히 했 다고 알고 있다. 기하학적이고 수학적인 원근법적 세계는 중심이 되는 '나'가 없다면 불가능한 것이다. 그런데 구는 그리스 건축에서 이미 관 찰자의 시점을 함축하는 광학적 교정[15]이 이루어졌다고 보며, 이때의 관찰자는 '내'가 중심이 되는 그리스적 인간을 전제하고 있다고 생각한 다. 예컨대 근대의 '내'가 중심이 되는 원근법적 주체는 그리스 예술에 서 이미 활용되고 있었던 것이다.

우리가 잘 알다시피 고대 이집트의 회화와 그리스의 회화는 확연히

다르다. 이집트 회화의 사람들은 얼굴은 측면을, 몸은 정면을, 발은 다

---

15 | 광학적 교정은 자연적인 시선이 가져오는 오류를 교정하는 헬레니즘 건축의 기술이다. 가령 신전의 기둥들의 중간 부분을 바깥쪽으로 볼록하게 만들어 결과적으로 곧게 보이도록 만들거나, 기둥들을 건물 안쪽으로 약간 기울게 세워서 건물이 바깥쪽으로 쏠리게 보이는 것을 막는다.

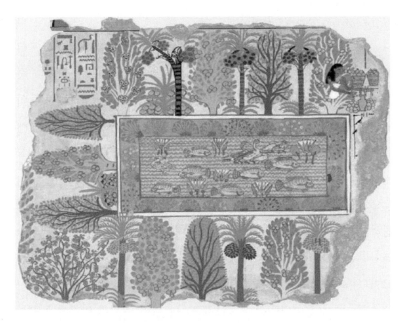

그림 2. 〈네바문의 정원〉, 이집트 벽화의 일부, 기원전 1350년경.

시 측면을 보이고 있다. 수영장 주변의 나무들은 바닥에 눕혀져 있으며 수영장 안의 물고기들은 측면을 보인다. 독일의 이집트 학자인 엠마 브루너-트라우트(Emma Brunner-Traut)는 서양의 "원근법(perspective)" 에 대비적으로 고대 이집트의 회화 스타일을 "국면적(aspective)"이라 고 명명한다. 이집트 회화에서 대상은 규준적이고 표준적인 형상을 따 르고 있는데, 이는 그러한 형상이 그 대상의 특성을 가장 빠르게 알아 볼 수 있게 하기 때문이다. 이집트 회화에서 대상은 "사람들(on)"이, 혹은 "그것(ça)"이 보는 것을 그리며, 여기에 "나"라는 일인칭적 시점을 가진 자는 존재하지 않는다. 그와 반대로 그리스인들은 일인칭적 시점 의 "내(Je, Moi)"가 보는 것을 그린다. 다시 말해 그리스 회화는 보는 누군가를 전제하지 않고서는 그려질 수 없다. 그리스 회화에서 "나"는 능동적이고 단독적인 위치를 점하는데, 그 "나"는 중심을 이루고만 있다면 우연적이어도 상관없다. 관찰자적 "나"의 출현은 세상으로부터 모든 신비와 수수께끼를 없앴는데, 왜냐하면 이제 태양이나 달이나 별들, 폭풍이나 일식과 월식 같은 기상 현상들은 해독해야 하는 신들의 언어가 아니며 다만 "내"가 관찰을 통해 밝혀내야 하는 물리적 현상에 불과해졌기 때문이다. 이는 입문 의례에서 기능했던 모든 신비로운 상징이 더 이상 수수께끼가 아니게 되었음을 의미한다.

오이디푸스는 스핑크스의 수수께끼를 경유해서 신성한 영역으로 입문하는 대신 수수께끼를 풀고, 신성한 지식을 거부하고 자신의 관찰과 조사만을 믿는다는 점에서 그러한 철학자의 효시일 수 있다. 비극에서 오이디푸스는 원근법적 주체로서 말하고 행동하고 있다. 구는 『오이디푸스 왕』에서 오이디푸스가 구사하는 "나"라는 어휘의 반복들에 주목한다.

　　오이디푸스가 했던 언술의 첫 150행들 가운데 14행은 "나는(je)" 혹은 "나의(mon)"라는 유형의 몇몇 어휘 형식으로 끝을 맺으며, 15행도 같은 방식으로 시작된다. "나(moi)"라는 단어도 여러 차례 나타난다. "설사 내 혈통이 미천하다 하더라도, 나(moi), 나는 그것을 알아내기로 결심했소이다." 조금 뒤에 같은 독백에서 "나는 나(moi), 나를 행운의 여신의 아들로 여기는 터라." 존재 안에 자기를 위치시키는, 그리고 준거의 중심으로서의 자기에서 출발해서 사고하는 결정적인 방식을 매우 잘 표시하는 자기 자신에 대한 고집이 바로 "나, 오이디푸스는"이다. 이러한 것들이, 연극의 시작부터 끝까지 이어지는 영웅의 존재론적 자세이다. 그리고 바로 그러한 내(moi)가 모든 진상을 밝히는 일을 맡은 예외적인 자이다. 라이오스를 죽인 장본인을 찾아내겠다는 오이디푸스의 결심이 표현되는 방식보다 더 의미심장한 것은 없다. "나, 내가 밝히겠소(egó phano)." 이중적인 의미에서 읽히도록 만들어진 저 표현의 애매성에 사람들이 주목했던 것은 당연하다. 그것의 의미는 '나 자신이 수수께끼(라이오스의 죽음의 불가사의)를 밝힐 것이다.'이지만 또한 '내가 나 자신을 밝게 만들 것이고, 내가 나를 발견할 것이고, 내가 나를 빛 속에 놓을 것이다.'이기도 하다.[16]

구가 발견한 오이디푸스의 어휘적 독특성은 부성(父性)을 의도적으로 삭제하려는 근대 철학자적 아들의 어휘로 즉시 읽혀진다. 그는 수수께끼, 즉 모호함 앞에서 "내가 나 자신을 밝게 만들 것이고, 내가 나를 발견할 것이고, 내가 나를 빛 속에 놓을 것"이라고 말한다. 구는 "나"의 강조와 『오이디푸스 왕』의 플롯 전체를 연관지으면서 오이디푸스의 말과 행위를 "자기 논리적(auto-logique)"이라고 명명한다. 오이디푸스는 "자기-준거적"인 대답[인간, 나 자신]에 의해 "자기-지배자"가 된 "독학자(autodidacte)"이며 점점 더 "자전적(autobiographique)"으로 변하는 조사를 진행한다. 그는 결국 죄인이 자기 자신이라는 것을 알게 되고 "자기-처벌"을 내린다. 이러한 "자기성"의 구조는 오이디푸스가 부성으로부터 해방된 자율적 존재임을 증명하지만,[17] 다른 한편 타율성

---

16 | 인용문에서 괄호 속 표시는 『오이디푸스 왕』의 본문에서 해당되는 행을 가리킨다.

17 | 구의 탁월한 지적은 바로 이 '자기성'에서 근친상간까지 유추해낸다. 근친상간자를 의미하는 그리스 단어 가운데 하나가 autogennetos이다. 그리고 오이디푸스는 자신을 'homogenés'로 지칭하기도 하는데, 이는 "그 자신이 자신을 낳아준 어머니의 아이들을 가진 자"로 번역되어 있으며, 이는 아버지와

으로의 경로를 완전히 상실한 존재임을 나타내기도 한다. 다시 말해 그는 입문의 과정을 거치면서 경험하는 초월적, 신비적, 선조적 지식의 타율성을 경험할 수 없다. 그렇다면 오이디푸스의 인간중심주의, 자율성은 타율성으로부터 완전히 해방되었는가?

『오이디푸스 왕』의 대사들을 통해 소포클레스는 분명히 오이디푸스의 자세를 비판하고, 당시의 지혜로운 자들[소포스]의 오만한 대담성을 경고한다. 신성한 지혜를 무시하고 오로지 자신의 지식에 의존하는 자는 그 자신의 괴물성의 희생자가 될 것이다. 어쩌면 이것이 소포클레스가 궁극적으로 말하고자 했던 것일지도 모른다. 오이디푸스는 자신의 합리성만을 지나치게 믿었으며,[18] 입문을 통과하지 못했기 때문에 인간의 괴물성을 완전히 죽이지 못했다.[19] 그 결과 그는 부친살해라는 극악무도한 폭력을 저질렀으며 근친상간이라는 절제되지 못한 성욕을 풀어놓았다. 오이디푸스는 어느 한 가지 덕만을 강조함으로써 자신의 의지와 상관없이 폭군이 되었다. 결론적으로 말하자면 오이디푸스는 원근법적 주체의 창시자가 됨으로써 무의식의 영역을 열어놓았다. 그리고 이는 인간[남자]이 그렇기 때문이 아니라 신화의 전체 배치 형상

───

자식들의 구분을 혼란시켜 동기간으로 만드는 단어라고 할 수 있다.

18 | 오이디푸스를 벌한 신이 태양과 빛, 이성의 신인 아폴론이라는 사실은 주목할 만하다.

19 | 이 논문에서는 설명하지 못했지만 구는 입문에서 요구되는 덕과 기능에 대해 설명한다. 입문의 과정에서는 세 가지 기능의 덕의 함양을 목적으로 하는바, 그것은 용기와 성욕(생산성)과 지성이다. 이 세 가지를 조화롭게 사용하지 못했을 때 그것은 과도한 폭력과 절제되지 못한 성욕과 오만한 지성으로 향하게 된다. 플라톤은 그것을 인간의 껍데기 안에 있는 사자, 뱀, 인간으로 보았다. 다시 말해 인간이 조화를 무시한 채 합리적 이성만을 강조했을 때 나머지 것들이 절제되지 않은 채로 뛰쳐나온다.

에서 입문을 회피한 자가 걸어가야 할 운명이 그렇기 때문이다.

IV. 입문의 회피와 그 귀결들

오이디푸스는 자기 스스로 눈을 찌르고 궁핍과 방랑의 긴 세월을 보냄으로써 자기 처벌을 한다. 하지만 그는 아직 입문을 통과하지 못했다. 구는 소포클레스가 『콜로노스의 오이디푸스』를 씀으로써 입문 회피와 일탈의 끝을 보여주려 했다고 생각한다. 그는 후자의 비극이 오이디푸스의 필연적인 귀결이라고 보고, 『오이디푸스 왕』의 젊은 오이디푸스와 『콜로노스의 오이디푸스』의 늙은 오이디푸스의 사이는 철학의 운명이 공언되는 자리라고 생각한다. 헤겔은 오이디푸스에게서 "어두운 그림자" 없는 밝은 이성의 승리만을 보았지만, 테바이의 오이디푸스와 콜로노스의 오이디푸스 사이에는 원근법 극복의 비밀, 원근법을 실격시키지 않으면서도 "원근법의 이면을 사유할 수 있는 가능성, 원근법의 위험과 무의식적 전제들을 경계지을 수 있는 가능성, 어째서 시점이 오류의 지점이 되는지를 이해할 수 있는 가능성."이 비쳐 보인다.

오랜 궁핍과 방랑의 세월을 보낸 뒤 그는 콜로노스라는 작은 마을에 도착한다. 친부를 살해하고 친모와 근친상간을 저지른 가장 불순한 이방인인 오이디푸스는 마을 사람들로부터 내침을 당한다. 그러자 그는 그곳 아테나이의 왕인 테세우스와의 면담을 요청한다. 테세우스와 만나게 된 오이디푸스는 자신이 묻히게 될 비밀의 장소로 인해 아테나이는 신의 은총을 받게 될 것이라고 일러준다. 또한 그는 테세우스에게 그 장소를 "혼자서 간직하다가 인생의 종말에 이르면 장남에게만 알려주고, 또 장남은 계속 그의 후계자에게만 가르쳐" 주라고 지시한다. 비극 내내 지속되는 신성한 분위기와 느린 속도는 마치 한 편의 입문식이 천천히 거행되는 듯한 인상을 준다. 가장 오염된 오이디푸스는 가장 정화된 장소에서 맞이된다. 그 장소는 그 누구에게도, 심지어 오이디푸스의 딸들과 아들들에게도 알려지지 않으며 오로지 아테나이의 왕인 테세우스에게만 알려진다.

구는 이 비극이 오이디푸스의 궁극적인 입문을 보여준다고 말한다. 이는 극중 대사 안에 나타나 있다. "그러니까 내가 아무것도 아닐 때 비로소 남자(aner)가 된다는 말이냐?" 그러자 이스메네는 아버지에게 말한다. "아버지를 넘어뜨린 신들께서 지금은 일으켜 세우시는 것이죠."

입문의 과정은 시련의 문지방(liminal) 경험으로 이루어진다. 오이디푸스는 죽음의 순간에 비로소 신성한 것과 조우하면서 스스로 입문의 의례를 거행하는데, 이는 입문을 회피했던 그의 전 삶이, 즉 죽음에 이르기까지의 전 삶이 문지방 경험──혹은 경계의 경험──을 구성하고 있음을 알려준다. 이제 늙은 오이디푸스는 실재의 죽음을 통해 입문식을 치른다. 그리고 그는 그 자신이 입문식의 주인이 되어 과거에 테이레시아스가 가졌을 법한 현자의 언어를 되찾고, 그것을 자신의 친자식들이 아닌 상징적 자식인 테세우스에게 전수한다.

따라서 마치 오이디푸스가 테바이에서의 승리에서 놓쳤던 입문의 부정적 국면(수동성, 박탈, 참을 수 없는 고통, 정체성의 상실)이 지연되어 체험되는 것처럼 모든 일이 진행된다. 콜로노스에 도착한 오이디푸스는 지원자가 문지방의 상황에서 갖는 일체의 특징들을 동시에 갖춘다. 다만 그는 지연된 입문자다. 그에게 진정한 통과는 실재적 죽음이고 이를테면 사후에 일어나는 신성한 왕권으로의 계승이다.

실로 이것을 과거의 전통적인 입문식이라고 볼 수는 없는데, 왜냐하면 오이디푸스 그 자신이 테세우스로 이어지는 아테나이의 새로운 입문의 시조가 되기 때문이다. 그리고 그 새로운 입문은 젊은 철학자의 원근법적 시점을 절대로 실격시키지 않으면서 늙은 현자의 초월적인 시점을 받아들인다. 더 이상 신적인 것은 동물 형상을 한 괴물을 안내자로 해서 입문자를 또 다른 초월성의 영역인 상징성의 영역으로 이끌지 않는다. 새로운 입문은 무의식의 영역을 인간 내부에 그린다.

나와 다른 무대 간의 분열은 이제 더 이상 신적인 초월성 안에서가 아니라 개인의 내부에 놓인다. 왜냐하면 사랑의 정열이나 전투적인 에너지를 제거하기 위해서는 에로스가 외부의 신이 아니라 **파토스**라는 사실, 아레스가 외부의 신이 아니라 **파토스**라는 사실을 인지하는 것으로 충분하지 않기 때문이다. 변한 것은 오로지 변화된 그러한 **파토스**와의 관계, 파토스의 "깊이"에 대한 체험된 의미, **파토스**와의 소통이다. **파토스**는 신들의 죽음 이후에도 살아남는다. 그러나 파토스의 위치, 영역, 파토스와의 체험된 관계는 더 이상 같지 않다. 영혼과 영혼의 고유한 정념적 힘들 사이의 소통은 역설적이게도 신들이 죽었을 때 더 어려워지고, 더 우회적이며, 더 간접적이 되지 않았는가? 무의식은 오로지 후(post)-전통적인 인간에 대해서만 도래할 수 있는 그러한 장소가 될 것이다. 거기서 (세속적이고 개인화되었으며 내적

인) 파토스는 신들의 죽음, 그리고 유일신의 죽음 이후에도 살아남는
다.

철학 내부의 죽음 충동들, 가령 니체 철학에서 디오니소스적인 것이
나 헤겔 철학에서의 광기 등은 입문을 통과하지 못한 자들의 집요한
내부적 파토스의 잔여들이다. 언제든지 합리성의 요새를 무너뜨릴 수
있는, 인간주의를 넘어선 동물성의 흔적들이다.

V. 아들들의 사회와 폭력

장-조제프 구의 오이디푸스 신화 해석은 서양 근대 철학자의 정체
성이 그리스에 기원을 두고 있음을 체계적으로 증명한다. 서양에서 부
성적 권위가 무너진 것은 근대 이후의 일이 아닌 것이다. 이미 소포클
레스의 시대부터 그리스의 사상은 입문을 피해감으로써 '아들들'의 사
유로서 자리 잡고 있었다. 그러한 아들들의 사유가 데카르트로, 헤겔로,
그리고 아들들이자 형제들의 사유인 계몽주의 사상가들로 이어져 내려
오는 것은 지극히 당연한 일이다. 그리하여 종교적이거나 신적인 것이
정치와 결합되기만 하면 비민주적인 외양을 갖게 되는 것이다. 하지만
구가 지적했듯이 입문이라는 절차를 통과하지 않았을 때, 자신의 일부
를 희생함으로써 한 번쯤은 거쳤어야 하는 폭력이 수행되지 않았을 때
잔여적인 폭력성은 무의식적으로 남게 된다.

우리는 민주주의 사회를 살고 있으며, 아직 민주주의가 실현되지 않
은 국가들에서는 시민들의 시위가 일어나고 있다. 예컨대 몇 년 전 전

세계 사람들이 관심과 희망의 눈길을 보냈던 재스민 혁명이 그런 것이다. 그런데 외양상의 민주주의 사회나 그에 대한 시민적 요구의 이면에서 어떤 낯선 폭력성이 발견되곤 한다. 여성들에 대한 폭력이다. 이는 마치 구의 분석과 짐작처럼 부성으로부터의 해방이 해소되지 않은 또 다른 파토스를 낳은 듯하다. 아들들의 민주적 사회가 완성된다고 할지라도, 혹은 그것이 바로 아들들의 사회이기에 생겨날 수밖에 없는 여성에 대한 폭력성 말이다. 그렇다고 다시 전통 사회로 돌아가서 입문을 부활시킬 수는 없을 것이다.

다만 구가 분석한 남성 입문 신화와 오이디푸스 신화 이래 왜곡된 남성의 정체성을 돌아보면서, 한 가지 확실해진 것은 남성과 여성의 불평등, 남성의 여성에 대한 폭력이 결코 우리가 알고 있듯이 가부장적 질서에서 유래하지 않는다는 사실이다. 아버지가 생략된 아들들의 사회에서 그러한 폭력은 해결되지 못한 남성 정체성의 문제와 관련이 있다. 오이디푸스 신화는 민주주의와 철학을 훌륭히 만들어냈지만, 그것의 어두운 그림자인 과도함과 폭력성을 해소하지는 못했다.

구는 프로이트 그 자신이 입문을 피해감으로써 남성의 근본적인 욕망을 알지 못했고, 신경증적 주체의 욕망만을 강조했다고 결론을 내린다. 다시 말해 오이디푸스 이래 남성 주체는 해소되지 못한 폭력성의 파토스와의 갈등 관계 속에서 살아가야만 하는 운명에 처한 것이다. 구는 오이디푸스 신화를 재독해함으로써 프로이트가 보지 못했던 점을 발굴해낸다. 구의 업적은 프로이트의 이론의 한계와 실패를 드러냈다는 데 있지 않다. 그보다는 그가 폭력의 원인을 성정의 과도함이라는 개별적 특징을 넘어선 지점, 오이디푸스 이래 남성 정체성 형성에서의 변화에서도 발견할 수 있었다는 데 있다.

옮긴이 후기

　장-조제프 구의 『철학자 오이디푸스』는 도서출판 b에서 부엉이총
서를 책임지고 기획하고 있는 이성민 선생의 권유로 번역하게 된 책이
다. 이성민 선생은 이 책을 알렌카 주판치치의 『실재의 윤리』를 번역하
다가 만났다. 이성민 선생과 나는 오이디푸스 신화를 이제까지 알려진
것과는 완전히 다른 방식으로 풀어나가면서 그 새로운 해석에 근거해
서 서양 철학의 기원을 파헤치는 내용에 흥미를 느꼈고, 이 책을 부엉
이총서에 넣어도 좋겠다는 생각을 하게 되었다. 부엉이총서에는 철학,
정신분석학, 인류학, 사회학 등등 제 학문분야를 아우르면서 어찌 보면
위기에 봉착한 현시대의 사유 및 인문학에 새로운 원천이 될 수 있을
책들을 포함시키려 하기 때문이다.
　내가 이 책에서 특별한 흥미를 느꼈던 것은 이 책이 서양철학의 기
원을 오이디푸스 신화에서부터 본다는 사실 때문만이 아니라, 근대 이
후 어느 정도 보편화된 서양 남성의 정체성을 기원상 입문 회피의 결과

로서 바라보는 독특한 관점을 제시하고 있기 때문이다. 물론 구가 프로이트 정신분석에서 논의되는 남성이나 소크라테스에서 시작되어 데카르트와 헤겔로 이어지는 서양철학을 일방적이면서도 지나치게 간략하게 해석하는지도 모른다. 하지만 늘 당연한 것으로만 여겨지던 어떤 것의 기원과 원리를 따져 물으면서 비판적 시각을 이끌어낼 수만 있다면, 그러한 논쟁적 전개는 아무리 결함이 있다고 할지라도 이 결함이 치명적인 것만 아니라면 방법론적으로 나쁘지 않다고 여겨진다. 따라서 독자들은 서양에서 나온 서양철학의 비판서 내지 남성학자가 쓴 남성성의 비판서로서 이 책을 마주한다면, 구의 생각들을 흥미롭게 읽어나갈 수 있을 것이다.

이 책의 번역에는 많은 사람들의 도움이 있었다. 우선 도서출판 b의 기획위원이기도 한 이성민 선생은 1장과 2장을 함께 읽어가면서 잘못된 번역을 짚어 주었다. 옮긴이는 번역어 선택에 있어서 어려움이 있을 때 페이스북에 공개적으로 도움을 요청했는데, 그럴 때마다 여러 연구자나 번역자들이 적절한 도움의 말들을 해주었다. 이성민 선생과 그들에게 감사드린다. 그리고 어려운 여건 속에서도 인문학의 보이지 않는 중요한 목소리 역할을 하고 있는 도서출판 b의 사람들인 조기조 사장과 편집부의 김장미, 백은주 두 선생, 그리고 기획위원들인 이신철, 이충훈, 심철민, 조영일 선생에게 감사의 말을 전한다. 내가 그들과 함께 일할 수 있다는 건 행운이다.

2016년
정지은

348

한국어판 ⓒ 도서출판 b, 2016

■ 지은이_ 장-조제프 구(1943~)
피에르 카우프만, 이봉 블라발, 장 투생 드장티 아래에서 수학했고 소르본에서 철학국가박사 학위를
받았다. 전위적 잡지인 『텔켈Tel Quel』에 여러 글들을 실었으며, 이 잡지의 그룹 멤버들인 미셸 푸코,
롤랑 바르트, 자크 데리다, 줄리아 크리스테바 등과 교류했고, 루이 알튀세르, 자크 라캉과도 알고
지냈다. 그의 이론은 여성주의나 후기구조주의와 관련되어 있으나, 특히 화폐연구에 의해 주목받았
다. 이후 마르크 셸과 함께 "비판적 경제론"의 경향을 이끌어가고 있다. 파리7대학과 고등사범학교에
서 강의했으며, 1980년부터 미국 샌디에고 대학과 브라운 대학에서 강의했고 휴스턴의 라이스 대학에
서 20년 이상 재직했다. 『경제와 상징학』, 『우상파괴론자들』, 『언어의 조폐공들』, 『전복들』, 『예술과
돈』 등 다수의 저서를 출간했다.

■ 옮긴이_ 정지은
연세대 생물학과를 졸업하고 홍익대 미학과에서 수학했다. 프랑스 부르고뉴 대학에서 레비-스트로스
연구로 석사학위를 메를로-퐁티와 현상학 연구로 박사학위를 취득했다. 현재 홍익대 예술학과 초빙
교수로 있다. 번역서로는 『유한성 이후』, 『동물들의 세계와 인간의 세계』가 있으며, 『처음 읽는 프랑
스 현대철학』, 『기억과 몸』 등의 집필에 참여했다.

부엉이 총서 3

철학자 오이디푸스

초판 1쇄 발행   2016년 8월 30일

지은이 장-조제프 구 | 옮긴이 정지은 | 펴낸이 조기조 | 기획 이성민, 이신철, 이충훈, 정지은, 조영일
| 편집 김장미, 백은주 | 인쇄 주)상지사P&B | 펴낸곳 도서출판 b | 등록 2003년 2월 24일 제12-348호
| 주소 08772 서울특별시 관악구 난곡로 288 남진빌딩 401호 | 전화 02-6293-7070(대) | 팩시밀리
02-6293-8080 | 홈페이지 b-book.co.kr / 이메일 bbooks@naver.com

ISBN 979-11-87036-11-1   03160
값   22,000원